KB068794

FINANCIAL ACCOUNTING

쉽고 알찬
재무회계

김 경 자

박영사

회계는 기업의 언어(language of business)로서 기업과 관련된 많은 이해관계자들은 기업의 재무정보인 회계를 꼭 알아야 할 것이다. 만약 왜곡된 회계정보가 기업의 이해관계자들에게 전달된다면, 그들의 의사결정이 잘못되고 경제적 자원의 배분이 왜곡되어 사회, 경제적 혼란이 있을 것이다.

　　현대 사회에서 회계업무는 매우 복잡하여 고도의 지식을 필요로 한다는 점에서 많은 전문가를 요구하고 있다. 따라서 본서는 재무회계 내용을 쉽고 알차게 전개하고자 기업 정보 중 특히 기업 외부정보이용자(이해관계자)에게 전달하는 재무정보에 초점을 두었으며, 회계학을 전공한 자나 비전공자들도 보다 쉽게 이해할 수 있도록 각 단원별로 기본적인 이론과 실습예제 및 연습문제를 제시하였다. 재무회계의 기본적인 이론과 어려운 내용을 쉽게 이해하고 활용하는 데 도움이 될 수 있을 것이다.

　　본 교재의 특징을 요약하면

　　첫째, 주로 기업을 대상으로 기업에 관한 정보인 재무회계정보의 생산, 이용 등을 정리하였다. 재무회계의 입문인 회계원리, 중급재무회계, 고급재무회계 등으로 구성되는데 본서는 중급재무회계와 고급회계를 처음 배우고자 하는 전공자와 비전공자들도 쉽게 (중급)재무회계에 대한 기본개념과 원리를 체계적으로 파악할 수 있도록 하였다.

　　둘째, 재무제표를 해석하기 위해 우선 회계 개념부터 잡아야 하므로 회계 이론과 재무제표 흐름을 쉽게 이해할 수 있도록 하는 데 초점을 맞췄다. 실제 기업들의 재무제표 사례를 보면서 어떤 점을 살펴봐야 하고 그 속에 내재되어 있는 의미가 무엇인지 알 수 있도록 했다.

셋째, 철저히 회계 정보 이용자의 입장에 서서 중요하지 않은 부분에 대한 설명은 과감히 생략하고, 투자 의사결정 과정에서 중요하다고 여겨지는 부분에 대해서는 좀 더 자세히 설명하는 등 선택과 집중을 했다.

넷째, 이론과 실무 실습예제를 포함하여 즉시 현장업무에 적용할 수 있도록 하였다 전문적인 내용과 회계 처리가 많이 들어가는 계정과목은 쉽게 설명하기 위해 이론을 요약하고 실습예제로 정리하였다.

이 책이 중급재무회계를 포함한 재무회계의 공부에 자신감을 가질 수 있을 것이며, 재경관리사, 회계관리사, 원가분석사, 경영지도사, 공인회계사, 세무사 등을 포함한 각종 시험공부에 도움이 될 것이다. 여러분이 목표로 하는 바를 이룰 수 있는 밑거름이 되기를 바라면서 새로운 세계에 도전하는 모든 실무자와 각종 자격증을 취득하려는 수험생들에게 도움이 되기를 바란다.

2019년 9월
저자

4장 | 금융자산

5장 | 재고자산

6장 | 유형자산

7장 | 무형자산

8장 | 투자부동산

9장 | 기타비유동자산

17장 I 연결재무제표와 별도재무제표

18장 I 회계변경과 오류수정

I 부록

재무보고와
국제회계기준

재무회계의 의의

　　기업활동을 수행하는 과정에서 특정 경제적 사건에 대하여 회계정보이용자들이 합리적인 의사결정을 할 수 있도록 도움을 줄 수 있는 경제적 정보를 식별하고 이를 화폐적 금액으로 측정·기록하고 이에 대한 정보를 전달하는 과정을 말한다. 즉, 회계(accounting)란 경제실체의 재무적 정보를 이해관계자들에게 전달해 주기 위한 수단이다. 여기서 경제적 실체란 기업, 학교, 병원, 국가 등 모든 사회적 조직을 포함하는 것이며 이러한 사회적 조직체들은 대부분 사회의 구성원들로부터 경제적 자원을 받아서 운영되며 자원의 제공자들은 항상 이해관계를 갖고 있는 실체에 대해 경제적 정보를 필요로 하게 된다. 예를 들면 주식 투자를 한 투자자들과 기업에 자금을 대출해 준 금융기관(채권자)들은 그 기업의 경영성과와 재무상태에 관심을 갖게 되며, 학교등에 기부한 사람이나 학부모들은 기부된 자금 또는 등록금의 적절한 운용에 관심을 갖게 된다. 이러한 경제적 실체에 대한 재무적 정보를 제공하기 위하여 회계(accounting)라는 수단을 통하여 그 실체의 정보이용자들에게 유용한 정보를 전달하는 과정이다.

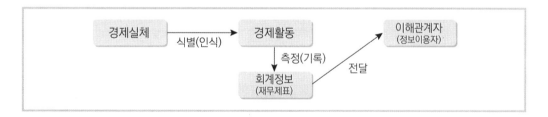

　　이러한 회계정보의 특징을 살펴보면 다음과 같다.

(1) 회계정보는 추상적이거나 막연한 정보가 아닌 구체적인 정보이다.

　　회계정보는 구체적정보로 일정기간 동안 경영활동으로 얼마의 물건을 팔아 이익이 얼마나 발생했으며, 이 중에서 주주에게 얼마를 배당금으로 지급하였는가? 등을 구체적인 수치로 표현되는 정보이다.

(2) 기업의 경영활동 모두를 나타내는 포괄적인 정보이다.

회계정보는 기업이 자금을 어떻게 조달하였는가?를 나타내는 재무활동과 조달된 자금을 어떻게 운용(사용)하고 있는가? 하는 것을 나타내는 투자활동, 그리고 취득한 자원을 활용하여 기업의 목적을 달성하기 위한 영업활동의 내용을 모두 포함하고 있다.

(3) 회계정보는 단순하게 나열된 정보가 아닌 요약된 정보이다.

회계는 일정한 규정과 원칙에 의해 요약된 회계보고서의 형태로 정보를 제공한다.

따라서 회계는 경영활동에 관한 재무정보를 화폐가치로 표현해 줄 뿐만 아니라 기업의 미래를 예측할 수 있도록 해주는 중요한 경영수단으로 모든 경영활동과정과 성과를 화폐가치로 표현해준다는 점에서 "기업의 언어(language of business)"라고 한다.

기업 경영에서 회계에 대한 이해 없이는 판단이나 경영의사결정을 내릴 수 없는 경우가 많다. 대부분 합리적인 경영의사결정을 하려면 회계에 대하여 충분히 이해하고 회계정보를 잘 다룰 수 있어야 한다.

01 ㅣ 회계의 과정

회계정보를 식별(인식)하여, 화폐가치로 측정하고, 기록·분류·요약하여, 전달하는 과정으로 구성된다.

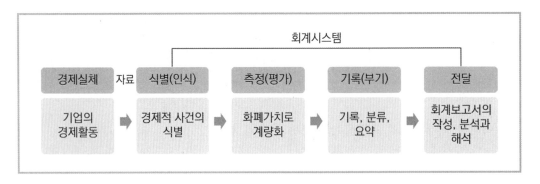

02 | 회계의 기능

회계의 기능은 측정기능과 전달기능으로 구분한다.
① 측정기능 : 기업의 경제활동을 식별, 측정, 기록하는 과정을 포함하는 개념이다.
② 전달기능 : 측정된 회계 정보를 정보이용자들에게 전달하는 기능을 말한다.

03 | 회계정보이용자

회계정보이용자란 기업과 직접 또는 간접적으로 이해관계를 갖고 회계정보를 필요로 하는 자를 말한다. 즉 재무제표를 이용하여 경제적 실체에 대한 의사결정을 할 수 있는 사람 또는 집단을 말한다.

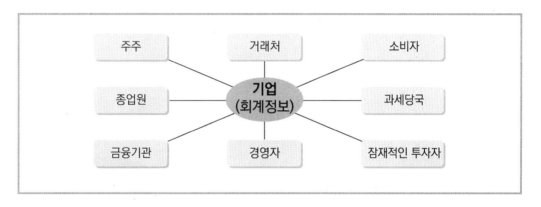

기업이 산출하는 회계정보를 이용하는 회계정보이용자는 투자자, 채권자, 경영자 등을 비롯한 수많은 이해관계자들이다. 이 중에서 투자자, 채권자 등을 외부정보이용자라고 하며, 경영자를 내부정보이용자라 한다. 투자자와 채권자는 자기가 투자 또는 대출을 하려는 기업에 관한 회계정보를 필요로 할 것이다. 또한 경영자는 경영관리를 위하여 자신이 경영하고 있는 기업의 회계정보를 필요로 한다.

✅ 회계정보이용자 및 정보 내용

회계 정보이용자		정보 이용 목적
내부정보 이용자	경 영 자	올해 회사의 경영성과는 얼마나 향상되었지와 기업경영에서 생기는 모든 문제를 처리한다. 즉, 경영의사결정과 적절한 보상, 합리적 투자 및 자금조달, 배당정책 및 경영정책 등을 수립한다.
외부정보 이용자	노동조합	고용안정성 판단과 적절한 보상(임금협상) 및 근로계약 등과 올해 임금은 얼마나 더 올려서 협상할까? 등을 판단한다.
	채 권 자	돈을 빌려주어도 원금과 이자는 제대로 받을 수 있을까? 등과 신규대출, 기간 연장 및 회수 여부 결정한다.
	투자자(주주)	어느 회사에 투자해야 시세차익과 배당금을 많이 받을까?, 올해 배당은 얼마나 될까? 등과 주식과 사채의 취득, 보유 및 처분 여부 결정한다.
	공급업자	이 회사와 계속 거래해도 안전할까? 등의 계약의 지속여부, 신용거래 여부, 대금 회수 여부를 판단한다.
	세 무 서	과세액은 얼마나 책정할까? 등을 결정한다.
	정부당국	정책수립, 조세징수, 감독 및 규제
	소비자	A/S능력, 가격인하 및 품질개선 요구

✅ 회계정보의 제공

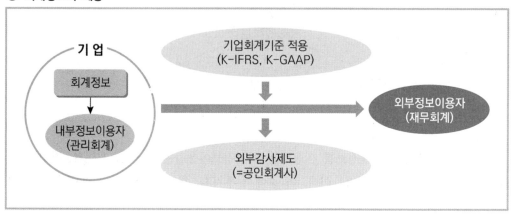

회계정보이용자는 외부정보이용자와 내부정보이용자로 구분된다. 그리고 정보를 활용하는 내용은 다음과 같다.

- 기업의 내부정보이용자를 위한 회계 : 관리회계
- 기업의 외부정보이용자를 위한 회계 : 재무회계

회계 ─┬─ 재무회계(Financial accounting) : 외부정보이용자를 위한 회계
 └─ 관리회계(Management accounting) : 내부정보이용자를 위한 회계

04 I 회계의 분류

회계의 분류는 접근방법에 따라 여러 가지로 분류할 수 있으나 회계의 목적에 비추어볼 때 회계정보이용자에 따른 분류가 가장 바람직하다.

1. 재무회계(Financial Accounting)

재무회계는 투자자, 채권자를 비롯한 기업 외부정보이용자들의 경제적 의사결정을 위하여 정보를 제공하는 회계이다. 기업 외부정보이용자는 투자자, 채권자 외에도 거래처, 소비자, 정부기관, 노동조합 등 다양한 집단으로 구성된다. 재무회계에서는 다양한 정보이용자의 요구를 모두 수용할 수 없기 때문에 그들의 공통적인 요구만을 수용하는 재무회계정보는 기업회계기준을 적용하여 정기적으로 재무제표를 작성하고, 이를 기업 외부에 공시(disclose)한다.

이러한 목적을 달성하기 위한 재무제표에는 재무상태표, 포괄손익계산서, 자본변동표, 현금흐름표, 주석이 있다.

재무제표 공시자료(K-IFRS)는 다음과 같다.
① 재무상태표 : 기말 재무상태를 나타내는 보고서
② 포괄손익계산서[1] : 일정 기간 경영성과를 측정한 보고서
③ 자본변동표 : 일정 기간 자본변동내용을 나타내는 보고서
④ 현금흐름표 : 기업의 경영활동 과정에서 발생하는 현금의 유입과 유출에 대한 보고서
⑤ 주석 : 중요한 회계정책의 요약 및 그밖의 설명을 재무제표 본문에 표시될 수 없

---

1) 당기순이익뿐만 아니라 기타포괄손익누계액의 당기변동액도 포함된 총포괄손익을 표시하는 서식이다.

을 때 이용되는 것으로서 재무제표의 명료성을 해치지 않게 하기 위하여 별도로 설명하는 방법

2. 관리회계(Managenial Accounting)

관리회계란 기업의 내부정보이용자인 경영자가 의사결정을 하는 데 유용한 회계정보를 제공하는 내부보고목적의 회계를 말한다. 관리회계에서 제공하는 회계 정보는 경영자의 특정 의사결정에 적합한 정보가 되어야 하므로 원칙이 없고, 비화폐적 정보도 포함되며 정밀성보다는 보고의 적시성이 강조된다. 따라서 경영자가 의사결정을 하는 시점마다 수시로 보고서가 작성되고 그 형식은 매우 다양하다.

3. 세무회계(Tax Accounting)

세무회계란 그 목적이 1과세기간(회계연도)의 과세소득과 납부할 세액의 계산이 목적이므로 세무회계는 재무회계에서 계산한 당기순이익에서 출발하여 기업이 부담할 세액을 계산하는 과정을 세무회계라 한다.

즉, 재무회계상의 당기순이익에서 과세소득을 계산해 가는 과정을 세무회계라 하며 그 계산 근거의 기준이 세법이므로 세법에 따라 회계처리하여야 한다.

✔ **재무회계와 관리회계의 비교**

구 분	재 무 회 계	관 리 회 계
정보 제공 목적	기업의 외부정보 이용자인 투자자나 채권자에게 유용한 정보제공〈외부보고〉	기업의 내부이용자인 경영자에게 유용한 정보제공〈내부보고〉
작성 근거	회계원칙의 지배를 받는다 〈법적 강제력이 있음〉 상장기업 한국채택국제회계기준(K-IFRS) 비상장기업은 K-GAAP를 채택함	일반적인 기준이 없다 〈법적강제력이 없음〉 경제이론, 경영학, 통계학 등
보고 양식	재무제표	특수 목적의 보고서
정보제공의 강제성과 외부감사 여부	일정 규모 이상의 주식회사는 정기적 재무제표 공시가 의무화되며 또 외부감사를 받아야 함. 보통 1년 단위(또는 반기)	경영자의 필요에 따라 수시로 정보를 추출해서 활용하며, 외부감사가 필요하지 않음. 월별, 분기별, 반기별 등 수시 보고
정보의 성격과 범위	과거지향적 범위가 넓고 전체적이다	미래지향적 범위가 좁고 특수하다

* 기업의 연차보고서는 금융감독원의 전자공시시스템(DART)에서 찾아볼 수 있다.(http://dart.fss.or.kr)

05 ㅣ 부기의 기초개념

1. 부기란 무엇인가?

기업의 경영활동에서 발생하는 자산, 부채, 자본의 증감변동 사항을 일정한 원리에 의하여 계속적으로 기록, 계산, 정리하는 장부기입의 준말을 부기라고 한다.

2. 부기의 목적

부기는 기업에 영업활동의 내용을 조직적이고 체계적으로 기록, 계산, 정리함으로써 2가지의 목적을 가진다.

(1) 주목적

① 일정시점의 재무상태를 파악(재무상태표 작성)
② 일정기간의 경영성과 파악(포괄손익계산서 작성)

(2) 부목적

① 소송, 분쟁시 증거자료 제공
② 과세의 자료로 제공
③ 장래의 경영계획 수립에 참고 자료 제공 등
④ 기업의 이해관계자(투자자, 채권자, 종업원)에게 기업 활동의 정보제공

3. 부기의 종류

(1) 기록, 계산하는 방법에 의한 분류

가) 단식부기

재산의 증감변동을 일정한 원리가 없이 간단하게 기록, 계산하는 장부기장방법이다. 이러한 단식부기는 계산이 간단하다는 장점이 있으나 기업의 영업활동에 관한 내용을 체계적으로 보여주는 데에는 불완전하다는 단점이 있다.

나) 복식부기

복식부기란 자산, 부채, 자본의 증감변동, 수익의 발생 및 비용의 발생 등 모든 거래를 일정한 원리·원칙에 의하여 체계적으로 기록하는 방법을 말한다. 이러한 복식부기는 거래의 이중성, 대차평균의 원리, 자기검증기능 등의 특징이 있으므로 일반기업이 주로 사용한다. 복식부기의 특징을 구체적으로 서술하면 다음과 같다.

① 거래의 이중성

부기상의 거래는 반드시 자산·부채·자본의 증감과 수익·비용의 발생이 차변요소와 대변요소로 구분되어 결합관계로 나타난다. 그리고 차변요소와 대변요소는 서로 원인이 되고 결과가 된다. 그러므로 거래가 발생하면 차변과 대변에 동일한 금액이 기록되는데 이를 거래의 이중성이라 한다.

② 대차평균의 원리

모든 거래는 거래의 이중성에 의하여 차변과 대변에 동일한 금액이 기록되게 된다. 그러므로 일정 기간 동안 발생한 거래 전체의 차변합계와 대변합계가 항상 일치하게 되는데 이를 대차평균의 원리(principle of equilibrium)라고 한다.

③ 자기검증기능

복식부기는 대차평균의 원리에 의하여 일정 기간 동안의 모든 거래의 차변합계와 대변합계는 항상 일치하게 된다. 그러므로 일정 기간 동안 발생한 거래에 대한 오류가 없다면 손익계산이 일치하며 자동적으로 검증될 수 있는데 이를 복식부기의 자기검증기능이라 한다.

(2) 영리 유무에 따른 분류

① 영리부기 : 영리를 목적으로 하는 기업의 부기(상업부기, 공업부기, 은행부기, 보험부기 등)
② 비영리부기 : 영리를 목적으로 하지 않는 단체의 부기(관청부기, 재단부기, 학교부기, 가계부기 등)

4. 회계단위(accounting unit)와 회계연도(Fiscal year, F/Y)

(1) 회계단위

현금, 물품, 채권, 채무 등의 증감변화나 그 원인을 기록·계산하기 위해서는 범위를 적당히 한정할 필요가 있는데 이와 같은 범위 즉, 장소적 범위를 회계단위라 한다.

(2) 회계연도

재무상태와 경영성과를 명백히 계산하기 위하여 6개월 또는 12개월 등의 적당한 기간으로 구분·설정하는데 이것을 회계연도 또는 회계기간이라 하며, K-IFRS에서는 1년을 초과할 수 없다고 되어 있다. 보통 개인기업의 회계기간은 매년 1월 1일부터 12월 31일까지로 소득세법의 소득의 귀속시기와 같이 정하며, 법인기업은 회사 설립시 정관에 정한 사업연도를 1회계기간으로 하고 있다.

제2절
국제회계기준

01 I 국제회계기준의 필요성

오늘날 글로벌 경영이 보편화되면서 자국의 회계원칙에 따라 작성된 재무제표를 다른 국가의 회계원칙에 따라 수정해야 하는 일이 흔하게 되었고, 국제적인 투자자들에게도 각국 재무제표의 비교가능성과 투명성의 부족은 자본자유화의 걸림돌이 되었다.

국제적으로 통일된 회계기준에 의하여 재무제표가 작성되면 회계정보의 국제적 비교가능성과 신뢰성이 제고될 수 있을 뿐만 아니라 국제적 합작계약에 상호이해가능성을 증진시킬 수 있다. 가속화된 자본자유화 추세에 발맞추어 해외사업 확장을 촉진하여 자본시장 활성화에도 기여할 수 있을 것으로 기대된다.

> **참고**
> - 회계정보의 국가 간 비교가능성 제고
> - 국가마다 상이한 회계정보 보고에 대한 표준화된 규제 가능 : 국제상장 부담 감소
> - 규칙중심(rule-based)이 아닌 원칙중심(principle-based) 회계기준
> - 논리적인 개념체계의 틀 내에서 세부적인 계산절차나 표시방법 등을 재량적으로 허용
> - 질적 판단 및 전문가적 판단 요구

02 Ⅰ 국제회계기준의 주요 특징

국제회계기준은 다음과 같은 주요 특징을 가지고 있다.

1. 원칙중심의 회계기준

국제회계기준은 원칙중심의 회계기준으로 상세하고 구체적인 회계처리 방법을 제시하기보다는 회사 경영자가 경제적 실질에 기초하여 합리적으로 회계처리할 수 있도록 회계처리의 기본원칙과 방법론을 제시하는 데 주력한다. 따라서 재무제표의 구체적인 양식이나 계정과목을 정형화하지 않고 선택가능한 대안을 제시하여 재무제표 표시 방법의 다양성을 인정하고 있다.

2. 연결재무제표 중심의 회계기준

국제회계기준은 연결실체가 재무제표를 작성하는 것을 전제로 제정되어 있다. 따라서 종속회사가 있는 경우에는 경제적 실질에 따라 지배회사와 종속회사의 재무제표를 결합하여 보고하는 연결재무제표를 기본 재무제표로 제시하고 있다.

3. 공시의 강화

국제회계기준은 개별 국가의 법률 및 제도에 따른 차이와 기업의 상황을 반영할 수 있도록 국제회계기준의 적용에 최소한 적용되어야 하는 지침을 규정하고 정보이용자를 보호하기 위해 공시를 강화하고 있다.

4. 공정가치 적용확대

국제회계기준은 국제자본시장의 이용자들에게 목적적합한 정보를 제공하기 위해 자산과 부채를 원칙적으로 공정가치로 측정하여 공시할 것을 요구하고 있다. 따라서 유형자산과 무형자산 및 투자부동산에까지 공정가치 측정을 의무화 또는 선택적용할 수 있도록 하고 있다.

❷ K-IFRS와 K-GAAP의 주요 특징 비교

K-IFRS (한국채택국제회계기준)	K-GAAP (일반회계기준)
원칙중심의 회계 (Principles based approach)	규칙 중심 회계 (Rules based approach)
연결재무제표 중심	개별재무제표 중심
공정가치 회계 확대 적용	제한적인 공정가치 회계 적용
공시항목의 확대	상대적으로 적은 공시 항목
각국의 협업을 통해 기준 제정	독자적인 기준 제정

한국채택국제회계기준은 국제회계기준을 한국어로 번역한 것이기 때문에 국제회계기준의 형태를 그대로 따르고 있으며 회계기준서 및 회계기준해석서로 구성된다. 한국채택국제회계기준을 적용하지 않는 외감대상 비상장기업은 일반회계기준을 적용한다.

회계기준	한국채택국제회계기준(K-IFRS)	일반기업회계기준(K-GAAP)
적용대상	상장기업 자발적 채택 비상장법인	비상장법인
구성	회계기준서 회계기준해석서	

한국채택국제회계기준의 번호체계는 다음과 같다.

❷ 한국채택국제회계기준의 번호체계

구분	기업회계기준서		기업회계기준해석서	
국제회계기준	IAS	IFRS	SIC Interpretation	IFRIC Interpretation
한국채택국제회계기준	1001~1009	1101~1999	2001~2099	2101~2999
비상장기업회계기준	3001~3999		4001~4999	
특수분야회계기준	5001~5999		6001~6999	

01 단식부기에 관한 설명 중 옳은 것은?

① 영리를 목적으로 하는 기업에서 사용되고 있는 부기이다.

② 상업부기, 공업부기, 은행부기 등이 있다.

③ 일정한 원리 원칙이 없이 현금의 수입과 지출을 주로 기입하는 부기이다.

④ 일정한 원리 원칙에 따라 재화의 증감변화를 조직적으로 기록, 계산하는 부기이다.

해설 단식부기는 일정한 원리 원칙이 없이 현금의 수입과 지출을 주로 기입하는 부기이다.

02 회계기간에 관한 다음 설명 중 틀린 것은?

① 회계기간은 원칙적으로 1년을 초과할 수 없다.

② 인위적으로 구분한 기준으로, 회계연도라고도 한다.

③ 기업의 경영성과와 재무상태를 파악하기 위하여 설정한 시간적인 구분이다.

④ 상법규정에서는 회계기간은 1년을 초과할 수 있다.

해설 상법규정에서도 회계기간은 1년을 초과하지 못하도록 하고 있다.

03 다음 중 부기의 주목적에 해당하는 것은?

① 기업의 이해관계자에게 권리 · 의무 확정자료 제공

② 경영성과와 재무상태를 파악하기 위하여

③ 기업과세의 자료 제공

④ 투자자들에게 투자를 유치하기 위하여

해설 부기의 주 목적은 손익계산서를 작성하여 일정기간의 경영성과와 재무상태표를 작성하여 일정시점의 재무상태를 파악하는 데 있다.

정답   01 ③   02 ④   03 ②

04 다음은 회계단위와 회계연도에 관한 설명이다. 부적절한 것은?

① 회계연도를 회계기간이라고도 한다.

② 회계단위란 재산의 변동상태를 독립적으로 기록 · 계산하는 장소적 구분을 말한다.

③ 본점과 지점, 공장과 본사 등은 회계단위에 의한 분류라 할 수 있다.

④ 회계기간은 기업이 임의로 결정할 수 있으며, 1년을 초과할 수도 있다.

해설 회계기간은 기업이 정관 등 이사회에 의해 임의로 결정할 수 있으며, 1년을 초과할 수 없다.

05 기업과 관련된 회계를 회계정보이용자를 기준으로 분류할 때 가장 적절한 분류는?

① 재무회계와 기업회계   ② 관리회계와 정부회계

③ 기업회계와 정부회계   ④ 재무회계과 관리회계

해설 기업과 관련된 회계를 정보이용자를 기준으로 분류할 경우 재무회계과 관리회계로 분류한다.

06 내부보고 목적 회계를 무엇이라고 하는가

① 원가회계   ② 세무회계

③ 재무회계   ④ 관리회계

해설 내부보고목적의 회계를 관리회계라 하며, 외부보고목적의 회계를 재무회계라 한다.

07 기업 외부의 불특정다수로 구성되어 있는 이해관계자에게 유용한 정보를 제공하기 위한 회계는 무엇인가?

① 재무회계   ② 세무회계

③ 원가회계   ④ 관리회계

해설 외부보고목적의 회계를 재무회계라고 한다.

정답   04 ④   05 ④   06 ④   07 ①

08 다음 중 회계의 기본적 기능에 해당하는 것은?

① 원가분석 및 가격결정   ② 재무제표 분석기능

③ 감사기능   ④ 측정 및 전달 기능

해설 회계는 측정기능과 전달기능의 양대 기능을 가진 것으로 이해되고 있다.

09 회계과정 중 경제활동을 관찰하여 측정대상과 측정시점을 결정하는 과정은?

① 식별과정   ② 측정과정

③ 기록과정   ④ 전달과정

10 다음 중 회계과정에 포함되지 않는 것은?

① 측정과정   ② 검증과정

③ 기록과정   ④ 전달과정

해설 회계과정은 식별 – 측정 – 기록 – 전달과정이다.

11 식별된 경제적 사건에 화폐가치를 부여하는 과정은 어디에 해당하는가?

① 식별과정   ② 측정과정

③ 기록과정   ④ 전달과정

해설 화폐가치를 부여하는 것은 측정과정이다.

12 경영자의 경영계획과 통제를 위해 필요한 회계정보를 제공하는 회계분야는 무엇인가?

① 관리회계   ② 재무회계

③ 세무회계   ④ 회계감사

13 우리나라 기업의 재무회계행위에 기본적 지침이 되는 것은?

① 상법   ② 세법

③ 증권거래법   ④ 기업회계기준(K-IFRS)

14 재무회계행위의 기본적 지침은?

① 세법   ② 회계관습

③ 기업회계기준(K-IFRS, K-GAAP)   ④ 회계목적

15 기업회계기준의 필요성을 가장 잘 설명한 것은?

① 회계처리를 신속하게 처리한다.

② 기업의 회계부정을 예방한다.

③ 회계담당자의 비밀을 모두 공개한다.

④ 회계정보의 신뢰성, 공정성, 정확성이 있어야 한다.

해설 회계정보의 필요성은 신뢰성, 공정성, 정확성이 있어야 한다.

16 독립성을 가지고 기업의 외부감사를 수행하는 직업적 회계전문가는?

① 세무사   ② 공인회계사

③ 경영지도사   ④ 증권분석사

정답   13 ④   14 ③   15 ④   16 ②

CHAPTER

02

재무회계
개념체계

개념체계의 본질

　　재무회계 개념체계는 재무회계 및 재무보고에 근거가 되는 기본으로서 **일관된 타당한 논리를 제공**함으로써 현재의 상황을 논리적으로 설명하고, 미래의 현상을 예측할 수 있게 함으로써 새로운 분야를 전개할 수 있는 개념의 틀을 제공한다.

　　재무제표의 작성과 표시를 위한 개념체계는 외부이용자를 위한 재무제표의 작성과 표시에 있어 기초가 되는 개념을 정립한 것으로 개념체계의 목적은 다음과 같다.

- 논리적으로 타당하고 일관된 회계기준 제정 가능
- 회계기준이 제정되어 있지 않더라도 개념체계에 준거하여 회계처리의 문제 해결 가능

✅ 재무회계개념체계의 구조

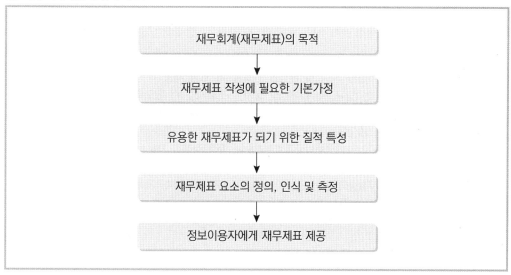

개념체계의 목적

재무회계의 대표적인 보고서인 재무제표의 목적은 개념체계의 최상위개념으로 광범위한 정보이용자의 경제적 의사결정에 유용한 기업의 재무상태, 경영성과 및 재무상태변동에 관한 정보를 제공한다. 이러한 목적에 따라 작성된 재무제표는 대부분 정보이용자의 공통적인 정보수요를 충족시킨다. 그러나 재무제표는 주로 과거 사건의 재무적 영향을 표시하는 것을 목적으로 하며 비재무적인 정보까지는 제공하지 못한다.

재무제표는 위탁받은 자원에 대한 경영진의 수탁책임이나 회계책임의 결과를 보여준다. 경영진의 수탁책임이나 회계책임을 평가하려는 정보이용자의 목적은 경제적 의사결정을 하기 위해서이다. 예를 들어 경제적 의사결정은 기업의 투자지분을 계속 보유할까? 매도할까? 또는 경영진을 재선임하거나 교체할 것인지의 결정도 포함될 수 있다.

- 새로운 한국채택국제회계기준을 제정 및 개정을 검토할 때 도움 제공
- 재무제표의 표시와 관련되는 법규, 회계기준 및 절차를 조화시킬 수 있도록 도움 제공
- 재무제표의 작성자가 한국채택국제회계기준을 적용하거나 한국채택국제회계기준이 미비한 거래에 대한 회계처리를 하는 데 도움 제공
- 감사인이 재무제표의 이용자가 한국채택국제회계기준에 따라 작성된 재무제표에 포함된 정보를 해석하는 데 도움 제공
- 한국회계기준위원회의 업무활동에 관심 있는 이해관계자에게 한국채택국제회계기준을 제정하는 데 사용한 접근방법에 대한 정보 제공

✅ **정보수요와 정보이용자의 단순화**

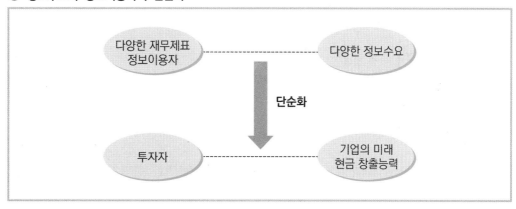

제3절
회계의 기본 가정

회계의 기본가정은 회계이론을 논리적으로 전개하기 위한 출발점이며, 회계원칙을 전개하기 위한 기본적 가정으로서 회계환경으로부터 도출된다.

재무제표를 작성하는 데 있어 발생기준의 가정과 계속기업의 가정이라는 두 가지의 기본가정이 있다.

1. 발생기준(accrual basis)

발생기준에서는 거래나 그 밖의 사건의 영향을(현금주의가 아니라) 발생한 기간에 인식하며 해당기간의 장부에 기록하고 재무제표에 표시한다. 발생기준을 적용하여 작성한 재무제표는 현금의 수지를 수반한 과거의 거래뿐 아니라 미래에 현금을 지급해야 하는 의무와 현금의 수취가 기대되는 자원에 대한 정보를 이용자에게 제공한다. 따라서 재무제표는 과거의 거래와 그 밖의 사건에 대해 이용자의 경제적 의사결정에 가장 유용한 형태의 정보를 제공한다.

> • 발생주의는 현금의 유입이나 유출과 관계없이 거래나 사건의 영향을 발생한 기간에 기록한다.
> • 발생주의는 현금기준 정보에 비해 미래 현금흐름예측에 유용한 정보를 제공한다.

2. 계속기업(going concorn)

일반적으로 기업은 계속기업이며 예상 가능한 기간 동안 영업을 계속할 것이라는 가정하에 작성된다. 따라서 기업은 그 경영활동을 청산하거나 중요하게 축소할 의도나 필요성을 갖고 있지 않다는 가정을 적용하며, 만약 이러한 의도나 필요성이 있다면 재무제표는 계속기업을 가정한 기준과는 다른 기준을 적용하여 작성하는 것이 타당할 수 있으며 이때 적용한 기준은 별도로 공시하여야 한다.

- 역사적원가로 측정가능
- 취득원가의 미래 이연 배분(감가상각 등) 가능
- 자산과 부채의 유동, 비유동 의미를 가진다.

제4절
제무제표의 질적 특성

재무보고의 목적이 달성되기 위해서는 재무제표에 의해 제공되는 정보가 정보이용자의 의사결정에 유용하여야 한다. 회계정보의 질적특성이란 회계정보가 유용하기 위해 갖추어야 할 주요 속성을 말하며, 회계정보의 유용성을 판단하는 기준이 된다.

우리나라 재무회계개념체계에서는 회계정보가 갖추어야 할 가장 바람직한 질적 특성은 다음과 같다.

1. 근본적 질적 특성

(1) 목적적합성(relevance)

목적적합성이란 "회계정보는 정보이용자가 의도하고 있는 의사결정 목적과 관련이 있어야 하며, 회계정보를 이용하여 의사결정을 하는 경우와 이용하지 않고 의사결정을 하는 경우를 비교해서 의사결정에 차이를 발생하게 하는 정보의 능력"이다. 예를 들어 투자자가 주식을 처분하는 것보다 계속 보유하는 것이 더 유리하다는 것을 확신하게 하는 회계정보가 있다면 그 정보는 투자가에게 목적적합한 정보가 될 수 있다는 것이다. 이와 같이 목적적합성은 몇 가지 대체적인 정보가 있는 경우 어떤 것을 선택하는 것이 가장 적절한 정보이며 또 이용목적에 알맞은가를 평가하는 데 이용될 수 있는 회계정보기준이다.

- 목적적합성은 정보이용자가 과거, 현재 또는 미래의 사건을 평가하거나 과거의 평가를 확인 또는 수정하는 데 도움을 주는 특성이 있다.
- 예측역할과 확인역할을 한다.
- 정보의 성격과 중요성에 따라 영향을 받는다.

① 예측가치와 피드백 가치

재무제표 정보의 질적 특성으로서 목적적합성은 의사결정에 유용한 예측과 피드백 가치를 가지고 적시에 제공될 때 유효하게 확보될 수 있다. 목적적합한 정보는 미래에 대한 예측능력을 제고시켜 정보이용자의 의사결정에 영향을 미칠 수 있는 예측 가치나 과거의 기대치를 확인 또는 수정함으로써 정보이용자의 의사결정에 영향을 미칠 수 있는 피드백 가치가 있어야 하는데, 이러한 정보의 예측가치와 피드백 가치는 상호 관련이 있다.

② 적시성

목적적합한 정보는 정보의 적시성을 전제로 한다. 즉, 의사결정 시점에서 필요한 정보가 제공되지 않는다면 동 정보는 의사결정에 이용될 수 없고 따라서 목적적합성을 상실한다. 이는 적시성 그 자체가 정보를 목적적합하게 하는 것은 아니지만 적시성 없이는 목적적합성을 충족할 수 없음을 의미한다.

그러나 적시성 있는 정보를 제공하기 위해서는 거래나 사건의 모든 내용이 확정되기 전에 보고해야 할 필요가 있다. 이 경우 정보의 목적적합성은 향상되나 신뢰성은 저하된다. 반대로 모든 내용이 확정될 때까지 보고가 지연될 경우 정보의 신뢰성은 제고될 수 있으나 그 보고시점 이전에 의사결정을 해야 하는 정보이용자에게는 이미 목적적합성을 상실해 유용하지 않은 정보가 될 것이다. 따라서 목적적합성과 신뢰성 사이의 선택은 이용자의 경제적 의사결정 요구를 최대한 충족시킬 수 있는 방향으로 이루어져야 한다.

(2) 신뢰성(reliability)

신뢰성은 "회계정보가 신뢰할 수 있는 것이어야 한다는 속성"이다. 이는 회계정보에 부여할 수 있는 확신의 정보를 의미한다.

① 표현의 충실성(faithful representation)

회계정보가 신뢰성을 갖기 위해서는 그 정보가 나타내고자 하거나 나타낼 것으로 기대되는 거래나 사건을 사실대로 충실하게 표현해야 한다. 즉 표현의 충실성이란 측정치인 정보와 측정대상인 거래나 사건이 일치하는 정도를 나타내는 정보의 질적 특성이다. 예를 들어 재무상태표는 재무상태표일 현재 인식기준을 충족시키는 기업의 자산, 부채 및 자본을 구성하는 거래나 사건을 충실하게 표현해야 한다. 특정거래 또는 사건을 식별하거나 측정함에 있어서 발생하는 어려움 때문에 회계정보는 나타내고자 하는 바를 충실히 표현하지 못할 수 있다. 예를 들어 기업은 일반적으로 신뢰성 있게 식별하거나 측정하는 것이 어려운 자가 창설 영업권을 재무제표에 인식하지 않는다. 그러나 어떤 경우에는 특정 사항을 인식하고 그 측정을 위한 방법 등을 추가로 공시하는 것이 보다 적절할 수도 있다. 재무제표상의 정보가 표현의 충실성을 유지하기 위해서는 효익과 비용간의 균형 및 중요성을 고려하되 완전성을 기해야 한다. 이용자의 의사결정에 중요하고 그 효익이 비용을 초과하는 정보를 누락하는 경우 재무제표는 이용자를 오도할 수 있어 목적적합성과 신뢰성을 저해할 수 있다.

② 검증가능성

검증가능성이란 동일한 경제적 사건이나 거래에 대하여 동일한 측정방법을 적용할 경우 다수의 독립적인 측정자가 유사한 결론에 도달할 수 있어야 함을 의미한다.

③ 중립성(neutrality)

회계정보가 신뢰성을 갖기 위해서는 중립적이어야 한다. 즉, 편의가 없어야 한다. 미리 의도된 결과를 달성하기 위해 특정 정보를 선택하거나 이용자의 의사결정이나 판단에 영향을 미친다면 그 재무제표는 중립적이지 않다.

2. 보강적 질적 특성

(1) 비교가능성(comparability)

기간별 또는 기업 간에 정보가 비교 가능할 때 당해 재무제표 정보의 주요 질적 특성인 목적적합성과 신뢰성은 향상될 수 있다. 그러므로 기업의 재무상태, 경영성과 및 재무상태 변동의 기간별 추세와 기업 간의 상대적 평가를 위해 재무제표는 기간별 또는 기업 간 비교할 수 있어야 한다. 즉 유사한 거래나 사건의 재무적 영향을 측정·보고함에 있어 기간별로 일관성이 있어야 하며 재무활동·투자활동·영업활동 등의 특성을 훼손시키지 않는 범위 내에서 기업 간에도 통일된 방법이 적용되어야 한다. 회계기준에 따라 재무제표를 작성하고 공시함으로써 기업간 비교가능성을 제고시킬 수 있다. 또한 재무제표는 당해 연도와 과거 연도 분을 비교하는 형식으로 작성함으로써 정보의 기간별 비교가능성을 제고시킬 수 있다.

그리고 재무제표 정보의 비교가능성을 높이기 위해서는 재무제표의 작성에 있어서 적용된 회계기준, 회계처리방법의 변경 및 그 변경의 영향 등이 충분히 공시되어 정보 이용자가 유사한 거래나 사건에 대해 기간별 또는 기업간 회계처리 방법의 차이를 파악할 수 있어야 한다.

비교가능성은 단순한 통일성과 혼동되지 않아야 하며, 회계기준의 개선에 장애가 되어서도 안 된다. 회계기준의 개정에 따른 사회적 비용보다 그 변경으로 인해 기대되는 사회적 효익이 큰 경우에는 회계기준을 개선해야 한다.

그리고 재무제표 작성자는 기업환경의 중대한 변화에 따라 회계정보의 목적적합성과 신뢰성을 현저히 높일 수 있는 대체적 방법이 있을 경우 기존의 회계처리방법을 계속 적용하는 것은 적절하지 않다.

재무제표 이용자는 특정 기업의 재무상태와 경영성과의 변동에 대한 기간별 비교를 원하기 때문에 재무제표는 당해 기간과 과거 기간의 정보를 비교 표시하는 것이 중요하다.

---

① 기간별 비교가능성
- 한 기업의 재무상태와 경영성과의 추세 식별을 위하여 필요
- 당해 기간과 과거기간의 정보를 비교 표시

② 기업간 비교가능성
- 회계기준에서 한 가지만의 회계기준 적용 강제 불가
- 각 기업마다 회계정책을 충실하게 공시함으로써 이용자가 회계정책의 차이점 파악 가능

---

(2) 이해가능성(understandability)

이해가능성이란 회계정보가 유용한 것이 되기 위한 필요조건으로서 "기업이 제공하는 회계정보는 정보이용자가 이해할 수 있도록 해야 한다"는 속성이다.

이해가능성 있는 회계정보를 제공하기 위해서는 회계정보는 간결성을 가져야 하며, 회계보고서의 양식과 내용이 표준화되어야 하며, 회계정보가 이해될 수 있는 용어로 작성되어야 한다. 이러한 의미에서 이해가능성은 회계정보의 공시의 수단인 재무제표의 보고방법과 관련된 속성이다.

- 회계정보가 유용해지기 위해서 이용자가 그 정보를 쉽게 이해할 수 있어야 한다.
- 경영 및 경제활동과 회계에 대한 합리적 지식과 관련 정보 분석을 위하여 합리적인 노력을 기울일 의지가 있는 이용자로 가정한다.
- 일부 이용자가 이해하기 어렵다는 이유로 제공해야 할 정보를 제외할 수 없다.

재무제표의 기본요소

재무제표의 기본요소는 재무제표를 거래나 그 밖의 사건의 재무적 영향을 경제적 특성에 따라 대분류한 것을 말한다. 재무상태표의 요소는 자산, 부채 및 자본이고, 포괄손익계산서의 요소는 수익과 비용이다. 자본변동표와 현금흐름표는 일반적으로 재무상태표 요소의 변동과 포괄손익계산서 요소를 반영하므로 별도로 식별하지 않는다.

✓ 재무제표의 기본 요소

재무상태표	자산	과거의 거래나 사건의 결과로 현재 기업실체가 지배하고 미래에 경제적 효익을 창출할 것으로 기대되는 자원이다.
	부채	과거의 거래나 사건의 결과로 기업이 부담하고 있고 미래에 자원의 유출이 예상되는 의무이다.
	자본	총자산 – 총부채 = 자본 기업 실체의 자산에 대한 소유주의 잔여청구권(소유주 청구권)이다.
손익계산서	수익	재화의 판매 등에 대한 대가로 발생하는 자산의 유입 · 부채의 감소이다.
	비용	재화의 판매 등에 따라 발생하는 자산의 유출이나 사용 · 부채의 증가이다.

01 ㅣ 재무상태

1. 자산

자산이란 과거의 거래나 사건의 결과로서 현재 기업실체에 의해 지배되고 미래의 경제적 효익을 창출할 것으로 기대되는 자원을 말한다.

자산이 갖는 미래 경제적 효익은 다음과 같이 다양하다.

첫째, 판매 및 생산에 개별적으로 또는 그 밖의 자산과 복합적으로 사용된다.
둘째, 다른 자산과의 교환에 사용된다.
셋째, 부채를 상환하거나, 기업 소유주에게 배분된다.

예를 들어 기업은 현금, 기계장치, 공장건물 등을 사용하여 제품을 생산하고, 이를 통하여 앞으로 수익을 벌어들이게 될 것이다. 이같이 미래에 수익을 창출하는 데 공헌할 수 있는 능력을 갖고 있는 경우에만 자산으로 인정된다. 대체로 자산은 기업의 재산 전부를 의미하는데, 그 이유는 기업이 가지고 있는 자산은 어느 것이나 수익을 얻을 목적으로 구입하였다고 보기 때문이다. 따라서 어느 기업의 자산이 많다는 것은 사업목적을 달성하기 위해 현재 보유하고 있는 경제적 자원인 용역잠재력(경제적 효익)이 그만큼 많다는 것을 의미한다. 즉, 자산은 미래에 현금유입을 가져올 것으로 기대되는 자원이다.

자 산	재화 : 현금, 상품, 비품, 건물, 토지, 기계장치, 항공기, 선박 등
	채권 : 예금, 매출채권, 대여금, 미수금, 선급금, 선급비용, 단기금융상품 등

자산은 기간에 따라 유동자산과 비유동자산으로 분류한다.

(1) 유동자산

1년 이내에 현금화하는 자산으로 현금 및 현금성자산, 단기금융자산, 단기매매금융자산, 매출채권, 단기대여금, 미수금, 미수수익, 선급금, 선급비용, 상품, 제품, 재공품, 원재료, 저장품 등이 있다.

(2) 비유동자산

직접 현금화하는 것을 목적으로 하지 않고 영업활동을 위해 사용함을 목적으로 하는 자산 또는 1년 이후에 현금화하는 자산으로 투자자산, 유형자산, 무형자산 및 기타비유동자산 등이 있다.

① 투자자산

투자목적의 자산으로 다른 회사를 지배하기 위하여 또는 여유있는 자금 활용을 위해 투자하는 자산으로 장기금융자산, 매도가능금융자산, 만기보유금융자산, 투자부동산 등이 있다.

② 유형자산

기업의 경영활동에서 장기간 사용할 목적으로 소유하고 있는 구체적인 물리적 형태가 있는 자산으로 토지, 건물, 구축물, 기계장치, 선박, 차량운반구, 건설중인 자산 등이 있다.

③ 무형자산

비유동자산 중에서 구체적인 물리적 형태가 없는 자산으로 산업재산권, 광업권, 어업권(입업권 포함), 차지권(지상권포함), 개발비, 라이선스와 프랜차이즈, 저작권, 소프트웨어 등이 있다.

④ 기타비유동자산

투자자산, 유형자산, 무형자산에 속하지 않은 비유동자산으로서 투자수익이 없고 다른 자산으로 분류하기 어려운 자산을 말한다. 예를 들어 이연법인세자산, 임차보증금, 장기성매출채권, 장기선급비용, 장기선급금, 장기미수금 등이 있다.

자산 계정 과목			내 용
유동 자산	현금및 현금성 자산	현금	통화 및 통화대용증권의 수입과 지출을 기입
		당좌예금	은행에 당좌예금을 하거나 당좌수표를 발행한 거래를 기입
		제예금	당좌예금 이외의 보통예금, 저축예금 등의 예입과 인출을 기입
	단 기 금 융 자 산		예탁기간이 1년 이내에 해당되는 정기예금, 정기적금 및 기타 정형화된 금융자산 등을 기입
	단기매매금융자산		단기매매차익을 얻기 위한 시장성 있는 주식, 사채, 공채, 국채, 등을 기입
	매출채권	외상매출금	원재료, 상품, 제품을 외상으로 매출한 경우의 채권발생과 채권소멸을 기입
		받을어음	원재료, 상품, 제품을 매출하고 받은 어음에 대한 채권발생과 채권소멸을 기입
	단 기 대 여 금		타인에게 돈을 빌려준 것
	미 수 금		상품 이외의 것을 외상으로 매각처분한 경우의 채권발생과 채권소멸을 기입
	상 품		판매를 목적으로 구입한 물품을 기입
	저 장 품(소모품)		소모품, 소모공구기구비품, 수선용 부품 및 기타 저장품을 기입
비유동 자산	토 지		업무용인 대지, 임야, 전답, 잡종지 등의 구입과 처분을 기입
	건 물		업무용인 건물의 구입과 처분을 기입
	차 량 운 반 구		업무용인 자동차 및 기타의 육상운반구의 구입과 처분을 기입
	비 품		영업용 책상, 의자 등의 구입과 처분을 기입

2. 부채

과거 사건에 의하여 발생하였으며 경제적 효익을 갖는 자원이 기업으로부터 유출됨으로써 이행될 것으로 기대되는 현재의무이다.

부채의 특징은 다음과 같다.

첫째, 현금 지급
둘째, 다른 자산으로 이전
셋째, 용역의 제공
넷째, 다른 의무로 대체
다섯째, 부채의 자본전환

예를 들면, 상대방으로부터 현금을 빌리거나, 상품·제품과 같은 재화 또는 용역을 제공받았지만, 그 대가를 아직 지급하지 않아서 장차 갚아야 할 경제적 의무(economic obligations)를 말한다. 예를 들면 채권자로부터 미래에 원금 및 이자를 갚는 조건으로 빌려온 차입금 또는 나중에 대금을 지급하겠다는 조건으로 매입한 비품의 대금지급의무 등이 여기에 해당한다.

부채는 상환기간에 따라 유동부채와 비유동부채로 분류한다.

(1) 유동부채

1년 이내에 상환해야 할 부채로서 매입채무, 단기차입금, 미지급금, 선수금, 예수금, 미지급비용, 당기법인세부채, 미지급배당금, 선수수익 등이 있다.

(2) 비유동부채

1년 이후에 상환해야 할 부채로서 사채, 장기차입금, 장기성매입채무, 장기충당부채, 이연법인세부채 등이 있다.

부채 계정 과목			내 용
유동 부채	매입채무	외 상 매 입 금	상품을 외상으로 매입하고 발생한 채무
		지 급 어 음	상품을 매입하거나, 외상매입금을 지급하기 위하여 발생한 어음상의 채무
	단 기 차 입 금		1년 이내의 상환 조건으로 금전을 타인에게서 빌려온 것
	미 지 급 금		상품 이외의 물품을 외상으로 구입하고 발생한 채무
	선 수 금		상품을 인도하기 전에 미리 받은 계약금
	예 수 금		종업원의 급여에서 차감하여 기업에서 일시 보관한 종업원의 소득세, 건강보험료, 조합비 등
	미 지 급 비 용		이미 발생된 비용이기는 하나 아직 지급되지 않은 것
	선 수 수 익		이미 받은 수익 중 차기 이후에 해당되는 금액
	유 동 성 자 기 부 채		결산일 기준 비유동부채 중 1년 이내에 상환될 금액
비유동 부채	장 기 차 입 금		1년 이후에 상환 조건으로 금전을 타인에게서 빌려온 것
	사 채		주식 회사가 일반 대중에 자금을 모집하려고 집단적·대량적으로 발행하는 채권
	퇴직급여 충당부채		종업원이 퇴직할 때의 퇴직금 지급을 위한 충당 부채

3. 자본

자본은 기업의 소유주가 투자한 자금(자본금) 및 영업활동을 통한 자금의 증가분(이익잉여금)으로서 자산에서 부채를 뺀 후에 남는 몫을 말하며, 이를 순자산 또는 잔여지분(주주지분)이라고 한다. 기업의 소유주에게 귀속되어야 할 몫을 나타내기 때문에 소유주지분 또는 주주지분이라고 한다. 이는 기업의 소유주가 투자한 금액, 즉 자본금과 자본잉여금과 영업활동 등으로 인하여 증가한 금액인 이익잉여금으로 구성된다.

자본등식 : 자산 − 부채 = 자본(순자산)

⊘ **자본계정과목**

자 본 금	기업주가 영업개시를 위해 출자한 돈이나 물품
인 출 금	기업주가 개인적인 용도로 인출한 금액의 기중처리
이 익 잉 여 금	기업의 순이익으로 인하여 증가한 순자산

(1) 납입자본(자본금)

법인이 발행한 주식의 액면금액으로 보고되는 소유주 지분으로 보통주 자본금, 우선주 자본금이 있다.

(2) 이익잉여금

기업이 벌어들인 이익 중 배당금이나 기타자본요소로 처분되지 않고 남아있는 이익이다.

- 이익잉여금 : 이익준비금 등의 법정적립금과 회사 임의로 적립한 임의적립금 등

(3) 기타자본항목

- 자본조정 : 자기주식처분손실, 감자차손, 주식할인발행차금 등
- 기타포괄손익누계액 : 매도가능금융자산평가손익, 해외사업환산손익, 재평가잉여금, 파생상품평가손익 등

4. 재무상태표

재무상태표는 기업의 일정한 시점의 재무상태를 표시하는 재무제표이며, 여기서 일정한 시점이란 대부분 회계기말시점(결산)을 말한다.

재무상태표를 통해서 기업이 통제하는 경제적 자원, 기업의 재무구조, 유동성과 지급능력, 영업환경 변화에 대한 적응능력에 대한 정보를 제공한다. 즉, 재무상태의 측정에 직접 관련되는 요소는 자산, 부채 및 자본이다.

재무상태표에서도 기말자본과 기초자본을 비교하여 당기순손익을 산출할 수도 있다.

재무상태표 등식	자산 총액 = 부채 총액 + 자본 총액
자 본 등 식	자본 총액 = 자산 총액 − 부채 총액
재 산 법 등 식	당기순손익 = 기말자본 − 기초자본

재무상태표

(기초) 2020. 1. 1. (단위 : 원)

자산총액	100	기초 부채	80
		기초 자본	20
	100		100

⇨

재무상태표

(기말) 2020. 12. 31. (단위 : 원)

기말 자산	120	기말 부채		80
		기말 자본 40	기초자본	20
			당기순이익 (이익잉여금)	20
	120			120

✎ **실습예제**

01 다음 계정 과목의 ( )안에 자산계정은 자산, 부채계정은 부채, 자본계정은 자본이라 기입하시오.

(1) 현 금 ( )	(2) 외 상 매 입 금 ( )
(3) 대 여 금 ( )	(4) 단 기 매 매 금 융 자 산 ( )
(5) 외 상 매 출 금 ( )	(6) 차 입 금 ( )
(7) 선 급 금 ( )	(8) 건 물 ( )
(9) 선 수 금 ( )	(10) 당 좌 예 금 ( )
(11) 자 본 금 ( )	(12) 차 량 운 반 구 ( )
(13) 지 급 어 음 ( )	(14) 비 품 ( )
(15) 상 품 ( )	(16) 받 을 어 음 ( )
(17) 미 지 급 금 ( )	(18) 토 지 ( )
(19) 소 모 품 ( )	(20) 미 수 금 ( )

풀이

- 자산 : 현금, 대여금, 외상배출금, 선급금, 상품, 소모품, 단기매매금융자산, 건물, 당좌예금, 차량운반구, 비품, 받을어음, 토지, 미수금
- 부채 : 선수금, 지급어음, 미지급금, 외상매입금, 차입금
- 자본 : 자본금

02 다음 자료에 의하여 자산, 부채, 자본 총액을 구하시오.

현 금	₩ 200,000	당 좌 예 금	₩ 500,000
외 상 매 출 금	300,000	선 급 금	350,000
상 품	1,000,000	비 품	250,000
외 상 매 입 금	500,000	차 입 금	500,000
미 지 급 금	400,000	예 수 금	200,000

풀이
- 자산총액 : 현금(200,000) + 외상매출금(300,000) + 상품(1,000,000) + 당좌예금 (500,000) + 선급금(350,000) + 비품(250,000) = 2,600,000원
- 부채총액 : 외상매입금(500,000) + 미지급금(400,000) + 차입금(500,000) + 예수금 (200,000) = 1,600,000원
- 자본총액 : 자산 − 부채 = 자본
  2,600,000원 − 1,600,000원 = 1,000,000원

03 다음의 자산, 부채에 의하여 재무상태표를 작성하시오.

현 금	₩ 800,000	당 좌 예 금	₩ 350,000
외 상 매 출 금	1,000,000	대 여 금	630,000
단 기 매 매 금 융 자 산	700,000	상 품	500,000
건 물	3,000,000	비 품	420,000
외 상 매 입 금	900,000	지 급 어 음	300,000
차 입 금	700,000	선 수 금	300,000

재무상태표

자 산	금 액	부채 · 자본	금 액

풀이

재무상태표

자 산	금 액	부채	금 액
자산 : 현 금	800,000	부채 : 외상매입금	900,000
외상매출금	1,000,000	지급어음	300,000
당좌예금	350,000	차 입 금	700,000
대 여 금	630,000	선 수 금	300,000
단가금융자산	700,000		
상 품	500,000		
건 물	3,000,000	자 본	
비 품	420,000	자 본 금	5,200,000
	7,400,000		7,400,000

02 | 경영성과

1. 수익

　기업의 업적인 경영성과는 수익과 비용을 비교해 이익(손실)으로 나타난다. 기업의 영업활동 결과 자본이 증가하는 원인을 수익이다. 즉 기업실체의 경영활동과 관련된 재화의 판매, 용역의 제공 등의 대가로 발생하는 것이다. 예를 들어 100,000원에 구입해서 150,000원에 팔면 50,000원의 매출총이익이 생긴다. 이는 판매를 통해 얻은 제품이나 서비스의 부가가치 크기를 나타낸다. 수익에는 매출액, 수수료수익, 이자수익, 배당수익, 로열티수익 및 임대료등 다양하다.

- 수익성 정보는 미래 경제적 자원의 잠재적 변동가능성 평가에 유용하다.
- 미래 현금창출 능력 평가에 유용하다.
- 포괄손익계산서를 통해서 제공한다.
- 자본항목에 표시된다(이익잉여금).

매출총이익	상품을 원가 이상으로 매출할 때 생기는 이익(매출액-매출원가 = 매출총이익)
이자수익	대여금 또는 예금에 대해서 받는 이자
임대료	건물, 토지 등을 빌려주고 받는 집세
수수료수익	중개 또는 용역을 제공하고 받는 보수
잡이익	영업활동 이외에서 생긴 기타 이익

2. 비용

기업의 영업활동 결과 자본을 감소시키는 원인이 비용이라 한다. 특정 회계기간 동안에 발생한 경제적 효익의 감소이다. 비용으로는 급여, 통신비, 수도광열비, 임차료, 보험료, 광고선전비, 소모품비, 잡비, 수수료비용, 이자비용, 재해손실, 유형자산 처분손실, 외환차손과 같은 것도 포함된다.

이자비용	차입금에 대해서 지급하는 이자
임차료	건물, 토지 등을 빌려 사용하고 지급하는 집세
수수료비용	중계 또는 용역을 제공받고 지급하는 수수료
급여	근로의 대가로 지급하는 보수
여비교통비	업무상 지급되는 택시 요금 등
수도광열비	수도료, 전기료, 가스료, 난방용 유류비를 지급한 경우
광고선전비	TV, 라디오, 신문, 잡지 등에 상품 판매 선전을 하고 지급한 광고료
통신비	전신, 전화, 전보 요금, 우편, 엽서, 대금을 지급한 경우
운반비	상품을 매출하고, 지급한 운임이나 발송비
소모품비	업무용으로 사용하는 소모용 문구류
도서인쇄비	정해진 항목이 없이 지급된 소액의 비용(신문, 잡지 등의 구독료)
세금과공과	재산세, 자동차세, 상공회의소 회비 지급한 경우

3. 포괄손익계산서

일정 기간의 기업의 경영성과를 나타내는 재무제표가 포괄손익계산서이다.

총수익 − 총비용 = 당기순손익

> • 총비용 < 총수익 → 당기순이익
> • 총비용 > 총수익 → 당기순손실

01 다음 계정과목의 ( )안에 수익계정은 "수", 비용계정은 "비"자를 기입하시오.

(1) 수 수 료 수 익　(　　　)　　(2) 소 모 품 비　(　　　)

(3) 보 험 료　(　　　)　　(4) 임 차 료　(　　　)

(5) 여 비 교 통 비　(　　　)　　(6) 상 품 매 출 이 익　(　　　)

(7) 잡 이 익　(　　　)　　(8) 이 자 비 용　(　　　)

(9) 통 신 비　(　　　)　　(10) 상 품 매 출 손 실　(　　　)

(11) 이 자 수 익　(　　　)　　(12) 세 금 과 공 과　(　　　)

(13) 수 도 광 열 비　(　　　)　　(14) 급 여　(　　　)

(15) 광 고 선 전 비　(　　　)　　(16) 임 대 료　(　　　)

(17) 잡 비　(　　　)　　(18) 수 수 료 비 용　(　　　)

풀이

• 수익 : (1), (6), (7), (11), (16)

• 비용 : (2), (3), (4), (5), (8), (9), (10), (12), (13), (14), (15), (17), (18)

02 다음 수익, 비용에 의하여 포괄손익계산서를 작성하시오.

매 출 액	₩ 250,000	급 여	₩ 100,000
이 자 비 용	80,000	임 대 료	150,000
통 신 비	50,000	광 고 선 전 비	70,000
수 수 료 수 익	100,000	수 도 광 열 비	40,000

포괄손익계산서

비 용	금 액	수 익	금 액

풀이

포괄손익계산서

비 용	금 액	수 익	금 액
급 여	100,000	매 출 액	250,000
이자비용	80,000	임 대 료	150,000
통 신 비	80,000	수수료수익	100,000
광고선전비	80,000		
수도광열비	80,000		
당기순이익	80,000		
	500,000		500,000

03 ┃ 순손익의 계산

1. 순손익의 계산

순손익은 순이익과 순손실을 총칭하는 말이며, 기업이 일정기간 동안 영업활동을 한 결과 평가순이익이 발생하였는지 또는 당기순손실이 발생하였는지를 계산하는 것을 순손익의 계산이라 한다.

2. 손익의 계산 방법

(1) 재산법

회계연도 초의 자본금(기초자본금)과 회계연도 말의 자본금(기말자본금)을 비교해서 순손익을 계산하는 방법을 재산법이라 하며, 기말자본금이 크면 순이익이 발생하고, 기초자본금이 크면 순손실이 발생한다.

기말자본 − 기초자본 = 당기순손익

재 산 법	기말자본 > 기초자본 → 당기순이익	기초자본 + 당기순이익 = 기말자본
	기초자본 > 기말자본 → 당기순손실	기초자본 – 당기순손실 = 기말자본

(2) 손익법

일정기간(회계 기간)의 총수익과 총비용을 비교해서 순손익을 계산하는 방법을 손익법이라 하며, 총수익이 크면 순이익이 발생하고 총비용이 크면 순손실이 발생한다.

총수익 – 총비용 = 당기순손익

손 익 법	총수익 > 총비용 → 당기순이익	총수익 – 총비용 = 당기순이익
	총비용 > 총수익 → 당기순손실	총비용 – 총수익 = 당기순손실

제6절
재무제표 요소의 인식

01 ㅣ 인식 기준

인식이란 재무제표 요소의 정의를 충족하고 인식기준을 충족하는 항목을 재무제표에 반영하는 과정을 말한다. 재무제표요소의 정의에 부합하는 항목이 다음 기준을 충족한다면 재무제표에 인식되어야 한다.

> ① 그 항목과 관련된 미래경제적효익이 기업에 유입되거나 기업으로부터 유출될 가능성이 높다.
> ② 그 항목의 원가 또는 가치를 신뢰성 있게 측정할 수 있다.

인식기준을 충족하는 항목은 재무상태표나 포괄손익계산서에 인식하여야 한다. 따라서 관련된 회계정책의 공시, 주석 또는 설명 자료만으로 특정 항목의 인식을 대신할 수 없다.

1. 자산 인식

자산은 미래경제적효익이 기업에 유입될 가능성이 높고 해당 항목의 원가 또는 가치를 신뢰성 있게 측정할 수 있을 때 재무상태표에 인식한다. 따라서 지출이 발생하였으나 당해 회계기간 후에는 관련된 경제적 효익이 기업에 유입될 가능성이 높지 않다고 판단되면 재무상태표에 자산으로 인식할 수 없으며, 포괄손익계산서에 비용으로 인식한다.

2. 부채의 인식

부채는 현재 의무의 이행에 따라 경제적 효익이 내재된 자원의 유출가능성이 높고 결제될 금액에 대해 신뢰성 있게 측정할 수 있을 때 재무상태표에 인식한다. 실무에서는 주문 후 아직 인도되지 않은 재고자산에 대한 부채와 동일한 비율로 미이행된 계약상의 의무는 일반적으로 재무제표에 부채로 인식하지 아니한다. 그러나 그러한 의무도 때로는 부채의 정의에 부합할 수 있으며 특정한 상황에서 인식기준이 충족된다면 재무제표에 인식될 수 있다. 이와 같은 상황에서는 부채의 인식과 동시에 관련 자산이나 비용도 인식된다.

3. 수익의 인식

수익은 자산의 증가나 부채의 감소와 관련하여 미래경제적 효익이 증가하고 이를 신뢰성 있게 측정할 수 있을 때 포괄손익계산서에 인식한다. 이는 실제로 수익의 인식이 자산의 증가나 부채의 감소에 대한 인식과 동시에 이루어짐을 의미한다. 예를 들면, 재화나 용역의 매출에 따라 자산의 순증가가 인식되며 미지급채무의 면제에 따라 부채의 감소가 인식된다.

4. 비용의 인식

비용은 자산의 감소나 부채의 증가와 관련하여 미래경제적효익이 감소하고 이를 신뢰성 있게 측정할 수 있을 때 포괄손익계산서에 인식한다. 이는 실제로 비용의 인식이 부채의 증가나 자산의 감소에 대한 인식과 동시에 이루어짐을 의미한다. 예를 들면, 종업원급여의 발생에 따라 부채의 증가가 인식되며 기계장치 등의 감가상각에 따라 자산의 감소가 인식된다.

비용은 발생된 원가의 특정 수익항목의 가득 간에 존재하는 직접적인 관련성을 기준으로 포괄손익계산서에 인식한다. 수익에 원가를 대응시키는 과정에는 동일한 거래나 그 밖의 사건에 따라 직접 그리고 공통으로 발생하는 수익과 비용을 동시에 또는 통합하여 인식하는 것이 포함된다.

미래경제적 효익이 기대되지 않는 지출이나 미래경제적 효익이 기대되더라도 재무상태표에 자산으로 인식되기 위한 조건을 위해 충족하지 못하거나 더 이상 충족하지 못하는 부분은 즉시 포괄손익계산서에 비용으로 인식되어야 한다.

제7절
재무제표 요소의 측정

측정(measurement)이란 재무제표에 인식되고 평가되어야 할 요소의 화폐금액을 결정하는 과정이다. 재무제표를 작성하기 위해서는 다수의 측정기준이 다양한 방법으로 결합되어 사용된다. 그러한 측정기준의 예는 다음과 같다.

01 | 역사적원가(취득원가)

자산의 취득은 교환가격인 원가로 계상한다. 자산의 취득원가는 매입가액에 부대비용을 가산하여 결정한다.

취득원가 = 매입가액 + 부대비용

---

1. 장점

신뢰성이 있다. 즉 검증가능성이 있으며 객관적이다.

2. 단점

① 자산의 공정가치를 표시하지 못한다.
② 보유이익을 배당하게 되므로 자본의 잠식을 가져온다.
③ 비교가능성에 정보를 제공하지 못한다.
④ 수익·비용대응의 원칙이 잘 이루어지지 않는다.

02 | 현행원가

자산은 동일하거나 또는 동등한 자산을 현재시점에서 취득할 경우에 그 대가로 지불하여야 할 현금이나 현금성자산의 금액으로 평가한다. 부채는 현재시점에서 그 의무를 이행하는 데 필요한 현금이나 현금성자산의 할인하지 아니한 금액으로 평가한다.

1. 장점

① 수익 · 비용대응의 원칙이 잘 이루어진다.
② 재무제표가 현재의 시가를 표시하므로 비교가능성이 높아진다.
③ 목적적합한 정보를 제공한다.
④ 실물자본유지를 가능하게 해준다.

2. 단점

① 신뢰성이 결여된다.
② 자의성 개입으로 이익조작가능성이 있다.

03 | 실현가능가치 또는 이행가치

자산은 정상적으로 처분하는 경우 수취할 것으로 예상되는 현금이나 현금성자산의 금액으로 평가한다. 부채는 이행가치로 평가하는데 이는 정상적인 영업과정에서 부채를 상환하기 위해 지급될 것으로 예상되는 현금이나 현금성자산의 할인하지 아니한 금액으로 평가한다.

• 소유자산을 현재시점(측정시점)에서 처분한다고 할 때 받을 수 있는 현금액이다.
• 현행산출가치의 종류에는 현행 현금성가액 · 순실현가치 · 청산가치가 있는데, 순실현가치는 정상적인 영업과정에서 받을 것으로 예상되는 할인되지 않는 현금액으로부터 예상되는 직접비용을 차감한 금액(예상판매가격 – 예상비용)이며, 청산가치는 불가피한 상황에서 비정상적인 판매시 얻을 수 있는 현금액이다.

04 | 현재가치

자산은 정상적인 영업과정에서 그 자산이 창출할 것으로 기대되는 미래 순현금유입액의 현재할인가치로 평가한다. 부채는 정상적인 영업과정에서 그 부채를 상환할 때 필요할 것으로 예상되는 미래 순현금유출액의 현재할인가치로 평가한다.

✓ 재무제표 작성을 위한 측정기준

측정기준의 종류	자산의 측정	부채의 측정
역 사 적 원 가 (historical cost)	취득의 대가로 취득 당시에 지급한 현금 또는 현금성자산이나 그 밖의 대가의 공정가치로 기록	부담하는 의무의 대가로 수취한 금액으로 기록. 어떤 경우(예: 법인세)에는 정상적인 영업과정에서 그 부채를 이행하기 위해 지급할 것으로 기대되는 현금이나 현금성자산의 금액으로 기록 가능
현 행 원 가 (current cost)	동일하거나 동등한 자산을 현재시점에서 취득할 경우 그 대가로 지불해야 할 현금이나 현금성자산의 금액으로 평가	현재시점에서 그 의무를 이행하는 데 필요한 현금이나 현금성자산의 금액으로 기록 가능
실 현 가 능 가 치 (realizable value) 이 행 가 치 (settlement value)	실현가능가치는 정상적으로 처분하는 경우 수취할 것으로 예상되는 현금이나 현금성자산의 금액으로 평가	이행가치는 정상적인 영업과정에서 부채를 상환하기 위해 지급될 것으로 예상되는 현금이나 현금성자산의 할인하지 않은 금액으로 평가
현 재 가 치 (present value)	정상적인 영업과정에서 그 자산이 창출할 것으로 기대되는 미래 순현금유입액의 현재할인가치로 평가	정상적인 영업과정에서 그 부채를 상환할 때 필요한 것으로 예상되는 미래 순현금유출액의 현재할인가치로 평가

재무제표를 작성할 때 기업이 가장 보편적으로 채택하고 있는 측정기준은 역사적 원가이다. 역사적 원가는 일반적으로 다른 측정기준과 함께 사용된다. 예를 들면 재고자산은 역사적 원가와 순실현가능가치를 비교하여 저가로 평가되고, 시장성 있는 유가증권은 시가로 평가되기도 하며, 연금부채는 현재가치로 평가된다. 일부 기업은 비화폐성자산에 대한 가격변동효과를 반영하지 못하는 역사적 원가모형에 대한 대응책으로 현행원가기준을 사용하기도 한다.

자본과 자본유지의 개념

01 ㅣ 자본 개념

자본유지개념(concepts of capital maintenance)은 경제학적 이익개념을 회계에 도입한 것으로 기업에 적용하면 특정 회계기간에 소유주의 추가출자나 소유주에 대한 자본의 환급을 제외한 상태에서 기초의 자본을 초과하는 기말의 자본을 이익이라고 한다.

- 기초에 자본이 유지해야 할 자본이며, 유지해야 할 자본을 초과한 금액을 이익으로 본다.
- 자본유지개념은 이익 측정의 준거기준을 제공함으로써 자본개념과 이익개념 사이의 연결고리를 제공한다.

자본유지접근법에 의하면 이익을 기말에도 기초와 동일한 상태를 유지하면서 일정기간동안 소비할 수 있는 최대 금액을 의미한다. 다음과 같이 이익을 측정한다.

기초자본 + 기중유상증자 - 현금배당 + 총포괄손익 = 기말자본

✅ 재무자본유지개념과 실물자본유지개념

	재무자본유지개념	실물자본유지개념
자본의 측정	재무적 측정금액(화폐금액)	실물생산능력
이익의 측정	기말순자산의 재무적 가치가 기초 대비 증가한 경우	기말 실물생산능력이 기초 대비 증가한 경우
측정기준	명목재무자본 또는 불변구매력	현행원가
자산, 부채의 가격변동	• 명목재무자본은 실현되었을 때 당기손익에 반영 • 불변구매력재무자본은 일반물가수준변동까지는 자본유지조정으로 취급하고 그 이상은 당기손익으로 반영	현행원가의 변동은 모두 자본유지조정으로 취급하기 때문에 당기손익(보유손익)이 발생하지 않음

✅ 자본유지개념과 이익의 결정

기초순자산 + 추가출자 − 현금배당 등 사외유출 + 이익(손실) = 기말순자산

01 다음의 자료를 이용하여 당기순이익을 계산하라.

기초자산	₩1,600,000	기말자산	₩2,000,000	기초부채	₩1,100,000
기말부채	900,000	유상증자	700,000	현금배당	300,000

풀이

기초순자산 + 추가출자 − 배당 및 출자환급 + 당기순이익 = 기말순자산

(₩1,600,000 − 1,100,000) + 700,000 − 300,000 + 당기순이익 = (₩2,000,000 − 900,000)

∴ 당기순이익 = ₩200,000

참고로 주식배당, 무상증자는 자본의 구성 항목은 변동하지만 순자산(자본)의 변동은 가져오지 않으므로 위의 계산식에 포함하지 않는다.

02 ㅣ 유상감자

발행된 주식을 유상으로 취득하여 소각하는 것을 말하며 주식의 취득으로 인해 순자산이 감소하므로 실질적 감자이다.

(주)서울은 자사의 주식 10,000주(1주당 액면금액 ₩5,000)를 1주당 ₩3,500으로 매입소각하다.

(차)	자 본 금	50,000,000	(대)	현 금	35,000,000
				감자차익	15,000,000

03 ㅣ 무상감자

현금의 유출도 없고 감자 전후의 자본총계도 동일하다는 점에서 감자 후에 자본총계가 감소하는 유상감자와 다르다. 무상감자에는 주식수를 감소시키는 법, 주금액의 감소 등의 방법이 있다.

① 주식수의 감소

(주)서울은 당기 중 결손금 ₩70,000,000의 보전을 위하여 자사주식 10주를 8주로 병합하다. 회사의 자본금은 감자 전 ₩500,000,000(1주당 액면금액 ₩5,000, 발행주식수 ₩100,000주)이다.

(차)	자 본 금	100,000,000	(대)	미처리결손금	70,000,000
				감자차익	30,000,000

② 주금액의 감소

(주)서울은 1주당 액면금액 ₩10,000인 자사의 주식 20,000주 전부에 대하여 액면금액 ₩5,000으로 무상으로 감소하기로 하고 회사의 결손금 ₩70,000,000을 보전하기로 하다.

(차)	자 본 금	100,000,000	(대)	미처리결손금	70,000,000
				감자차익	30,000,000

01 다음 중 옳지 않은 것은?

   ① 자본등식은 '자산 - 부채 = 자본'이다.
   ② 매입채무, 미지급금, 상품, 선수금은 부채항목이다.
   ③ 재무상태표등식은 '자산 = 부채 + 자본'이다.
   ④ 자산이 ₩ 10,000이고, 부채가 ₩ 4,000이면, 자본은 ₩ 6,000이다.

   해설 상품은 자산항목이다.

02 순손익의 계산방법으로서 재산법의 등식 중 올바른 것은?

   ① 기말자본 - 기초자본 = 당기순이익
   ② 총수익 - 총비용 = 당기순이익
   ③ 총비용 - 총수익 = 당기순손실
   ④ 총비용 + 당기순이익 = 총수익

   해설 ②, ③, ④는 손익법이다.

03 손익법에 의한 순손익계산 방법으로 올바르지 않은 것은?

   ① 총수익과 총비용을 비교한다.
   ② 기초자본과 기말자본을 비교한다.
   ③ 총수익 - 총비용 = 당기순이익
   ④ 총비용 - 총수익 = 당기순손실

   해설 기말자본 - 기초자본 = 당기순이익은 재산법의 등식이다.

정답   01 ②   02 ①   03 ②

04 다음 회계등식 중 맞는 것은?

① 자산 + 부채 = 자본

② 자산 + 소유주지분 = 채권자지분

③ 자산 = 부채 + 자본

④ 채권자지분 + 타인자본 = 자기자본

해설 회계등식 또는 재무상태표 등식은 자산 = 부채 + 자본이다.

05 다음 중 자본의 등식으로 옳은 것은?

① 자산 + 부채 = 자본

② 부채 + 자본 = 자산

③ 자산 + 자본 = 부채

④ 자산 - 부채 = 자본

해설 자산 - 부채 = 자본

06 다음 자료에 의한 기초자본은 얼마인가?

기말자산	₩ 80,000	기말부채	₩ 20,000
비용총액	36,000	수익총액	66,000

① ₩ 30,000

② ₩ 40,000

③ ₩ 50,000

④ ₩ 60,000

해설 기말자본(60,000원) = 기초자본(?) + 당기순이익(30,000원)이므로 기초자본은 30,000원이다.

07 포괄손익계산서 등식으로 옳게 표시된 것은?

① 당기순손익 = 총자산 + 총비용

② 총수익 - 총비용 = 당기순손익

③ 자본금 = 총자산 - 총부채

④ 기말자본 = 기초자본 + 총수익

해설 총수익 - 총비용 = 당기순손익

정답   04 ③   05 ④   06 ①   07 ②

08 수익총액이 ₩ 200,000 비용총액이 ₩ 110,000일 때, 기초자본액이 ₩ 490,000이면 기말자본액은 얼마인가?

① ₩ 550,000 ② ₩ 580,000

③ ₩ 650,000 ④ ₩ 680,000

해설 기말자본(?)=기초자본(490,000)+당기순이익(90.000원)이므로 기말자본은 580,000원이다.

09 서울상사의 기초자산 총액은 ₩ 1,900,000 기초부채총액은 ₩ 560,000이었다. 한편 연도중의 수익총액은 ₩ 2,860,000 비용총액은 ₩ 2,650,000이었으며, 기말부채총액은 ₩ 840,000이었다. 기말의 자산총액은 얼마인가?

① ₩ 2,050,000 ② ₩ 2,390,000

③ ₩ 2,750,000 ④ ₩ 2,990,000

해설 기말자산(₩ 2,390,000)=기말부채(₩ 840,000)+기말자본(₩ 1,550,000)
기말자본(₩ 1,550,000)=기초자본 (₩ 1,340,000)+당기순이익 (₩ 210,000)

10 아침의 향기의 다음 자료에 의하여 ㉠기말부채와 ㉡기말자본을 계산하시오.

| 기 초 자 본 | ₩ 700,000 | 총 수 익 | ₩ 300,000 |
| 기 말 자 산 | 2,400,000 | 총 비 용 | 400,000 |

① ㉠ ₩ 1,040,000 ㉡ ₩ 1,880,000

② ㉠ ₩ 600,000 ㉡ ₩ 1,000,000

③ ㉠ ₩ 1,800,000 ㉡ ₩ 600,000

④ ㉠ ₩ 800,000 ㉡ ₩ 1,800,000

해설 기말자본(?)=기초자본 (700,000)-당기순손실 (100,000)
기말자본은 600,000원이다.
기말자산 (2,400,000)=기말부채(?)+기말자본 (600,000)
기말부채는 1,800,000원이다.

11 재무제표 작성과 표시를 위한 개념체계의 목적에 대한 설명 중 타당하지 않은 것은?

① 한국채택국제회계기준을 제정하거나 검토하는 데 도움을 준다.

② 한국채택국제회계기준이 실무상 미비한 거래에 대한 회계처리를 하는 데 도움을 준다.

③ 재무정보 이용자가 한국채택국제회계기준에 따라 작성한 재무제표의 정보를 해석하는데 도움을 준다.

④ 개념체계는 특정 한국채택국제회계기준에 우선하지 아니한다.

해설 개념체계는 어떤 경우에도 특정 한국채택국제회계기준에 우선하지 아니한다.

12 재무제표 작성과 표시를 위한 개념체계의 설명 중 타당하지 않은 것은?

① 재무제표의 작성은 정보이용자의 관점에서 작성되고 제공되어야 한다.

② 재무제표의 작성은 정보이용자의 다양한 정보수요를 충족해야 한다.

③ 개념체계는 경제적 의사결정 목적을 주된 재무제표의 목적으로 규정하고 있다.

④ 경제적 의사결정은 기업의 재무상태, 성과 및 재무상태변동에 대한 정보를 필요로 한다.

해설 재무제표는 다양한 정보이용자의 공통적 정보수요를 충족하여야 한다.

13 재무제표의 질적 특성에 해당하지 않는 것은?

① 이해가능성   ② 목적적합성

③ 신뢰성   ④ 발생기준

해설 발생기준은 재무제표의 질적 특성이 아니라 기본가정이다.

14 재무제표의 질적특성 중 설명이 타당하지 않은 것은?

① 이해가능성은 이용자가 제공된 재무정보를 쉽게 이해할 수 있어야 한다.

② 목적적합성은 어떤 경우에는 정보의 성격 그 자체만으로 목적적합성을 충족한다.

③ 신뢰성은 재무제표 작성책임자와 작성실무자간에 신뢰성이 있어야 한다.

④ 비교가능성은 기간별 비교가능성을 제고하기 위해서는 기간별로 일관된 방법이 적용되어야 한다.

[해설] 신뢰성은 정보에 중요한 오류나 편의가 없고, 그 정보가 나타내고자 하거나 나타낼 것이 합리적으로 기대되는 대상을 충실하게 표현하고 있다고 이용자가 믿을 수 있는 정보를 의미한다.

15 재무제표요소에서 부채에 대한 설명 중 타당하지 않은 것은?

① 경제적 효익이 내재된 자원이 기업으로부터 유출됨으로써 이행될 것으로 기대되는 현재의 의무이다.

② 부채로 정의되기 위해서는 반드시 지급시기, 지급대상 및 지급금액이 확정되어야 한다.

③ 부채의 본질적 특성은 기업의 현재의무이다.

④ 부채의 의무는 법률적 강제력이 있는 법적 의무뿐만 아니라 의제의무도 포함된다.

[해설] 부채는 법률적 강제력이 있고 지급금액이 확정되어야 하므로 의제의무는 포함되지 않는다.

16 재무제표의 작성에 있어서 기본가정으로 적절한 것은?

① 신뢰성   ② 목적적합성

③ 비용과 효익   ④ 계속기업

[해설] 재무제표의 기본가정은 발생기준과 계속기업이 있다.

정답   14 ③   15 ④   16 ④

17 재무제표 기본가정 중에서 계속기업에 대한 설명 중 타당하지 않은 것은?

① 예상가능한 기간 동안 영업을 계속한다는 가정이다.

② 계속기업가정에서 공정가치의 의미가 중요하다.

③ 유형자산의 감가상각도 계속기업의 가정하에서 정당화된다.

④ 계속기업 가정으로 인해 자산과 부채를 유동항목과 비유동항목으로 구분한다.

해설 계속기업의 가정으로 역사적원가주의가 중요한 개념이 된다. 계속기업의 가정이 없다면 청산가치(공정가치)의 개념이 중요하다.

18 재무제표요소에서 자산의 설명으로 타당하지 않은 것은?

① 미래경제적 효익이 기업에 유입될 것으로 기대되는 자원

② 자산으로 정의되기 위해서는 물리적 형태가 필수요건이다.

③ 자산으로 정의되기 위해서는 과거에 거래나 그 밖의 사건이 발생했어야 한다.

④ 자산을 특정시점에 매입하고자 하는 의도만으로는 자산의 정의를 충족하지 못한다.

해설 자산의 존재를 판단하기 위해서는 물리적 형태가 필수적인 것은 아니다. 예로 특허권, 저작권이 있다.

CHAPTER

03

재무제표 작성과 표시

재무제표의 의의와 종류

01 ┃ 재무제표의 의의

재무회계보고서인 재무제표(F/S : Financial Statements)는 "기업의 얼굴"로서 재무제표를 보면 그 기업의 모든 상황을 한눈에 들여다볼 수 있다. 영업과 재무활동 등 회사의 모든 활동은 회계를 통해 빠짐없이 기록되고, 회계의 최종 결과물인 재무제표로 요약되어 외부에 보고 되기 때문이다. 그러므로 회사의 얼굴인 재무제표를 포함한 재무보고서를 잘 살펴보면 장래에 투자자에게 큰 기쁨을 가져다 줄 주식을 발견할 수도 있다.

회사가 작성한 모든 재무보고서는 금융감독원 전자공시시스템(http://dart.fss.or.kt)에 접속하면 조회 및 다운로드가 가능하다. 정기적인 감사보고서는 물론이고 지분변동 등 비정기적인 공시내용까지 모두 볼 수 있는데 주식투자와 관련해 투자자가 가장 궁금해 하는 정보는 회사의 현재 및 미래의 수익성과 현금흐름, 기업가치와 같은 정보는 감사보고서와 재무제표를 통해 들여다볼 수 있다.

우리나라 상장기업들은 2011년부터 K-IFRS를 의무적으로 적용하도록 하였다. 이러한 회계기준 단일화 추세는 전 세계적으로 전개되고 있다.

기업회계기준	적용되는 기업
한국채택국제회계기준(K-IFRS)	외감법 적용대상 기업 중 주권상장법인 및 이를 자발적으로 선택한 기업
비상장기업 회계기준(K-GAAP)	한국채택국제회계기준을 적용하지 않는 비상장기업
특수분야 회계기준	관련 기준서에서 별도로 정하는 기업

02 ㅣ 재무제표의 목적과 종류

1. 재무제표의 목적

재무제표의 목적은 광범위한 정보이용자의 의사결정에 유용한 기업의 재무상태, 재무성과와 재무상태변동에 관한 정보를 제공하는 것이다. 또한 재무제표는 위탁 받은 자원에 대한 경영진의 수탁책임 결과도 보여준다.

- 현재 및 잠재적 투자자, 종업원, 대여자 등을 포함하는 광범위한 정보이용자의 경제적 의사결정에 유용한 정보 제공
- 기업의 재무상태, 경영성과와 재무상태변동에 관한 정보가 포함
- 위탁받은 자원에 대한 수탁책임의 결과를 보고
- 재무제표이용자가 기업의 미래현금흐름, 특히 그 시기와 확실성을 예측하는 데 도움

2. 재무제표의 종류

전체 재무제표는 다음을 모두 포함하여야 한다.

① 기말 재무상태표

② 기간 포괄손익계산서

③ 기간 자본변동표

④ 기간 현금흐름표

⑤ 주석(유의적인 회계정책의 요약 및 그 밖의 설명으로 구성)

⑥ 회계정책을 소급하여 적용하거나, 재무제표의 항목을 소급하여 재작성 또는 재분류하는 경우 가장 이른 비교기간의 기초 재무상태표가 재무제표의 범위에 포함되고 있다.

제2절
재무상태표(statement of financial position)

01 ㅣ 재무상태표(statement of financial position)의 개념

기업활동 중에서 자금의 조달이나 운영의 결과에 대한 정보인 자산, 부채, 자본과 관련된 재무정보를 정보이용자에게 측정하여 보고하는 것이 재무상태표이다.

재무상태표는 일정시점에 있어서의 기업의 재무상태를 나타내는 표이다. 재무상태라는 것은 기업의 경제적 상태를 표시하는 것으로서 기업의 경제적 자원(자산), 경제적 의무(부채), 잔여지분(자본)을 표시하는 회계보고서이다. 재무상태표는 기본적으로 자산, 부채, 자본으로 구성되어 자산＝부채＋자본의 회계등식이 성립한다. 이는 자산의 총계가 부채와 자본의 합계와 일치한다는 의미이다. 기업은 부채와 자본을 통하여 자본을 조달하고 이를 사용하여 기업의 경제적 자원인 자산을 획득하였다는 것을 나타내준다.

재무상태표는 기업의 재무구조, 유동성과 지급능력, 영업환경변화에 대한 적응능력을 평가하는 데 필요한 정보를 제공한다.

재무상태표등식은 다음과 같다.

자산 = 부채 + 자본

재 무 상 태 표

(자금의 운용)	(자금 조달)
I. 유동자산 (현금, 외상매출금, 상품, 제품)	I. 유동부채 II. 비유동부채
II. 비유동자산 (건물, 기계…)	I. 자 본 (자본금, 자본잉여금, 이익잉여금 등)
* 자금이 어떻게 사용되고 남아있는지를 알 수 있다.	* 자금을 어디에서 어떻게 조달하였는지를 알 수 있다.

이렇게 운용하고 있습니다. ◄──────── 이렇게 조달해서

재무상태표의 차변에는 기업이 보유하고 있는 경제적 자원, 즉 자산을 보여주고, 대변에는 이러한 경제적 자원을 획득하는 데 필요한 자금을 누가 제공했는가를 알 수 있는 부채와 자본을 보여주고 있다.

재무상태표는 기업의 유동성과 재무안정성을 평가하는 데 도움을 주며, 자금조달의 원천을 보여줌으로써 기업의 경영상태에 대한 판단과 기업의 위험을 평가할 수 있게 해 준다.

재무상태표에 부채를 자본보다 먼저 표시하는 이유는 기업의 자산에 대한 기업소유주 즉, 주주의 소유권보다 채권자의 청구권이 우선하기 때문이다. 즉, 주주는 기업의 자산 중에서 채권자의 지분을 차감한 잔여지분에 대한 권리를 가진다는 것이다.

02 ㅣ 재무상태표의 양식

재무상태표 보고 방식(양식)으로는 계정식과 보고식 두 가지가 있다.

계정식은 T자 형태의 재무상태표 왼편인 차변에는 자산을 기재하고 오른편인 대변에는 부채와 자본을 기재한다. 보고식은 재무상태표 상단으로부터 자산, 부채 및 자본의 순서대로 연속으로 나열하여 표시하는 방법을 말한다. 재무상태표의 보고형식으로 기업회계기준에서는 보고식과 계정식 모두를 인정하고 있다.

✅ 재무상태표의 기본 구조

재 무 상 태 표(계정식)

××주식회사	2020년 12월 31일	(단위 : 원)
자산 : 기업이 보유하고 있는 경제적 자원	부채 : 기업이 부담하고 있는 경제적 자원	
	자본 : 순자산(자산 – 부채)	
자산합계	부채 및 자본합계	

재 무 상 태 표(보고식)

××주식회사	2020년 12월 31일	(단위 : 원)
자　산		×××
자산합계		×××
부　채		×××
자　본		×××
부채와 자본 합계		×××

✅ **재무상태표 예시**

재 무 상 태 표

제x기 2020년 12월 31일 현재
제x기 2019년 12월 31일 현재

회사명   (단위 : 원)

과 목	당 기		전 기	
Ⅰ. 자 산				
1. 유동자산		×××		×××
현 금 및 현 금 성 자 산	×××		×××	
단 기 금 융 자 산	×××		×××	
매 출 채 권	×××		×××	
재 고 자 산	×××		×××	
기 타 채 권	×××		×××	
...	×××		×××	
2. 비유동자산		×××		×××
유 형 자 산	×××		×××	
무 형 자 산	×××		×××	
지 분 법 적 용 투 자 주 식	×××		×××	
이 연 법 인 세 자 산	×××		×××	
...	×××		×××	
자산총계		×××		×××
Ⅱ. 부 채				
1. 유동부채		×××		×××
단 기 금 융 부 채	×××		×××	
매 입 채 무	×××		×××	
기 타 채 무	×××		×××	
...	×××		×××	
2. 비유동부채		×××		×××
장 기 금 융 부 채	×××		×××	
○ ○ 충 당 부 채	×××		×××	
이 연 법 인 세 부 채	×××		×××	
...	×××		×××	
부 채 총 계		×××		×××
Ⅲ. 자 본				
1. 자 본 금	×××		×××	
2. 기 타 적 립 금 *	×××		×××	
3. 이 익 잉 여 금	×××		×××	
4. 비 지 배 지 분	×××		×××	
자 본 총 계		×××		×××
부채 및 자본 총계		×××		×××

03 | 재무상태표에 표시되는 정보

1. 유동자산과 비유동자산

(1) 유동자산의 정의

자산은 다음의 경우에 유동자산(current asset)으로 분류하고, 그 밖의 모든 자산은 비유동자산(non-current asset)으로 분류한다.

> ① 기업의 정상영업주기[2] 내에 실현될 것으로 예상하거나, 정상영업주기 내에 판매하거나 소비할 의도가 있다.
> ② 주로 단기매매 목적으로 보유하고 있다.
> ③ 보고기간 후 12개월 이내에 실현될 것으로 예상한다.
> ④ 현금이나 현금성자산으로서 교환이나 부채 상환 목적으로의 사용에 대한 제한 기간이 보고기간 후 12개월 이상이 아니다.

재고자산 및 매출채권과 같은 자산은 보고기간후 12개월 이내에 실현될 것으로 예상되지 않은 경우에도 유동자산으로 분류한다.

2. 유동부채와 비유동부채

(1) 유동부채의 정의

부채는 다음의 경우에 유동부채(current liability)로 분류하며, 그 밖의 모든 부채는 비유동부채(non-current liability)로 분류한다.

> ① 정상영업주기 내에 결제될 것으로 예상하고 있다.
> ② 주로 단기매매 목적으로 보유하고 있다.
> ③ 보고기간 후 12개월 이내에 결제하기로 되어 있다.
> ④ 보고기간 후 12개월 이상 부채의 결제를 연기할 수 있는 무조건의 권리를 가지고 있지 않다.

---

[2] 정상영업주기(normal operating cycle)는 영업활동을 위한 자산의 취득시점부터 그 자산이 현금이나 현금성자산으로 실현되는 시점까지 소요되는 기간을 말하는 것이다.

(2) 보고기간 후 12개월 이내에 결제일이 되래하는 부채

다음의 모두에 해당하는 경우이더라도 금융부채가 보고기간 후 12개월 이내에 결제일이 도래하면 유동부채로 분류한다.

(3) 만기연장 가능한 단기성부채

기업이 기존의 대출계약조건에 따라 보고기간 후 적어도 12개월 이상 부채를 차환하거나 연장할 것으로 기대하고 있고, 그러한 재량권이 존재한다면 보고기간 후 12개월 이내에 만기가 도래한다 하더라도 비유동부채로 분류한다. 그러나 채무자가 그러한 부채의 차환이나 연장에 대한 재량권이 없다면, 차환가능성을 고려하지 않고 유동부채로 분류한다.

(4) 약정위반 장기차입금

보고기간 말 이전에 장기차입약정을 위반했을 때 대여자가 즉시 상환을 요구할 수 있는 채무는 보고기간 후 재무제표 발행승인일 전에 채권자가 약정위반을 이유로 상환을 요구하지 않기로 합의하더라도 유동부채로 분류한다.

보고기간 말 이전에 보고기간 후 적어도 12개월 이상의 유예기간을 주는 데 합의하여 그 유예기간 내에 기업이 위반사항을 해소할 수 있고, 또 그 유예기간 동안에는 대여자가 즉시 상환을 요구할 수 없다면 그 부채는 비유동부채로 분류한다.

3. 자본

한국채택국제회계기준은 자본을 납입자본, 이익잉여금 및 기타자본구성요소로 분류한다.

(1) 납입자본

자본거래를 통해 소유주가 회사에 납입한 자본금액으로 자본금과 자본잉여금으로 구분된다.

(2) 기타자본구성요소

자본 중 납입자본과 이익잉여금으로 분류되지 않는 자본항목들로 자본조정과 기타포괄손익누계액이 있다.

(3) 이익잉여금

기업의 이익 중 주주에게 배당을 통해 처분된 금액을 차감한 후 사내유보된 잉여금이다.

> ※ K‑GAAP(일반회계기준)에서는 자본은 자본금, 자본잉여금, 자본조정, 기타포괄손익누계액, 이익잉여금으로 구분한다.

04 | 재무상태표의 유용성과 한계점

1. 재무상태표의 유용성

재무상태표의 유용성은 다음과 같다.

첫째, 기업의 유동성과 재무건전성에 관한 정보를 제공한다. 유동성이란 자산이 현금화되거나 부채가 상환되는 데 걸리는 시간을 의미하는데 기업의 단기와 장기채무이행능력을 평가하는 데 유용한 정보이다.

둘째, 기업의 재무탄력성에 관한 정보를 제공한다. 재무탄력성이란 미래의 예상하지 못했던 자금의 수요가 발생하였을 때 대처할 수 있는 능력을 말하는데 이때 현금흐름의 시기와 금액을 변경할 수 있는 능력에 대한 정보를 제공한다.

셋째, 자본구조에 대한 정보를 제공한다. 기업의 자본조달은 부채와 자본으로 분류할 수 있는데 이들 두 항목을 비교함으로써 자본구조와 재무안정성을 유무를 판단하는 정보를 제공한다.

넷째, 기업의 투자수익률 평가 및 자산의 효율성을 평가하는 데 유용한 정보를 제공한다. 자본과 당기순이익률을 이용하여 자기자본이익률, 총자본이익률, 재고자산회전율을 통하여 자산의 효율성을 평가할 수 있다.

2. 재무상태표의 한계점

첫째, 많은 재무상태표 항목들은 역사적원가주의를 채택하고 있으므로 현행가치를 나타내지 못한다.

둘째, 재무상태표에는 경영자, 종업원의 능력과 기업의 역사, 신용도 등 비재무적 정보가 포함되어 있지 않다.

셋째, 재무상태표의 항목들은 많은 추정치를 이용하여 보고하고 있다. 매출채권에 대한 대손율, 유형자산의 내용연수 및 잔존가치, 우발채무 등의 추정문제가 내포되어 있다.

넷째, 회계처리방법의 선택으로 비교가능성이 저해된다. 재무상태표의 모든 자산을 하나의 기준에 의하지 않고 각각 평가방법을 달리 하기 때문에 자산총계의 의미가 축소되는 경우가 발생하고, 기간별, 기업간 비교가능성이 떨어진다.

제3절
포괄손익계산서(statement of comprehensive income)

01 ㅣ 포괄손익계산서의 본질

포괄손익계산서(statement of comprehensive income)는 주주와의 자본거래에 따른 자본의 변동을 제외한 기업 순자산의 변동을 표시하는 보고서이다.

포괄손익계산서는 일정기간의 경영성과를 나타내는 회계 보고서를 말한다. 여기서 일정기간이란 보통 1회계기간으로서 우리나라의 경우 1월 1일에 시작하여 12월 31일에 종료되는 경우가 많다. 경영성과란 일정기간 동안의 수익 및 비용과 수익에서 비용을 차감한 잔액인 이익(손실) 모두를 포함하는 것이다.

> 포괄손익계산서 등식 : 수익 - 비용 = 당기순손익

포괄손익계산서 등식은 다음과 같다.

> 총수익 - 총 비용 = 당기순손익
>
> 총비용 + 당기순이익 = 총수익
> 또는 총비용 = 총수익 + 당기순손실

참고
- 포괄손익계산서란 일정기간 동안 발생한 모든 수익과 비용을 보고하는 재무제표이다.
- 포괄손익계산서에는 당기순손익뿐만 아니라 기타포괄손익의 당기 변동액도 표시된다.
- 포괄손익계산서는 기업의 성과평가에 유용한 정보를 제공할 뿐아니라 특정 순자산의 변동액이 당기순손익에서 제외되고, 내부창출 무형자산과 관련된 특정지출을 비용으로 인식하며, 자산의 손상차손 등의 비용 인식에 있어서 경영자의 재량권이 개입되어 이익이 조정될 여지가 있다는 한계점도 있다.

02 ㅣ 포괄손익계산서의 표시방법

① 단일 포괄손익계산서
② 두 개의 보고서: 당기순손익의 구성요소를 표시하는 별개의 손익계산서와 당기순손익에서 시작하여 기타포괄손익의 구서요소를 표시하는 포괄손익계산서

03 ㅣ 비용의 공시

기업은 비용의 성격별 또는 기능별 분류방법 중에서 보다 신뢰성 있고 목적적합한 정보를 제공할 수 있는 방법을 선택 적용하여 공시할 수 있다.

(1) 성격별 비용분류법

당기손익에 포함된 비용은 그 성격(예로 감가상각비, 운송비, 광고비)별로 통합하며 기능별로 재배분하지 않으며 미래현금흐름 예측에 더 유용하다.

(2) 기능별 비용분류법

매출원가법이라고 하며, 비용을 매출원가, 그리고 물류원가와 관리 활동원가 등과 같이 기능별로 분류한다. 이 방법은 성격별 분류보다 재무제표이용자들에게 목적합한 정보를 제공할 수 있지만 비용배분에 자의성이 개입될 수 있다.

✅ 단일 포괄손익계산서

포괄손익계산서

과 목	당기	전기
수 익	×××	×××
비 용	(×××)	(×××)
계 속 영 업 당 기 순 손 익	×××	×××
중 단 영 업 당 기 순 손 익	×××	×××
당 기 순 손 익	×××	×××
기 타 포 괄 손 익	×××	×××
총 포 괄 손 익	×××	×××

✅ 두 개의 보고서

손익계산서

과 목	당기	전기
수 익	×××	×××
비 용	(×××)	(×××)
계 속 영 업 당 기 순 손 익	×××	×××
중 단 영 업 당 기 순 손 익	×××	×××
당 기 순 손 익	×××	×××

포괄손익계산서

과 목	당기	전기
당 기 순 손 익	×××	×××
기 타 포 괄 손 익	×××	×××
총 포 괄 손 익	×××	×××

✏️ 참고 : 포괄손익계산서의 표시방법

① 단일의 포괄손익계산서
② 두 개의 보고서: 당기순손익의 구성요소를 표시하는 별개의 손익계산서와 당기순손익에서 시작하여 기타포괄손익의 구성요소를 표시하는 포괄손익계산서

• 포괄손익계산서에 표시되는 기타포괄손익누계액은 당기발생액(변동)이며, 누계액(잔액)은 재무상태표의 자본항목 중 기타적립금에 표시하고 자세한 내용은 주석으로 공시한다.
• 비용의 분류법에서 성격별 분류법은 비용을 발생원천별로 가공하지 않고 보여줌으로써 현금흐름 예측에 유용하고, 기능별분류법은 목적적합성이 높으나 비용분류의 자의성이 있을 수 있다.

회사의 기능별 포괄손익계산서의 구조는 다음과 같다.

☑ 기능별 포괄손익계산서의 기본구조

수 익	×××
매 출 원 가	(×××)
매 출 총 이 익	×××
기 타 수 익	×××
물 류 원 가	(×××)
관 리 비	(×××)
기 타 비 용	(×××)
법 인 세 비 용 차 감 전 순 이 익	×××

이러한 수익, 비용의 분류를 '기능별 분류법'이라 한다. 비용을 매출원가, 물류원가, 관리리비 등과 같이 기능별로 분류하여 나타내며 재무제표이용자에게 좀 더 목적적합한 정보를 제공할 수 있다는 점이 장점이지만 자의적인 배분으로 주관이 개입될 수 있다는 단점도 있다.

본서는 기능별 분류법에 따른 포괄손익계산서를 주로 이용하기로 한다. 그리고 포괄손익계산서는 단일 포괄손익계산서로 표시하거나 두 개의 보고서(별개의 손익계산서와 포괄손익계산서)로 표시하는 두 가지 방법 중 한 가지로 선택한다.

단일 포괄손익계산서는 기존의 당기순손익뿐만 아니라 기타포괄손익을 가감하여 그 합계인 포괄손익을 표시하는 양식이다. 두 개의 보고서로 표시하는 방법은 별개의 손익계산서에 당기순손익을 산출하고 포괄손익계산서에서는 당기순손익에서 출발하여 기타포괄손익을 가산하여 포괄손익을 산출하는 방식으로 나타낸다.

✅ 단일 포괄손익계산서]의 기본구조

포괄손익계산서

00회사   제20기 2019년 01월 01일부터 2019년 12월 31일까지   (단위 : 원)

수 익	×××
매 출 원 가	(×××)
매 출 총 이 익	×××
기 타 수 익	×××
물 류 원 가	(×××)
관 리 비	(×××)
기 타 비 용	(×××)
법 인 세 비 용 차 감 전 순 이 익	×××
법 인 세 비 용	×××
계 속 영 업 이 익	×××
중 단 영 업 이 익	×××
당 기 순 이 익	×××
기 타 포 괄 손 익	×××
총 포 괄 이 익	×××

✅ 두 개의   포괄손익계산서]의 기본구조

두 개의   포괄손익계산서

00회사   제20기 2019년 01월 01일부터 2019년 12월 31일까지   (단위 : 원)

수 익	×××
매 출 원 가	(×××)
매 출 총 이 익	×××
기 타 수 익	×××
물 류 원 가	(×××)
관 리 비	(×××)
기 타 비 용	(×××)
법 인 세 비 용 차 감 전 순 이 익	×××
법 인 세 비 용	×××
계 속 영 업 이 익	×××
중 단 영 업 이 익	×××
당 기 순 이 익	×××

포괄손익계산서

00회사   제20기 2019년 01월 01일부터 2019년 12월 31일까지   (단위 : 원)

당 기 순 이 익		×××
기 타 포 괄 손 익		×××
총 포 괄 이 익		×××

[이익구분 계산 식]

① 매출총이익 = 매출액 − 매출원가

② 법인세차감전순이익 = 매출총이익 + 기타수익 − 물류원가 − 관리비 − 금융원가 −
기타비용

③ 계속영업이익 = 법인세차감전순이익 − 법인세비용

④ 당기순이익 = 계속영업이익 + 중단영업이익

⑤ 총포괄이익 = 당기순이익 + − 기타포괄손익

위의 포괄손익계산서에 영업이익(매출원가 − 물류원가 − 관리비)을 구분이익으로 추가 표시할 수도 있다. 영업이익은 기업의 단기이익을 예측하는 데 유용한 정보이므로 포괄손익계산서에 표시하거나 위의 양식처럼 표시하지 않은 경우에는 주석3)으로 공시하여야 한다.

---

3) 기업회계기준서 제1001호에서는 영업손익, 영업손익 산출에 포함된 주요 항목과 그 금액, 영업손익 산출에 포함된 항목이 과거 회계기준을 적용한 경우와 달라졌다면 그 주요 항목과 금액을 주석으로 공시하도록 하였다.

✅ 국제회계기준에 의한 포괄손익계산서 작성 예

포 괄 손 익 계 산 서

제x기 2020년 12월 31일 현재

제x기 2019년 12월 31일 현재

회사명 (단위 : 원)

과 목	당 기	전 기
매 출 액	×× ×	×× ×
매 출 원 가	×× ×	×× ×
매출총이익(또는 매출총손실)	×× ×	×× ×
지 분 법 손 익	×× ×	×× ×
기 타 수 익	×× ×	×× ×
물 류 원 가	×× ×	×× ×
관 리 비	×× ×	×× ×
금 융 비 용	×× ×	×× ×
기 타 비 용	×× ×	×× ×
. . .	×× ×	×× ×
법인세비용차감전계속영업손익	×× ×	×× ×
법 인 세 비 용	×× ×	×× ×
계 속 영 업 당 기 순 손 익	×× ×	×× ×
중 단 영 업 당 기 순 손 익	×× ×	×× ×
당 기 순 손 익	×× ×	×× ×
기 타 포 괄 손 익	×× ×	×× ×

과 목		당 기		전 기
매 도 가 능 금 융 상 품 평 가 손 익	×× ×		×× ×	
유 형 자 산 재 평 가 잉 여 금	×× ×		×× ×	
. . .	×× ×		×× ×	

과 목	당 기	전 기
총 포 괄 손 익	×× ×	×× ×
지배기업소유주 귀속 당기순손익	×× ×	×× ×
비지배지분 귀속 당기순손익	×× ×	×× ×
지배기업소유주 귀속 당기순손익	×× ×	×× ×
비지배지분 귀속 총포괄손익	×× ×	×× ×

> 참고: 기타포괄손익
> - 총포괄손익(수익,비용) = 당기순손익 + 기타포괄손익
> - 기타포괄손익에 포함되는 항목
> - 재평가잉여금의 변동(유형자산, 무형자산을 원가모형이 아닌 재평가모형에 따라 평가함으로써 발생하는 재평가차액)
> - 확정급여제도의 보험수리적손익   • 해외사업장의 재무제표 환산으로 인한 손익
> - 매도가능금융자산의 재측정   • 현금흐름 위험회피수단의 평가손익 중 위험회피에 효과적인 부분

✓ 일반회계기준의 손익계산서

손 익 계 산 서

2020년 1월 1일부터 12월 31일까지

서울(주)   (단위 : 백만원)

Ⅰ. 매 출 액		114,420
Ⅱ. 매출원가		(102,298)
Ⅲ. 매출총이익		12,122
Ⅳ. 판매비와 일반관리비		(8,770)
1. 급 여	1,243	
2. 복리후생비	235	
3. 임차료	176	
4. 접대비	87	
5. 감가상각비	425	
6. 세금과공과	2,843	
7. 광고선전비	1,385	
8. 제품운반비	1,655	
9. 판매수수료	435	
10. 대손상각	84	
11. 기타 판매관리비	202	
Ⅴ. 영업이익		3,352
Ⅵ. 영업외수익		615
1. 이자수익	375	
2. 배당금수익	240	
Ⅶ. 영업외비용		(2,940)
1. 이자비용	1,013	
2. 단기투자자산처분손실	1,927	
Ⅷ. 법인세비용차감전 순이익		1,027
Ⅸ. 법인세 내용		(75)
Ⅹ. 당기순이익		952

04 ┃ 포괄손익계산서의 유용성과 한계점

1. 포괄손익계산서의 유용성

첫째, 기업의 단기 경영성과를 평가하는 데 유용한 정보를 제공하며, 경영자의 업적평가 수단으로 이용된다.

둘째, 기업의 이익창출능력에 대한 정보를 제공하며, 기업의 미래현금흐름에 예측정보를 제공한다.

셋째, 기업의 경영계획, 배당정책을 수립하는데 중요한 정보를 제공하며, 경영분석자료도 제공한다.

2. 포괄손익계산서의 한계점

첫째, 대손율, 내용연수를 어떻게 추정하느냐에 따라 당기순이익이 다르게 나타난다.

둘째, 포괄손익계산서에 보고되는 이익이 그 기업의 진실한 이익을 나타내지 못할 수 있다는 것이다. 포괄손익계산서에 보고되는 이익은 화폐가치가 변동하지 않는다는 전제하에서 이루어져 있어 물가변동의 영향을 고려하고 있지 않다.

셋째, 다양한 회계처리방법에 따라 포괄손익계산서의 이익이 달라질 수 있다. 예를 들면 재고자산의 원가흐름가정 중 선입선출법 또는 평균법의 선택 여부, 감가상각 방법에서 정액법이나 정률법 중 어떤 방법을 선택하느냐에 따라 포괄손익계산서의 당기순이익은 다르게 보고될 것이다.

제4절
자본변동표(statement of changes in equity)

일정기간 동안 기업실체에 대한 자본의 크기와 그 변동에 관한 정보를 나타내는 재무보고서이다. 자본변동표에는 소유주의 투자와 소유주에 대한 분배, 그리고 소유주와의 거래 이외의 모든 원천에서 인식된 자본의 변동(포괄이익)에 대한 정보가 포함된다.

자본변동표가 「기업회계기준서」상 기본 재무제표로 도입되면서 기존의 이익잉여금처분계산서는 자본변동표의 주석에 포함하여 보고하도록 하였다.

이익잉여금처분계산서(Statement of Retained Earnings)는 영업활동의 결과로 기업내에 축적된 당기말 미처분이익잉여금과 그 처분내역을 표시해 주는 회계보고서이다. 당기말 미처분이익잉여금은 주주총회의 승인을 거쳐 처분할 수 있는 이익잉여금으로 전기이월이익잉여금에 당기순이익을 합한 금액이다. 이 금액으로 당기에 처분하기에 부족한 경우에는 전기에 적립되어 있던 임의적립금 등을 이입하여 가산한 다음 이를 처분하게 된다.

이익잉여금의 처분은 상법의 규정에 의해 적립되는 이익준비금, 상법 이외의 법령에 의해 적립되는 기업합리화적립금, 재무구조개선적립금 등이 우선적으로 적립되어야 한다. 상법이나 기타 법령에 의해 규정된 범위 내에서 주주총회의 결의를 거쳐 배당금으로 처분되며, 정관 및 주주총회의 결의에 따라 사업확장적립금, 감채적립금, 배당평균적립금 등의 임의적립금이 사내에 유보된다. 그 후 남은 금액은 차기로 이월되는 이익잉여금으로 표시된다.

한편 당기에 순손실이 발생한 경우에는 미처리결손금의 처리내역을 밝히는 결손금처리계산서를 작성한다. 따라서 회계정보이용자들은 이익잉여금처분계산서를 통해서 기업의 배당수준과 내부에 유보된 이익규모를 파악할 수 있다.

회사의 자기자본이 증가하는 이유에는 여러 가지가 있다. 먼저 포괄손익계산서에서 계산된 당기순이익의 경우 미처분이익잉여금으로 대체되므로 그만큼 기말의 자기자본이 늘어난다. 이러한 손익거래 외에도 증자 등과 같은 주주와의 자본거래를 통해 자기자본이 늘어날 수 있다. 증자를 하면 일반적으로 자본금과 주식발행초과금이라는 자본잉여금이 증가한다.

✅ 자본변동표의 작성 예

자 본 변 동 표

서울주식회사   2020년 1월 1일~2020년 12월 31일   (단위 : 백만원)

	구 분	자본금	자본잉여금	자본조정	기타 포괄손익누계액	이익잉여금	합 계
변동내역	기초금액	2,000	1,500	(200)	0	900	4,200
	현금배당지급					(200)	(200)
	유상증자	1,000	1,300				2,300
	자기주식취득			(300)			(300)
	당기순이익					400	400
	기말금액	3,000	2,800	(500)	0	1,100	6,400

그리고 회사가 자기주식을 취득하면 취득가액만큼 자기자본에서 차감 표시(이를 자본조정(-)이라고 한다)되어 자기자본이 일시적으로 감소한다. 이를 취득가액보다 더 비싸게 매각하면 그 과정에서 (-)자본조정이 없어지는 동시에 자기주식처분이익이라는 자본잉여금이 발생해 자기자본이 다시 늘어나기도 한다.

한편 감자를 하거나 현금으로 배당금을 지급하는 경우에는 자기자본이 감소하는데 이는 감자를 하면 자본금이 배당금을 지급하면 미처분이익잉여금이 각각 감소하기 때문이다.

그러나 무상으로 증자나 감자를 실시하거나 주주에게 주식배당을 하는 경우에는 자기자본 총액에 아무런 변화가 생기지 않는다. 무상증자의 경우에는 증자의 재원인 잉여금이 감소하는 대신 자본금이 증가하고, 무상감자의 경우에는 자본금이 감소하는 대신 감자차익이라는 자본잉여금이 증가하기 때문이다. 또한 주식배당의 경우에도 미처분이익잉여금이 감소하는 대신 배당으로 지급된 주식의 액면가액만큼 자본금이 늘어난다.

이처럼 자본변동표에는 한 회계기간 동안의 자기자본 총액에 대한 모든 변화내역이 담겨 있기 때문에 주주에게 가장 중요한 자기자본의 가치가 한 회계기간 동안 무슨 이유로 어떻게 달라졌는지 한눈에 파악할 수 있다. 이때 자기자본의 증가 사유가 순이익에 의한 것인지 아니면 자본거래에 의한 것인지를 따져보는 것이 매우 중요하다.

현금흐름표(Statement of Cash Flows)와 주석

01 ㅣ 현금흐름표

현금흐름표(Statement of Cash Flows)는 기업의 현금흐름을 나타내는 표로서 영업활동, 투자활동, 재무활동에 의하여 발생되는 현금의 흐름에 관한 전반적인 정보를 상세하게 제공해 준다. 따라서 포괄손익계산서의 보조기능 수행과 동시에 기업의 자산, 부채, 자본의 변동을 가져오는 현금흐름 거래에 관한 정보를 제공해줌으로써 재무상태표의 보조기능도 아울러 수행한다.

1. 영업활동으로 인한 현금흐름

영업활동(operating activities)으로 인한 현금흐름은 판매 수입이나 매입 지출, 영업경비의 지출 등에 관한 자금의 수지를 열거하고 있다. 포괄손익계산서로 말하면 대략 영업손익 부분까지와 대응한다. 경영이 건전한 회사라면 영업현금흐름은 플러스가 되어야한다. 만약 영업현금흐름이 적자가 몇 년간이나 지속되고 개선의 조짐이 보이지 않는다면회사는 중대한 위기를 맞게 된다.

2. 투자활동으로 인한 현금흐름

투자활동(investing activities)이란 현금의 대여와 회수활동, 현금성자산을 제외한 유가증권, 투자자산 및 비유동자산의 취득과 처분활동 등을 포함한다. 일반적으로 기계설비, 건물, 토지, 자회사 주식의 취득과 매각, 투자목적으로 보유하는 주식의 매각, 자회사 등에 실시하는 자금의 대출이나 상환등을 말한다. 건전한 회사는 적극적으로 투자활동을 하기 때문에 마이너스가 된다.

투자를 절제하면 영업현금흐름은 감소한다. 회사를 존속시키려면 적어도 현상유지를 할 만큼은 투자지출이 필요하다. 영업현금흐름에서 투자현금흐름을 차감한 값을 "잉여현금흐름"이라고 한다. 현금주의 경영에서 잉여현금흐름은 원칙적으로 흑자여야 하는데 이는 "경영자는 영업현금흐름을 최대로 해 그 범위 내에서 유효한 투자를 해야 한다"는 의미이다.

이 부분에서는 영업활동을 통해 얻은 현금이 어떻게 사용되고 있는가를 살펴보는 것이 포인트라 할 수 있다.

3. 재무활동으로 인한 현금흐름

재무활동(financing activities)이란 차입금 및 사채의 발행이나 변제 등 자금조달에 관한 사항이다. 부채의 변동뿐만 아니라 주식의 발행에 의한 자금의 조달, 배당금의 지급 등이 포함된다.

현금주의 경영에서 투자는 영업현금흐름의 범위 내로 한정해야 한다. 그러나 거액의 설비투자를 하거나 자회사를 매수할 경우에는 은행 차입이나 증자로 부족분을 조달하게 된다.

☑ **기업 활동별 현금흐름**

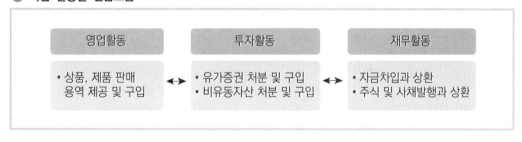

✅ **현금흐름표의 기본구조**

현 금 흐 름 표

Ⅰ. 영업활동으로 인한 현금흐름 ··		11,403
Ⅱ. 투자활동으로 인한 현금흐름 ··		(10,187)
현금유입액 (예, 건물의 매각)	19,417	
현금유출액 (예, 기계장치의 취득)	(29,604)	
Ⅲ. 재무활동으로 인한 현금흐름 ··		(10)
현금유입액 (예, 주식발행)	33,539	
현금유출액 (예, 차입금상환)	(33,549)	
Ⅳ. 현금의 순증가(Ⅰ + Ⅱ + Ⅲ) ···		1,206
Ⅴ. 기초의 현금 ···		5,396
Ⅵ. 기말의 현금		6,602

✅ **현금주의와 발생주의**

① 현금주의(cash basis)는 현금의 수입과 지출을 수익 및 비용의 인식기준으로 삼는 방법이다. 즉, 현금의 수입이 있을 때 수익을 인식하고, 현금의 지출이 되었을 때 비용을 인식하는 방법이다. 현금주의에서는 상품을 현금으로 판매한 경우에는 현금수입액만큼 수익으로 인식하지만, 상품을 외상으로 판매한 경우는 판매시점에는 현금수입액이 없으므로 수익을 전혀 인식하지 않게 된다.
② 발생주의(accrual basis)는 현금의 수입과 지출과 관계없이 수익 및 비용이 실제 발생했느냐를 기준으로 인식하는 방법이다. 발생주의에서는 수익은 실현주의에 따라 인식하고, 비용은 관련 수익에 대응시키는 방법으로 인식하게 된다.

02 ㅣ 주석

　　재무제표상의 과목 또는 금액에 기호를 붙이고 난외나 별지에 동일한 기호를 표시하여 그 내용을 간단 명료하게 기재하는 방법이다. 또한 동일한 내용의 주석이 둘 이상의 과목에 관련되는 경우에는 주된 과목에 대한 주석만 기재하고, 다른 과목의 주석은 기호만 표시함으로써 이에 갈음 할 수 있다. 주석은 계량화할 수 없는 비화폐적 정보로 회계처리기준, 담보 및 보증 내역 등의 정보이다.

예를 들면 사채의 종류 및 그 내용, 회사가 발행할 주식의 총수, 1주의 금액 및 발행한 주식의 수 등을 주석으로 기재하여야 한다. 또한 회사의 개황, 주요 영업내용, 최근의 경영환경 변화 및 주요 정책변경 내용, 회사가 채택한 회계처리 방침, 자산·부채의 평가기준 및 주요 평가손익의 내용, 진행 중인 소송에 관한 그 내용과 전망 등을 보충적 주석으로 기재하여야 한다. 이처럼 주석을 기본재무제표의 범위에 포함하는 이유는 기업경영과 회계의 투명성을 높이기 위한 것이다.

주석은 재무상태표, 포괄손익계산서, 자본변동표 및 현금흐름표에 표시하는 정보에 추가하여 제공되는 정보이다. 주석은 재무제표에 표시된 항목을 구체적으로 설명하거나 세분화하고, 재무제표 인식요건을 충족하지 못하는 항목에 대해 정보를 제공한다.

주석에 일반적으로 표시하는 내용과 주석의 표시 순서는 다음과 같다.

---

① 한국채택국제회계기준을 준수하였다는 사실
② 적용한 유의적인 회계정책의 요약
③ 재무상태표, 포괄손익계산서, 별개의 손익계산서, 자본변동표 및 현금흐름표에 표시된 항목에 대한 보충정보, 재무제표의 배열 및 각 재무제표에 표시된 개별항목의 순성에 따라 표시
④ 우발부채와 재무제표에서 인식하지 아니한 계약상 약정사항과 비재무적 공시항목, 예를 들어 기업의 재무위험관리목적과 정책을 포함한 기타공시

연습문제

01 재무제표에 대한 설명 중 잘못된 것은?

① 일정기간 동안 기업의 경영성과는 포괄손익계산서에 나타난다.

② 일정시점의 재무상태는 재무상태표를 통해 알 수 있다.

③ 반드시 역사적 원가로 작성되어야만 정보이용자에게 유용한 정보가 된다.

④ 기업회계기준상 재무제표에는 주석, 현금흐름표, 자본변동표, 포괄손익계산서, 재무상태표가 포함된다.

> **해설** 포괄손익계산서는 일정기간 동안의 경영성과를, 재무상태표는 일정시점인 결산일 현재의 재무상태정보를 알려준다.
> 재무제표는 역사적 원가로 작성되어 회계담당자의 임의조작을 막아 객관성과 신뢰성을 충족시키나 현행 가치를 제대로 반영하고 있지 않다. 따라서 객관성과 신뢰성은 있으나 미래의사결정에 현실적인 유용한 정보라고 하기에는 미흡함이 있다.

02 다음 중 기본적 재무제표에 해당되지 않는 것은?

① 재무상태표   ② 포괄손익계산서

③ 제조원가명세서   ④ 현금흐름표

> **해설** 기본적 재무제표에는 재무상태표, 포괄손익계산서, 현금흐름표, 이익잉여금처분계산서, (자본변동표), 주기와 주석이 있다.

03 재무상태표상 기초현금과 기말현금간의 차이의 원인에 대한 정보를 제공하는 재무제표는?

① 재무상태표   ② 포괄손익계산서

③ 제조원가명세서   ④ 현금흐름표

> **해설** 현금흐름표는 일정기간의 현금의 유입과 유출의 변동상황을 나타내는 표이다.

정답	01 ③	02 ③	03 ④

04 기업의 경영성과를 보고하는 재무제표는?

① 재무상태표   ② 포괄손익계산서

③ 이익잉여금처분계산서   ④ 현금흐름

해설   기업의 경영성과(수익 – 비용=당기순손익)를 보고하는 재무제표는 포괄손익계산서이다.

05 다음 중 '재무제표 표시'에 따를 경우 포괄손익계산서에 반드시 표시되어야 할 항목에 해당 되지 않는 것은?

① 금융원가   ② 법인세비용

③ 특별손익   ④ 총포괄손익

해설   특별손익은 반영하지 않는다.

06 '재무제표 표시'에서 비용 분류와 관련된 다음 설명 중 옳지 않은 것은?

① 비용에 대해서 성격별 또는 기능별 분류방법 중 한가지 방법을 선택하여 포괄손익 계산서를 작성할 수 있다.

② 성격별 분류란 당기순익에 포함된 비용을 그 성격별로 통합하는 것으로서 기능별 로 재배분하지 않는다.

③ 성격별 분류방법이 기능별 분류방법에 비해서 재무제표이용자들에게 더욱 목적적 합한 정보를 제공한다.

④ 비용을 기능별로 분류할 경우 매출원가는 다른 비용과 분리하여 공시한다.

해설   기능별 분류방법이 재무제표이용자들에게 더 목적적합한 정보를 제공한다.

07 '재무제표 표시'에 규정에 의해 비용을 분류하는 방식을 선택할 수 있다. 다음 중 성격별 포괄손익계산서와 기능별 포괄손익계산서에 공통으로 나타나지 않는 것은?

① 매출원가 　　　　　　　　　　② 금융원가

③ 법인세비용 　　　　　　　　　④ 수익

[해설] 매출원가는 기능별 포괄손익계산서에서만 나타난다.

08 '재무제표 표시'에 규정된 유동자산으로 분류할 수 있는 기준에 대한 설명이다. 틀린 것은?

① 기업의 정상영업주기 내에 실현될 것으로 예상되는 경우

② 주로 단기매매 목적으로 보유하고 있는 경우

③ 보고기간 후 12개월 이내에 실현될 것으로 예상된 경우

④ 현금이나 현금성자산으로서, 교환이나 부채 상환 목적으로의 사용에 대한 제한기간이 보고기간 후 12개월 이상인 경우

[해설] 현금이나 현금성자산으로서, 교환이나 부채 상환 목적으로의 사용에 대한 제한기간이 보고기간 후 12개월 이상이 아닌 경우

09 '재무제표 표시'에서 규정된 재무상태표의 작성기준이 아닌 것은?

① 자산·부채 및 자본은 총액에 의하여 기재함을 원칙으로 한다.

② 자본거래에서 발생한 자본잉여금과 손익거래에서 발생한 이익잉여금은 구분표시할 필요가 있다.

③ 회계기준상 유동과 비유동은 1년 및 정상적인 영업주기를 기준으로 구분한다.

④ 재무제표상 고정성 배열법을 유동성이 높은 것부터 표시한다.

[해설] 유동성배열은 높은 차순 혹은 낮은 차순으로 한다.

10 '재무제표 표시'에서 규정된 재무제표의 작성과 표시를 위한 개념체계상의 자산과 관련된 설명이다. 타당하지 않은 것은?

① 자산은 과거의 거래나 그 밖의 사건에서 창출된다. 미래에 발생할 것으로 예상되는 거래나 사건 자체만으로는 자산이 창출되지 않는다.

② 일반적으로 지출의 발생과 자산의 취득은 밀접하게 관련되어 있다. 따라서 무상으로 증여받은 자산 자체만으로는 자산이 창출되지 않는다.

③ 기업이 개발활동에서 습득한 핵심지식을 독점적으로 보유하고 미래에 유입될 것으로 기대되는 효익을 통제한다면 자산의 정의를 충족할 수 있다.

④ 자산에 내재된 미래 경제적 효익이란 미래 현금 및 현금성자산이 기업에 유입되도록 기여하게 될 잠재력을 말한다.

해설 관련된 지출이 없더라도 특정 항목이 자산의 정의를 충족할 경우 재무상태표의 인식대상이 되는 것을 배제하지는 못한다. 예를 들어, 증여받은 재화는 자산의 정의를 충족할 수 있다.

11 '재무제표 표시'에 의한 자본변동표가 제공하지 않는 정보는?

① 회계정책의 변경으로 인한 누적효과

② 해외사업환산손익

③ 매도가능금융자산처분손익

④ 중요한 전기오류수정손익

해설 매도가능금융자산처분손익은 영업외수익으로 당기손익에 반영한다. 그러나 매도가능금융자산평가손익은 자본변동표에 반영된다.

금융자산

금융자산의 개념과 분류

01 ㅣ 금융상자산의 의의와 분류

1. 금융자산의 의의

금융자산이란 현금과 금융상품을 말한다.

금융상품은 거래당사자 일방에서 금융자산을 발생시키고 동시에 거래상대방에게 금융부채나 지분상품을 발생시키는 모든 계약을 말한다.

- 계약이란 명확한 경제적 결과를 가지고 법적 구속력을 가지고 있고 자의적으로 회피할 여지가 적은 둘 이상의 당사자간의 합의를 말한다.
- 계약에 의하지 않은 자산과 부채는 금융자산 금융부채가 아니다.

2. 금융자산의 분류

- 현금 및 현금성 자산
- 대여금 및 수취 채권
- 기타금융자산

① 당기손익인식지정 금융자산   ② 단기매매금융자산

③ 만기보유금융자산   ④ 매도가능금융자산

금융자산에 해당하는 계정으로는 현금 및 현금성자산, 매출채권, 미수금, 대여금, 지분상품 및 채무상품 등이 있으며, 금융부채에 해당하는 계정으로는 매입채무, 미지급금, 차입금, 사채 등이 있다. 반면에 선급금, 선급비용, 재고자산, 유형자산, 무형자산, 투자부동산 등은 비금융자산이라고 할 수 있다.

✅ 금융자산과 비금융자산 계정과목

구분	자 산	부 채
금융항목	• 현금 및 현금성자산 • 매출채권, 대여금, 미수금, • 다른 기업의 지분상품 및 채무상품 등	매입채무, 미지급금, 차입금, 사채 등
비금융항목	선급금, 선급비용, 재고자산, 유형자산, 무 형자산, 투자부동산 등	선수금, 선수수익, 미지급법인세, 충당부채 등

금융자산은 크게 대여금 및 수취채권, 당기손익인식금융자산, 만기보유금융자산, 매도가능금융자산으로 분류한다.

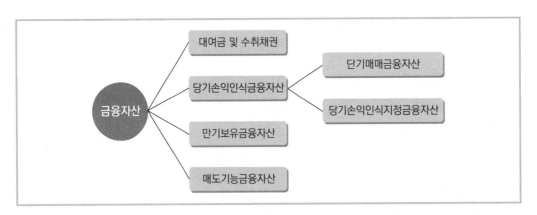

구분	정의	성격
대여금 및 수취채권	① 지급금액이 확정되었거나 확정될 수 있음 ② 활성시장1)에서 거래되지 않는 비파생금융자산	채무상품
당기손익인식 금융자산	① 평가손익을 당기손익으로 인식하는 금융자산 • 단기매매목적의 금융자산, 위험회피회계를 적용하지 않는 파생상품자산 • 당기손익인식지정금융자산	지분상품 또는 채무상품
만기보유 금융자산	① 만기가 고정 ② 지급금액이 확정되었거나 확정할 수 있는 비파생금융상품 ③ 만기까지 보유할 적극적인 의도나 능력이 있는 경우 금융자산	채무상품

---

1) 활성시장 : 거래소, 판매자, 중개인, 산업집단, 평가기관 또는 감독기구를 통해 공시가격이 용이하게 그리고 정기적으로 이용가능하고, 그러한 가격이 독립된 당사자 사이에서 정기적으로 발생한 실제 시장거래를 나타낸다면 그 금융상품은 활성시장에서 가격이 공시되고 있는 것으로 본다.

금융자산은 양면성을 가지는데, 한 거래당사자에게는 금융자산(권리)을 발생시키고, 다른 거래당사자에게는 금융부채(의무)또는 지분상품(자본)을 발생시발생시키는 모든 계약을 의미한다.

홍길동 (금융자산) --------------------- 김갑돌 (금융부채, 지분상품)

위의 계약은 명확한 경제적 결과를 가지고 있고 법적 구속력이 있기 때문에 당자사가 그러한 경제적 결과를 자의적으로 회피할 여지가 적은 둘 이상의 당사자 간 합의를 의미한다. 따라서 금융상품을 포함하여 계약은 다양한 형태로 존재할 수 있으며, 반드시 서류로 작성되어야만 하는 것은 아니다. 또한 금융자산은 금융상품보유자 입장에서 정의가 되며, 금융부채와 지분상품은 금융상품발행자의 입장에서 정의되고 있다.

일반적으로 금융자산이란 화폐액으로 주거나 받을 금액이 정해진다는 것을 의미한다. 이러한 맥락에서 보면 용역을 제공하거나 제공받기로 하거나 비화폐성 항목을 주거나 받기로 하는 것은 금융자산의 범주에 해당하지 않는다. 예컨대 선급금은 미래에 상품 또는 용역을 제공받기로 되어 있기 때문에 금융자산이 될 수 없다.

즉, 한국채택국제회계기준(K-IFRS)에서는 금융상품을 보유자에게 금융자산을 발생시키고 동시에 상대방에게 금융부채나 지분상품을 발생시키는 모든 계약으로 정의하였다.

금융상품은 보유자와 발행자의 입장에서 다음과 같이 정의된다.

분류	내용 정의
금융자산 (보유자)	① 현금 ② 다른 기업의 지분상품 ③ 다음 중 하나에 해당하는 계약상의 권리 　• 거래상대방에게 현금 등 금융자산을 수취할 계약상의 권리 　• 잠재적으로 유리한 조건으로 거래상대방과 금융자산이나 금융부채를 교환하기로 한 계약상의 권리 ④ 기업이 자신의 지분상품으로 결제되거나 결제될 수 있는 다음 중 하나의 계약 　• 수취할 지분상품의 수량이 변동가능한 비파생상품 　• 확정수량의 지분상품에 대하여 확정금액의 현금 등 금융자산을 교환하여 결제하는 방법이 아닌 방법으로 결제되거나 결제될 수 있는 파생상품

분류	내용 정의
금융부채 (발행자)	① 다음 중 하나에 해당하는 계약상의 의무 　• 거래상대방에게 현금 등 금융자산을 인도하거나 한 계약상 의무 　• 잠재적으로 불리한 조건으로 거래상대방과 금융자산이나 금융부채를 교환하기로 한 계약상 의무 ② 지분상품으로 결제되거나 결제될 수 있는 다음 중 하나의 계약 　• 인도할 지분상품의 수량이 변동가능한 비파생상품 　• 확정수량이 지분상품에 대하여 확정금액의 현금 등 금융자산을 교환하여 결제하는 방법이 아닌 방법으로 결제되거나 결제될 수 있는 파생상품
지분상품 (발행자)	기업의 자산에서 모든 부채를 차감한 후 잔여지분을 나타내는 모든 계약

 참고

　기존의 우리나라 기업회계기준은 제조업 중심의 회계기준으로 인해 재고자산과 유형자산의 측정과 보고에 초점을 맞추어진 반면, 한국채택국제회계기준(K-IFRS)에서는 다양한 금융상품에 대한 회계처리기준을 제시하고 있다.

금융자산의 회계

01 । 현금 및 현금성 자산

　현금 및 현금성자산과 금융상품은 기업이 보유하는 자산 중에서 특별한 절차없이 현금으로의 전환이 용이한 대표적인 금융자산이다. 현금은 대금의 지불수단으로 즉시 사용할 수 있는 금융자산이고, 은행예금은 필요에 따라 현금으로 쉽게 전환하거나 일정한 투자수익을 얻을 목적으로 금융기관에 예치한 금융자산이며, 금융상품은 투자성향과 위험선호도 등의 조건을 은행예금보다 더욱 다양하게 변화시킨 금융자산이다. 금융자산은 기업의 유동성과 지급능력의 척도를 나타낸다.

　현금에는 자산보유자의 의도에 따라 그 보유자산이 아무런 제약없이 쉽게 현금으로 전환될 수 있는 자산까지 포함된다.

　현금은 통화와 통화대용증권으로 구성되는데, 다음과 같다.

---

① 통화 : 지폐(전도금 포함), 동전, 외국통화
② 통화대용증권 : 타인발행 당좌수표, 자기앞수표, 가계수표, 송금수표, 송금환어음, 우편환증서, 지급기일이 도래한 공사채이자표, 여행자 수표, 배당금지급통지표, 일람출금어음 등

　현금성자산이란 현금으로 전환이 용이하고 이자율 변동에 따른 가치변동의 위험이 중요하지 않은 자산으로서, 취득 당시 만기(또는 상환일)가 3개월 이내에 다시 현금화되는 것이 확실하기 때문에 취득시점으로부터 현금으로 간주하는 것이며, 따라서 현금과 함께 보고하는 것이다.

현금성자산의 예로는 다음과 같은 것이 있다.

---

① 취득 당시의 만기가 3개월 이내에 도래하는 채권
② 취득 당시의 상환일까지의 기간이 3개월 이내인 상환우선주
③ 3개월 이내에 환매조건인 환매체
④ 초단기수익증권(MMF 포함)

회계상 현금 = 통화 + 통화대용증권 + 요구불예금 + 현금성자산

✅ 현금 및 현금성자산의 분류

구 분		정 의	예 시
현금 및 현금성 자산	현금	통화	주화 또는 지폐
		통화대용증권	자기앞수표, 타인발행수표, 만기도래국공채이자표,2) 우편환증서, 배당금지급통지표3)
		요구불 예금	당좌예금, 보통예금, 저축예금
	현금성 자산	큰 거래비용이 없이 현금으로 전환이 용이하고, 이자율 변동에 따른 가치변동의 위험이 적은 유가증권 및 당기손익인식지정금융자산으로서, 취득 당시 만기가 3개월 이내에 도래하는 것	취득시 3개월 내에 만기가 도래하는 채무증권 및 당기손익인식지정금융자산

---

2) 공사채이자표는 무기명채권에 대한 이자지급을 용이하게 하기 위하여 당해 채권에 첨부한 것이며 이자표의 일자가 도래하면 현금으로 분류한다.

3) 배당금지급통지서는 무기명주식에 대한 배당금지급을 위해 발행한 증서이며 배당지급이 결의되면 그 통지서는 현금으로 분류하여야 한다.

01 다음 중 재무상태표상 기재될 현금 및 현금성자산 잔액을 계산하면 얼마인가?

통 화	₩ 125,000	타 인 발 행 수 표	₩ 980,600
보 통 예 금	1,235,200	당 좌 예 금	1,650,700
취득일로부터 만기일이 9개월인 정기예금			3,600,000

[풀이]

통화(125,000원), 타인발행수표(980,600원), 보통예금(1,235,200원), 당좌예금(1,650,700원)이
현금및현금성자산에 해당하므로 금액은 3,990,900원이다.

02 다음 자료를 보고 강남(주)의 기말 재무상태표상에서 현금및현금성자산, 당기손익인식지정
금융자산, 장기금융상품으로 보고 될 금액을 계산하시오.

통화	500,000	양도성예금증서(120일 만기)	2,000,000
당좌차월	400,000	우편환증서	300,000
수입인지	40,000	3개월 환매조건이 환매체	8,000,000
정기예금(1년 이내 만기도래)	6,000,000	정기적금(1년 이후 만기도래)	9,000,000
선일자수표	2,000,000	만기일 도래공사채이자표	100,000
당좌개설보증금	200,000	배당금지급통지표	240,000
타인발행수표	600,000		

[풀이]

1) 현금 및 현금성자산 : 통화＋만기일도래 공사채이자표＋우편환증서＋배당금지급통지표
   ＋타인발행수표＋3개월 환매조건의 환매체 ＝ ₩9,740,000
2) 당기손익인식지정금융자산 : 양도성예금증서＋1년 이내 만기도래 정기예금
   ＝₩8,000,000
3) 장기금융상품 : 당좌개설보증금＋1년 이후 만기도래 정기적금＝₩9,200,000

02 ㅣ 소액현금제도

기업은 현금 거래의 부작용 방지를 위해 최소한도의 잔고만 유지하고 현금은 수령 즉시 은행에 예금하고 대부분의 지출은 수표를 발행한다.

소액현금(petty cash fund system)이란 일상적으로 발생하는 소액경비(우편료, 소모품비, 교통비 등) 지급을 위하여 본사의 회계부서에서는 각 부서, 지점 등에 대체된 소액현금 설정액만을 기록하였다가 일정시점마다 그 사용내역에 대한 보고를 받고 장부에 반영한다.

즉, 일상업무 수행을 위한 소모품비, 여비교통비 등의 소액으로 자주 발생하는 거래는 수표를 발행하여 지급하는 것이 비효율적이다. 따라서 회계과는 용도계라는 부속부서를 두어 일정한 금액을 선급하여 소액의 지출에 사용하도록 하는 데 이것을 소액현금이라 한다.

결산시 소액현금계정의 잔액은 현금계정에 포함시켜 보고한다. 소액현금은 어떻게 보급하는가에 따라 정액자금전도제과 부정액자금전도제로 나눈다.

1. 정액자금전도제

일정액의 현금을 전도하고, 일정기간 후에 실제 사용액을 보고 받으면 실제 사용액과 동일한 금액의 자금을 보충해 주어 소액현금자금은 언제나 일정액 수준을 유지시키는 방법이다.

회계처리는 일정기간 동안에 일상적으로 발생하는 소액 현금지출을 위한 일정액의 자금을 준비해 두고 소액의 현금지출을 회계처리 없이 사용한 다음, 일정기간 경과 후 소액현금의 사용부분을 재충당(또는 재전도)하는 시점에서 그 기간 동안에 사용한 소액지출에 대한 회계처리를 하는 것을 말한다. 따라서 정액자금전도제도를 채택하는 경우 정산시에 부족분을 보충해주기 때문에 특정시점에서의 소액현금자금은 언제나 일정액 수준으로 유지된다.

정액자금 = 현금보유액 + 영수증금액

---

1. 회계과는 용도계에 소액현금을 보급하다.

   (차) 현금　　　　　　　　　　　×××　(대) 당좌예금　　　　　　　×××

2. 용도계로부터 소액현금지급 명세서를 받음과 동시에 소액자금을 보급할 경우

   (차) 소모품비　　　　　　　　　×××　(대) 당좌예금　　　×××
   　　　여비교통비

정액자금 = 현금보유액 + 영수증금액

 실습예제 : 정액자금전도제도의 경우 회계처리

01　다음 거래를 분개하시오.

(1) 10월 1일　수표 ₩500,000을 발행하여 전도금을 지급하다.
(2) 10월31일　전도금 중 사용내역(교통비 ₩50,000, 통신비 ₩100,000)을 통보받다. 그리고
　　　　　　　동액의 수표를 발행하여 소액현금자금을 보충해 주다.

[풀이]

(1) 10/1	(차) 소액현금	500,000	(대) 당좌예금	500,000
(2) 10/31	(차) 교통비	50,000	(대) 소액현금	150,000
	통신비	100,000		
10/31	(차) 소액현금	150,000	(대) 당좌예금	150,000

* 잔액이 ₩350,000이 있으므로 부족액 ₩150,000의 당좌수표를 발행하면 소액현금은 다시 ₩500,000이 된다.

2. 부정액자금전도제

　　소액현금의 설정 금액이 일정하지 않고 보충할 때마다 변동하며, 현금잔액이 거의 없는 경우에 적당한 금액을 수시로 보충해 주는 방법이다.

　　소액현금 기금의 설정액이 보충할 때마다 변동, 정기적으로 보충하기보다는 소액현금기금의 잔액 금액이 거의 다 소진되었을 경우 적당한 금액을 수시로 보충한다.

---

1. 회계과는 용도계에 소액현금을 보급하다.

　(차) 현　　금　　　　　　　　×××　　(대) 당좌예금　　　　　　　　×××

2. 용도계로부터 소액현금지급 명세서를 받은 경우

　(차) 소모품비　　　　　　　　×××　　(대) 현　　금　　　　　　　　×××
　　　여비교통비

✏ 실습예제: 부정액자금전도제도의 경우 회계처리

01 다음 거래를 분개하시오.

> (1) 10월 1일　수표 ₩500,000을 발행하여 전도금을 지급하다.
> (2) 10월31일　전도금 중 사용내역(교통비 ₩50,000, 통신비 ₩100,000)을 통보받다.
> (3) 10월31일　수표 ₩100,000을 발행하여 보충하여 주다.

풀이

(1)	10/1	(차) 소액현금	500,000	(대) 당좌예금	500,000
(2)	10/31	(차) 교통비	50,000	(대) 소액현금	150,000
		통신비	100,000		
(3)	10/31	(차) 소액현금	100,000	(대) 당좌예금	100,000

* 소액현금을 보충받는 시점에서 소액현금잔액이 ₩450,000이 되어 위의 정액자금전도제도의 현금 ₩500,000과는 차이가 있음을 비교해 볼 수 있다.

03 | 현금과부족

현금의 장부잔액과 실제잔액의 차액발견시 그 차액의 내용이 불명인 경우 내용판명이 될 때까지 임시로 처리하는 계정이다. 가계정, 임시계정이라고도 한다.

기말결산시까지는 반드시 내용을 판명하여야 하며, 결산시까지 내용이 완전히 불명인 경우 잡손실 또는 잡이익으로 회계처리를 한다.

1. 현금과부족의 회계처리 – 현금 과잉인 경우

(1) 현금의 실제액이 장부잔액보다 ₩ 18,000이 많은 경우

(차) 현 금	18,000	(대) 현금과부족	18,000

(2) 위의 과잉액 중 ₩ 13,500이 임대료 수입액으로 판명되면

(차) 현금과부족	13,500	(대) 임 대 료	13,500

(3) 기말결산시까지 위 잔액이 판명되지 않을 경우

(차) 현금과부족	4,500	(대) 잡 이 익	4,500

2. 현금과부족의 회계처리 – 현금 부족인 경우

(1) 현금의 실제액이 장부잔액보다 ₩ 15,000이 적은 경우

(차) 현금과부족	15,000	(대) 현 금	15,000

(2) 위의 부족액 중 ₩ 12,000이 전화요금으로 판명되면

(차) 통 신 비	12,000	(대) 현금과부족	12,000

(3) 기말결산시까지 위 잔액이 판명되지 않을 경우

(차) 잡 손 실	3,000	(대) 현금과부족	3,000

01 다음의 거래를 분개하시오.

1. 서울상사는 현금의 장부잔액이 ₩ 1,750,000이고 실제잔액이 ₩ 1,900,000임이 밝혀지다. 또한 과잉액의 내용은 불명이다.

(차)	(대)

2. 위의 과잉액 중 ₩ 125,000은 상품매출액으로 판명되다.

(차)	(대)

3. 기말결산시까지 위의 과잉액의 원인이 불명으로 잡이익으로 처리하다.

(차)	(대)

4. 기말 결산시 현금출납장의 현금잔액이 ₩ 1,900,000이고 금고의 현금잔액이 ₩ 1,970,000으로 판명되다.

(차)	(대)

풀이

1. 현 금	150,000	현금과부족	150,000
2. 현금과부족	125,000	상품매출	125,000
3. 현금과부족	25,000	잡 이 익	25,000
4. 현 금	700,000	잡 이 익	700,000

04 | 당좌예금

당좌예금이란 거래은행과 당좌거래계약을 체결한 후 은행에 현금을 예입하고 필요에 따라 수표를 발행하여 현금을 인출할 수 있는 예금이다. 대금의 지급을 은행에 위임하는 거래형식으로 이루어진다. 당좌예금은 일상적인 지급기능의 성격을 가질 뿐만 아니라, 별도의 당좌차월 약정을 맺은 경우에는 예금을 초과한 약정한도까지 은행이 대신 지급을 함으로 실질적으로는 자금차입의 기능을 가지고 있다.

✔ **당좌거래의 흐름**

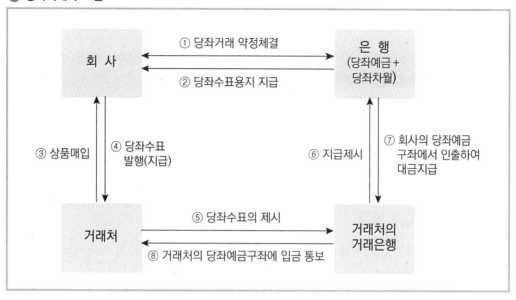

✎ **참고**

구 분	예 시
선일자수표	매출채권, 미수금
직원가불금	단기대여금
우표 및 수입인지	소모품
당좌개설보증금	장기금융상품
당좌차월	단기차입금

1. 당좌예금 계좌의 개설

- 기업이 당좌수표나 어음을 사용하기 원한다면 거래은행에 당좌예금 계좌를 개설하여야 한다.
- 은행은 당좌개설보증금(약 ₩ 3,000,000)을 예치시키도록 하는데, 이는 당좌거래가 지속되는 기간 동안에는 인출이 불가능하므로 '장기금융자산'으로 분류하고 주석에는 당좌개설보증금이므로 사용이 제한되어 있다는 사실을 기재한다.

✏️ **실습예제 : 당좌예금 계좌의 개설**

01 10월 1일 서울상점은 한국은행에 당좌개설보증금으로 현금 ₩3,000,000을 예치시키고
당좌예금 계좌를 개설하였다.

(차)	(대)

풀이

(차) 장기금융상품   3,000,000   (대) 현   금   3.000,000

2. 당좌예금 입금과 출금

기업이 일상적인 상거래에서 수령한 현금이나 수표를 당좌예금에 입금시켜 당좌예금
을 증가시키거나, 일상적인 상거래에서의 지급수단으로 수표나 어음을 발행하여 당좌예금
을 감소시킨다.

✏️ **실습예제 : 당좌예금**

01 10월 10일 서울상사는 거래처로부터 매출채권 ₩ 4,000,000을 회수하여 당좌예금에
입금시켰다. 10월 15일 한강상사에서 원재료 ₩ 1,200,000을 당좌수표를 발행하여
지급하였다.

10/10 (차)	(대)
10/15 (차)	(대)

풀이

10/10 (차) 당좌예금   4,000,000   (대) 매출채권   4,000,000
10/15 (차) 원 재 료   1,200,000   (대) 당좌예금   1,200,000

3. 당좌차월

- 당좌예금의 인출은 당좌예금 잔액의 범위 내에서만 가능하다. 그러나 은행과 사전에 당좌차월(은행 측에서는 당좌대월이라고 한다) 계약을 체결하면 일정한 한도(약정한도) 내에서 당좌예금을 초과하여 수표를 발행하여도 은행이 이를 대신 지급해 주는데 이를 당좌차월이라고 한다.
- 당좌차월은 당좌예금의 (−)잔액으로 실질은 은행으로부터의 차입금에 해당하기 때문에 재무상태표에는 단기차입금(유동부채)으로 계상한다.
- 거래은행이 여러 개 있으며 그 중 특정 은행의 (−)당좌예금이 존재하는 경우에는 총액주의 원칙에 따라 (−)당좌예금을 다른 은행의 당좌예금에서 차감하지 않는다.

✎ 실습예제 : 당좌차월

01 10월 3일 상품 ₩ 900,000을 매입하고 당좌수표를 발행하여 지급하였다. 당좌예금잔액은 ₩ 700,000이며 당좌차월 한도는 ₩ 500,000으로 약정되어 있다.

(차)	(대)

02 10월 10일 매출채권 ₩ 800,000을 회수하여 당좌예금에 입금하였다.

(차)	(대)

03 10월 25일 상품 ₩ 800,000을 매입하고 당좌수표를 발행하여 지급하였다.

(차)	(대)

풀이

1. 10/3 (차) 상   품   900,000   (대) 당좌예금   700,000
                                                당좌차월(단기차입금)   200,000

2. 10/10 (차) 당좌차월   200,000   (대) 매출채권   800,000
                                                당좌예금   600,000

3. 10/25 (차) 상   품   800,000   (대) 당좌예금   200,000
                                                당좌차월(단기차입금)   600,000

4. 부도수표

타 거래처로부터 거래대금의 회수로 타인발행 당좌수표를 수령하여 은행에 예입하여 추심(은행에 수표대금을 대신 회수해 줄 것을 위탁하는 것)을 의뢰하였으나 부도(결제 불능)통지를 받은 경우에는 입금처리 하였던 당좌예금을 취소시키며 이를 채권(수표를 수령한 원인에 따라 매출채권, 미수금 등)으로 계상한다. 그 후 회수가 불가능한 것으로 확정된 시점에서 "대손상각비"로 제거한다.

🖉 실습예제

01 매출대금으로 받은 당좌수표 ₩ 750,000을 은행에 당좌예입하였다.

(차)	(대)

02 은행으로부터 위 수표의 부도통지를 받다.

(차)	(대)

03 거래처에 수표의 부도사실을 알리고 대금 ₩ 750,000을 현금으로 회수하다.

(차)	(대)

풀이

1. (차) 당좌예금	750,000	(대) 매출채권	750,000
2. (차) 매출채권	750,000	(대) 당좌예금	750,000
3. (차) 현 금	750,000	(대) 매출채권	750,000

5. 선일자수표

수표에 기재된 발행일자보다 그 이전에 실제로 발행되어 있는 수표를 말하는 것으로 선수표라고도 한다. 선일자수표 수령인은 표시되어 있는 발행일보다 이전에 수표를 제시하여 지급을 요구할 수 있지만 발행일자 이전에는 지급제시하지 않기로 하는 상관습에 따라 발행일까지 기다린다. 따라서 받을어음의 성격을 가지고 있기 때문에 이를 보유하는 회사는 수령한 원인에 따라 매출채권(받을어음) 또는 미수금으로 계상하여야 한다.

01 서울상사는 거래처에 상품을 매출하고 10월 1일 당좌수표 ₩ 300,000을 받았는데, 동
    수표상에는 발행일이 10월 27일로 되어 있다.

(차)	(대)

02 10월 27일 : 지급제시를 하여 대금을 수령한 후 당좌예금한 경우

(차)	(대)

풀이

1. 10/1   (차) 매출채권   300,000   (대) 상품매출   300,000
2. 10/27 (차) 당좌예금   300,000   (대) 매출채권   300,000

05 ∣ 은행계정조정표

　　일정시점에서 회사측의 당좌예금잔액과 은행측의 당좌예금원장잔액이 서로 불일치하
는 경우 이들 양자간의 차이를 조사하여 수정하여야 하는데, 이때 작성하는 표를 은행계
정조정표라고 한다.

1. 은행계정조정표 작성방법

　ᄀ 은행잔액증명서 잔액(은행)을 수정하여 회사 당좌예금 잔액에 일치(은행 → 회사)

　ᄂ 회사 당좌예금 잔액을 수정하여 은행잔액증명서 잔액(은행)에 일치(회사 → 은행)

　ᄃ 회사 당좌예금 잔액과 은행 당좌예금 잔액(은행)을 동시에 수정하여 각각 일치
　　(회사 → 은행)

2. 은행계정조정표

일정시점(일반적으로 매월말)에서의 회사의 당좌예금 잔액과 은행의 당좌거래원장잔액의 불일치를 조정(일치)하는 방법으로 다음과 같이 작성한다.

은행계정조정표

회사명   20××년 ×월 ×일 현재   (단위 : 원)

	은 행 측		회 사 측
수정전 잔액	×××	≠ (불일치)	×××
조정항목 : 가산	×××		×××
차감	(×××)		(×××)
수정후 잔액	×××		×××

✅ 회사측과 은행측의 불일치 원인과 조정방법

종류	내용	은행계정조정표	현금검증표
㉠ 은행의 추심입금	매출채권 등에 대하여 은행이 대신 회수하여 예금의 증가로 기록하였으나 회사는 이 사실을 통보받지 못한 경우	회사측 잔액에 가산	회사측 예금증가 가산 회사측 월말잔액 가산
㉡ 은행 미기록예금	회사에서는 은행에 입금시켰으나 은행측에서는 이를 기록하지 않은 예금	은행측 잔액에 가산	은행측 예금증가 가산 은행측 월말잔액 가산
㉢ 미통지입금	거래처로부터 회사의 당좌예금계좌에 무통장입금 등의 방법으로 직접 입금	회사측 잔액에 가산	회사측 예금증가 가산 회사측 월말잔액 가산
㉣ 기발행미인출 (지급)수표	회사에서 수표를 발행하여 예금에서 차감하였으나 은행에서 인출되지 않은 수표	은행측 잔액에 차감	은행측 예금감소 가산 은행측 월말잔액 차감
㉤ 기발행 미인도수표	회사에서 수표를 발행하여 예금에서 차감하였으나 거래처에 인도되지 않은 수표	회사측 잔액에 가산	회사측 예금감소 차감 회사측 월말잔액 가산
㉥ 당좌거래로 인한 수수료	당좌거래로 인하여 은행에서 회사측에 일정 수수료를 부과시키며 예금에서 차감한 경우	회사측 잔액에 차감	회사측 예금감소 가산 회사측 월말잔액 차감
㉦ 이자수익	보통예금에 대한 이자를 은행에서 지급하며 회사측에 입금시킨 경우	회사측 잔액에 가산	회사측 예금증가 간산 회사측 월말잔액 가산
㉧ 이자비용	당좌차월에 대한 이자를 은행에서 회사측 잔액에서 인출한 경우	회사측 잔액에 차감	회사측 예금감소 가산 회사측 월말잔액 차감

종류	내용	은행계정조정표	현금검증표
㉠ 부도수표	타인으로부터 받은 수표를 은행에 입금시켰으나 은행측에서 부도로 판명된 수표	회사측 잔액에 차감	회사측 예금감소 가산 회사측 월말잔액 차감
㉡ 회사 또는 은행 오류	–	오류측에서 조정	오류측에서 조정

(1) 은행계정조정표의 작성방법

다음 사항 등을 반영하여 은행측과 회사측 장부를 각각 조정함으로써 조정후 양쪽 잔액은 일치하게 된다.

수정전 회사측 당좌예금잔액 ×××	수정전 은행측 예금잔액증명서상 잔액 ×××
+ 미통지 예금 + 기발행 미인도 수표 + 이자 수익 – 은행 수수료 – 이자 비용 – 부도 수표 + (–) 부정과 오류	– 미인출 수표(기발행 미지급수표) + 미기록 예금 + (–) 부정과 오류
수정후 회사측 당좌예금잔액 ×××	수정후 은행측 예금잔액증명서상 잔액 ×××

(2) 은행계정조정표 작성 예시

🖋 **실습예제**

01 한성은행과 당좌거래를 하고 있는 서울상사는 매월 말일 은행계정조정표를 작성하여 은행과 회사의 예금 잔액의 차이를 조정하고 있다. 12월 31일 결산기에 은행에 당좌예금잔액을 조회한 결과 ₩307,500이었으며 서울상사의 장부잔액은 ₩312,500이었다. 조사결과 차이의 원인이 다음과 같이 밝혀졌다.

   ① 거래처로부터 송금해 온 외상매출금 ₩10,000은 당좌이체 되었으나 회사에서는 아직 모르고 있다.

   ② 발행수표 중 12월 31일까지 은행에서 인출되지 않은 기발행 미인출 수표는

₩47,500이다.

③ 은행 측에서 당좌거래 수수료 ₩8,000을 부과하고 이를 당좌예금 계좌에서 차감하였는데 회사 측에서는 아직 미정리 상태이다.

④ 12월 31일 늦게 예입한 수표 ₩30,000이 은행에서는 1월 4일에 입금처리되었다.

⑤ 거래처로부터 받아 예입한 수표 ₩3,800이 당사의 장부에서는 ₩8,300으로 잘못 기장되다.

⑥ 거래처로부터 받아 예입한 수표 ₩20,000이 부도났다는 사실을 발견하다.

은행계정조정표

	회사측 잔액	은행측 잔액
12월 31일 수정전 잔액	312,500	307,500
조정항목 : 가산(차감)		
(1) 외상매출금 입금	10,000	
(2) 기발행미인출수표		(47,500)
(3) 당좌거래 수수료	(8,000)	
(4) 은행미기입예금		30,000
(5) 회사측 기장오류	(4,500)	
(6) 부도수표	(20,000)	
12월 31일 정확한 잔액	290,000	290,000

✅ **회사 측 수정분개**

(1) (차) 당좌예금	10,000	(대) 매출채권	10,000
(3) (차) 수수료비용	8,000	(대) 당좌예금	8,000
(5) (차) 매출채권	4,500	(대) 당좌예금	4,500

✏️ **실습예제**

01 횡성상사의 2020년 3월 31일의 당좌예금출납장 잔액은 ₩568,000인데, 은행에서 발행한 은행잔액증명서 잔액은 ₩594,000이었다. 다음의 불일치 원인에 의하여 은행계정조정표를

작성하고, 수정에 필요한 분개를 표시하시오.

[불일치의 원인]
(1) 매입처에 발행한 수표가 다음과 같이 은행에 제시되지 않았다.
　　강남상사 수표지급 ₩20,000, 강동상사 수표지급 ₩30,000
(2) 당점 발행 약속어음 ₩42,000이 기일에 당좌예금에서 지급되었으나 회사에 통지미달
(3) 상품매출 대금으로 받아 예입한 수표 ₩69,000을 예입하였으나 회사측에서는 ₩96,000으로 기장되다.
(4) 매출처 서초상사의 외상매출금 ₩45,000이 당좌이체되었으나 회사에 통지미달

은행계정조정표
2020. 3. 31

기업 당좌예금출납장 잔액	은행잔액증명서 잔액

[수정분개]

No.	차 변 과 목	금 액	대 변 과 목	금 액
(1)				
(2)				
(3)				

풀이

기업 당좌예금출납장 잔액	568,000	은행 잔액증명서 잔액	594,000
당점 발행 약속어음 지급	(42,000)	강남상사 수표지급	(20,000)
매출처 예입받은 수표기장오류	(27,000)	강동상사 수표지급	(30,000)
서초상사 외상매출금 회수	45,000		
	544,000		544,000

(1)	(차) 지급어음	42,000	(대) 당좌예금	42,000
(2)	(차) 상품매출	27,000	(대) 당좌예금	27,000
(3)	(차) 당좌예금	45,000	(대) 외상매출금	45,000

기타금융자산의 회계

01 ㅣ 당기손익인식 금융자산

금융자산은 최초인식시 공정가치로 측정한다. 공정가치란 합리적인 판단력과 거래의사가 있는 독립된 당사자 사이의 거래에서 자산이 교환되거나 부채가 결제될 수 있는 금액을 의미한다. 공정가치의 최선의 추정치는 활성시장에서 공시되는 가격으로 하고 활성시장이 없다면 금융상품의 공정가치는 평가기법을 사용하여 측정하여야 한다. 최초인식시 금융상품의 공정가치는 일반적으로 거래가격이다. 그러나 제공한 대가 중 일부가 금융상품이 아닌 다른 것에 대한 대가라면 평가기법을 사용하여 금융상품의 공정가치를 추정한다.

공정가치로 측정하는 당기손익인식금융자산의 취득과 직접 관련되는 거래원가는 지출시점에 당기비용으로 처리한다. 그러나 공정가치로 측정하는 당기손익인식금융자산이 아닌 경우 당해 금융자산의 취득과 직접 관련되는 거래원가는 취득원가에 가산하여 측정한다.

공정가치로 평가하여 공정가치변동분을 당기손익에 반영하는 금융자산이다.

1. 당기손익인식지정금융자산

최초 인식시점에 공정가치 변동분을 당기손익으로 인식하는 조건을 충족하여 당기손익인식 항목으로 지정한 유가증권과 파생상품 및 금융기관이 취득하는 금융상품이다.

2. 단기매매금융자산

금융기관이 단기적 매매시세차익을 얻기 위하여 취득하는 금융자산(단기매매증권)

01 (주)서울은 타회사의 주식을 주당 1,000원 1,000주를 현금매입하면서 거래세 30,000원, 거래수수료 15,000원이 발생하였다. 이 경우 주식이 아래와 같이 분류될 경우 각각의 회계처리를 하시오.

풀이

(1) 공정가치로 측정하는 당기손익인식금융자산

(차) 당기손익인식금융자산	1,000,000	(대) 현금	1,045,000
거래비용	45,000		

(2) 매도가능금융자산으로 분류하면

(차) 매도가능금융자산	1,045,000[4]	(대) 현금	1,045,000

02 ㅣ 만기보유 금융자산

만기보유 금융자산은 만기가 고정되었고 지급금액이 확정되었거나 결정가능한 비파생상품금융자산으로서 만기까지 보유할 적극적인 의도와 능력이 있는 경우의 금융자산(채무상품 및 금융기관이 취급하는 금융상품)이다.

채무상품의 최도 측정은 당해 채무상품의 공정가치로 발행을 통하여 발생될 미래에 현금유입액의 현재가치로 결정되어야 한다.

채무상품의 가격결정에는 다음의 요소가 영향을 미친다.

- 액면금액 : 만기에 지급받을 금액
- 이자율 (액면이자율, 시장이자율)[5]
- 만기 : 돈을 빌리는 기간으로 채무상품의 발행일과 만기일

---

4) 취득과 직접 관련된 비용은 취득원가에 포함시키며, 간접 관련 비용은 당기비용으로 회계처리한다.
5) 액면이자율: 발행회사가 채무상품의 구입자에게 지불하기로 약정한 이자율을 말한다.

01 채무상품 발행일 2018년 1월 1일, 채무상품 상환일 2020년 12월 31일이다. 액면금액은 100,000원, 액면이자율 10%로 매년말 지급한다. 발행당시 시장이자율은 10%이다. 매년 말 이자는 10,000원, 만기 액면금액은 100,000원이다.

[풀이]

현재가치 계산

3년 동안 수취할 현금을 채무상품 발행시점으로 앞당겨 채무상품의 현재가치를 구하면 다음과 같다.

> 채무상품의 현재가치 = 액면금액의 현재가치 + 정기적으로 받게 될 이자액들의 현재가치

① 액면금액의 현재가치 : $100,000/(1.1)^3 = 75,131$원
② 이자의 현재가치 : $10,000/(1.1) + 10,000/(1.1)^2 + 10,000/(1.1)^3 = 24,869$원

채무상품의 현재가치는 액면금액의 현재가치(75,131원 + 정기적으로 받게 될 이자액들의 현재가치(24,869원)으로 채무상품의 현재가치는 100,000원이다. 따라서 이 채무상품으로 들어오는 현금은 100,000원이므로 이 가격이 채무상품의 최고가격이라고 할 수 있다. 이 채무상품의 구입가격이 100,000원보다 큰 110,000이라면 투자자는 채무상품으로 인한 현금흐름의 현재가치가 구입가격보다 작으므로 이 채무상품을 구입하지 않고 다른 투자안을 찾을 것이다. 이와 같이 채무상품의 현재가치가 투자자에게는 채무상품의 취득원가가 되며, 채무상품을 발행하는 회사의 입장에서는 발행가가 되는 것이다.

시장이자율 : 일반투주자들이 채무상품을 구입하는 대신 다른 곳에 투자하는 경우 받을 수 있는 평균이자율을 말한다. 이 시장이자율로 할인하여 현재가치를 계산한다.

02 2018년 1월 1일에 액면금액 ₩10,000, 액면이자율 5%, 만기 3년이고 매년말에 이자가 지급되는 만기보유금융자산을 만기까지 보유하여 이자수익을 획득할 목적으로 ₩9,733에 취득(9.733)하였다면 취득시점에 회계처리는 다음과 같다.

(차) 만기보유금융자산	9.733	(대) 현　금	9.733

풀이

위의 ₩9,733에 취득한 만기보유금융자산에 대해 기업이 기대하고 있는 투자수익률은 얼마일까? 만기보유금융자산의 현금흐름은 3년에 걸쳐 현금이자 ₩500과 3년 후 만기일에 액면금액 ₩10,000이다. 이러한 현금흐름을 기대투자수익률(r)로 현재가치 계산을 하면 현재시점의 만기보유금융자산의 시장가격이 되므로 다음과 같이 계산식을 세울 수 있다.

$$9,733 = \frac{500}{(1+r)} + \frac{500}{(1+r)^2} + \frac{500}{(1+r)^3} + \frac{10,000}{(1+r)^3}$$

$$= 500 \times \frac{1-(1+r)^{-3}}{r} + 10,000 \times (1+r)^{-3}$$

위의 계산식에서 기대투자수익률을 유효이자율이라고 하며, 위의 방정식을 풀면 $r =$ 6%로 산출된다. 유효이자율 6%는 만기보유금융자산 매수기업의 기대투자수익률이므로 만기보유금융자산에 대한 이자수익을 계산하는 데 사용된다.

03 ㅣ 매도가능 금융자산

매도가능금융자산으로 지정한 비파생금융자산으로 지분상품, 채무상품, 금융기관이 취급하는 금융상품 등이 있다.

04 | 당기 손익인식 금융자산

당기손익인식 금융자산이란 공정가치로 평가하며 공정가치 변동분을 당기손익에 반영하는 금융자산으로서 당기손익인식금융자산에는 당기손익인식지정금융자산과 단기매매금융자산으로 분류된다.

1. 당기손익인식지정금융자산

당기손익인식지정금융자산이란 최초 인식시점에서 당기손익인식 항목으로 지정하는 것이 다음 중 요건을 충족하면 당기손익인식항목으로 지정한 금융자산이다.

1) 당기순손익인식지정금융자산의 조건

① 인식과 특정상의 불일치제거

- 당기손익인식으로 지정하면 서로 다른 기준에 따라 자산이나 부채를 측정하거나
- 그에 따른 손익을 인식함으로써 발생할 수 있는 인식이다.
- 특정상의 불일치가 제거되거나 유의적으로 감소된다.
- 일반적으로 금융업의 경우에 해당된다.

② 문서화된 위험관리전략 및 투자전략

- 문서화된 위험관리전략이나 투자전략에 따라 금융상품집합을 공정가치 기준으로 관리하고 그 성격을 평가하여
- 그 정보를 이사회, 대표이사 등 주요경영진에게 공정가치기준에 근거하여 내부적으로 제공한다.
- 이자, 배당금, 공정가치 변동분 등 총수익을 얻기 위해서 금융자산에 투자하는 사업을 영위하는 벤처케피탈, 뮤추얼펀드 일반제조업 등이 일시적 수익을 얻을 목적이다.

2. 단기매매금융자산

- 단기매매금융자산이란 주로 단기간에 매각하거나 재매입할 목적으로 취득 또는 최근의 실제 운용형태가 단기적 이익 획득 목적이라는 증거가 있어야 하며 시장성이 있어야 한다.

- 공동으로 관리되는 특정금융상품 포트폴리오의 일부이다.
- 또한 파생상품이다(다만, 금융보증계약인 파생상품이나 위험회피수단으로 지정되고 위험회피에 효과적인 파생상품은 제외한다).

3. 당기손익인식 금융자산의 최초 인식과 측정

(1) 일반적인 경우

취 득 시			
(차) 당기손익인식 금융자산	×××	(대) 현 금	×××
수수료 비용	×××		
결 산 시			
(차) 결산시 당기손익인식금융자산	×××	(대) 당기손익인식 금융자산	×××
평가손실			

(2) 정형화된 매입의 경우

- 정형화된 매입이란 관련시장의 규정이나 관행에 따라 일반적으로 성립된 일정기간 내에 당해 금융상품을 인도하는 계약조건으로 금융자산을 취득하는 것이다.
- 금융자산의 정형화된 매입에는 2가지 방법에 의해서 처리할 수 있는데 매매일 인식방법과 결제일 인식방법 중 하나의 방법을 선택하여 적용할 수 있으며 선택한 방법을 일관성 있게 적용하여야 한다.

① 매매일 인식방법

매매일에 매입과 매도를 인식하는 방법이다. 따라서 매입자는 매매일에 매입한 자산과 그 자산에 대해서 지급해야할 부채를 인식하고 매도자도 매매일에 매도한 자산을 제거하고 수령할 금액을 채권으로 인식하며 관련 처분손익을 인식하는 방법이다.

✅ 회계처리

취득시			
(차) 당기손익인식금융자산	×××	(대) 미지급금	×××
수수료 비용	×××	현 금	×××

결산시			
(차) 당기손익인식금융자산	×××	(대) 당기손익인식금융자산	
		평가이익	×××

결제일			
(차) 미지급금	×××	(대) 현 금	×××
당기손익인식금융자산	×××	당기손익인식금융자산	
		평가이익	×××

② 결제일 인식방법

- 결제일에 매입, 매도를 인식하는 것이다. 따라서 매입자는 결제일에 자산을 인식하고 매도자도 결제일에 자산을 제거하고 처분손익을 인식하는 방법이다.
- 이때 매매일과 결제일 사이에 발생한 공정가치의 변동은 수취할 자산의 회계처리방법과 동일한 방법으로 인식하고 당기손익인식금융자산의 경우 매매일과 결제일 사이에 발생한 공정가치의 변동을 당기손익으로 인식한다.

✅ 회계처리

결산시			
(차) 당기손익인식금융자산	×××	(대) 당기손익인식금융자산	
		평가이익	×××

결제일			
(차) 당기손익인식금융자산	×××	(대) 현 금	×××
		당기손익인식금융자산	
		평가이익	×××

4. 채무상품의 경우

- 금융자산이 채무상품일 때에는 이를 취득하기 위하여 지급할 금액에 이자부분이 포함될 수 있으므로 이자부분은 채무상품의 취득원가에서 제외하고
- 지급일 사이에 채무상품을 구입할 경우 최종이자지급일 이후 구입일 현재까지 발생한 채무상품의 이자는 미수이자로 하여 취득원가와 별도로 구분표시하여야 한다.

5. 후속측정(기말평가)

당기손익인식금융자산은 보고기간 말 공정가치로 측정하며 공정가치 변동분을 당기손익에 반영한다.

✏ 실습예제

01 후속측정가에 관한 회계처리를 하시오.

2020년 2월 1일 (주)주경은 단기투자목적으로 A, B, C, D회사의 주식과 사채를 취득하였다. 각 주식과 사채의 2020년 12월 31일의 공정가치는 다음과 같다. 후속측정에 관한 회계처리를 하시오.

종목	취득원가	공정가액
A주식	₩ 800,000	₩ 780,000
B주식	2,000,000	2,100,000
C주식	700,000	800,000
D주식	4,000,000	3,200,000
계	7,500,000	6,880,000

풀이

A주식　−20,000원　　　　B주식　+100,000원
C주식　+100,000원　　　　D주식　−800,000원
∴　−620,000원(평가손실)

2020　12 /31
당기손익인식금융자산평가손실　620,000　　당기손익인식금융자산　　　620,000

6. 금융자산의 처분

금융자산의 처분은 매매일 인식방법과 결제일 인식방법 중 선택하여 적용할 수 있고 처분시 장부가액과 처분가액과의 차이를 금융자산 처분손익으로 하여 당기손익에 반영한다.

✏️ **실습예제 : 단기매매증권**

(취득)7월 5일 갑회사 주식 500주를 주당 ₩ 40,000에 구입하다.
(처분)10월 8일 갑회사 주식 200주를 주당 ₩ 60,000에 매각하다.
(보유)12월 31일 갑회사 주식의 공정가액 주당 ₩ 20,000이다.

풀이

7/5	(차) 단기매매증권	20,000,000	(대) 현 금	20,000,000
10/8	(차) 현 금	12,000,000	(대) 단기매매증권	12,000,000
10/31	(차) 단기매매증권 평가손실	6,000,000	(대) 단기매매증권	6,000,000

01 다음에 거래를 일자별로 회계처리를 하시오.

① 단기간의 운용을 목적으로 현대상사(주) 발행의 주식 6,000주 액면가액 ₩ 5,000를 시가 ₩ 7,000에 구입하고, 수수료 ₩ 200,000과 함께 현금으로 지급하다.

(차)	(대)

② 위의 사채에 대한 이자 ₩ 180,000을 현금으로 받다.

(차)	(대)

③ 기말 결산시 소유 단기매매증권 취득원가 ₩ 760,000을 시가 ₩500,000으로 평가하다.

(차)	(대)

④ 회계기말에 소유중인 한국상사 발행 주식 3,000주, 장부가액 ₩ 4,700을 1주당 시가 ₩4,200으로 평가하다.

(차)	(대)

풀이

① (차) 단기매매증권	42,000,000	(대) 현　　　금	42,200,000
수수료비용	200,000		
② (차) 현　　　금	180,000	(대) 이자수익	180,000
③ (차) 단기매매증권평가손실	260,000	(대) 단기매매증권	260,000
④ (차) 단기매매증권평가손실	1,500,000	(대) 단기매매증권	1,500,000

02 2020년도 포괄손익계산서에 계상된 단기매매증권처분손익 및 평가손익은 얼마인가?

당기손익인식 금융자산	취득원가	2019년 12월 31일 공정가액	2020년 중 처분	2020년 12월 31일 시가
갑	₩ 400,000	₩ 370,000	₩ 420,000	
을	₩ 300,000	₩ 310,000		₩ 280,000
병	₩ 450,000	₩ 370,000		₩ 370,000
정	₩ 280,000	₩ 340,000		₩ 250,000
계	₩ 1,430,000	₩ 1,390,000	₩ 420,000	₩ 900,000

풀이

단기매매증권처분이익 ₩ 50,000

단기매매증권평가손익 ₩ 120,000

① 단기매매증권처분이익 ₩ 50,000은

　 2019. 12/31 공정가액 37,000　2020년 처분 420,000　처분이익 ₩ 50,000임

② 단기매매증권처분손실 ₩ 120,000임(을 －30,000원　정 －90,000원)

05 ㅣ 재분류

　최초인식시점 이후에 어떠한 금융상품도 당기손익인식항목 범주로 재분류하거나 당기손익인식항복의 범주에서 다른 범주로 재분류할 수 없다. 매우 드문 상황인 경우 당기손익인식금융자산 중 단기매매금융자산에 대해서만 재분류를 허용하고 있다.

　다음의 세 가지 경우에 재분류를 허용하고 있다.

　① 보유 의도나 능력에 변화가 있어 더 이상 만기보유금융자산으로 분류하는 것이

적절하지 않다면 모든 만기보유금융자산은 매도가능금융자산으로 재분류하고 공정가치로 다시 측정한다. 당 회계연도 또는 직전 2개 회계연도에 만기보유금융자산 중 경미한 금액 이상을 만기일 전에 매도하였거나 재분류한 사실이 있는 경우에는 금융자산을 만기보유금융자산으로 분류할 수 없다. 다만, 매도 또는 재분류가 다음 중 하나에 해당하는 경우는 제외한다.

 참고
① 만기가 중도상환권 행사일까지 기간이 얼마 남지 아니하여(만기전 3개월 이내) 시장이자율의 변동이 공정가치에 유의적인 영향을 미치지 아니할 시점에 그 금융자산을 매도하거나 재분류하는 경우
② 금융자산의 원금의 대부분을 상환계획에 따라 또는 중도상환으로 회수한 이후에 남은 잔액을 매도하거나 재분류하는 경우
③ 합리적으로 예상할 수 없었고, 비반복적이며 통제할 수 없는 별도의 사건으로 인하여 그 금융자산을 매도하거나 재분류하는 경우

② 공정가치를 신뢰성 있게 측정할 수 없어 원가로 측정하던 지분상품은 공정가치를 신뢰성 있게 측정할 수 있게 된 경우 공정가치로 측정한다. 이러한 경우는 상장되어 있지 않던 지분상품이 한국거래소의 유가증권시장이나 코스닥시장에 상장되는 경우에 발생한다.

③ 금융자산이나 금융부채를 공정가치로 측정하는 것보다 원가나 상각후원가로 측정하는 것이 타당하다면 각 경우의 발생일 현재 해당 금융자산이나 금융부채의 공정가치인 장부금액이 새로운 원가나 새로운 상각후원가가 된다.

 참고
① 보유 의도나 능력이 변경된 경우
② 매우 예외적이기는 하지만 공정가치를 신뢰성 있게 측정할 수 없게 된 경우
③ 만기보유금융자산 중 중요하지 않은 금액 이상을 만기일 전에 매도하여 만기보유금융자산으로 분류할 수 없었으나 이미 직전 2개 회계연도가 경과된 경우

06 ┃ 금융자산의 제거

다음 중 하나에 해당하는 경우에만 금융자산을 재무제표에서 제거한다.
① 금융자산의 현금흐름에 대한 계약상 권리가 소멸한 경우
② 금융자산의 양도에서 제거의 조건을 충족

금융자산의 제거에 대한 회계처리는 다음과 같이 제거대상 금융ㅈ산의 장부금액을 제거하고, 양도의 디가만큼 현금을 인식하면서 제거 금융자산의 장부금액과 양도대가의 차이를 금융자산처분손익으로 인식하면 된다.

(차) 현금	×××	(대) 금융자산	×××
금융자산처분손실	×××	금융자산처분이익	×××

금융자산의 제거대상은 일반적으로 금융자산의 전체가 되지만 금융자산의 현금흐름에서 식별이 가능하거나 분리가능환 부분만을 제거할 수 있다. 예를 들어 거래상대방이 채무상품의 현금흐름 중 원금에 대한 권리는 없고 이자부분에 대한 권리만 있는 경우에는 이자부분에 대해서만 제거하는 회계처리를 할 수 있다.

연습문제

01 다음은 대관(주)의 현금 및 예금 관련 계정 잔액들이다. 대관(주)의 재무상태표에 당좌자산의 「현금 및 현금성자산」계정으로 얼마를 보고하여야 하는가?

① ₩ 170,000   ② ₩ 180,000

③ ₩ 190,000   ④ ₩ 220,000

해설   「현금 및 현금성자산은 당좌예금과 보통예금이다.

02 현금및현금성자산에 포함되는 항목은 어느 것인가?

① 감채기금   ② 3개월 만기 환매채

③ 차용증서   ④ 당좌개설보증금

해설   「현금 및 현금성자산은 3개월 만기 환매채이다.

03 자산의 본질에 대한 설명이다. 틀린 것은?

① 자산은 미래의 경제적 효익이 있어야 하는 것은 아니다.

② 특정 실체가 배타적으로 통제할 수 있어야 한다.

③ 경제적 효익은 과거의 거래나 사건의 결과로서 발생될 것이어야 한다.

④ 자산의 효익은 회계단위로 계량화 또는 측정될 수 있어야 한다.

해설   자산은 미래의 경제적 효익이 있어야 한다.

정답   01 ②   02 ②   03 ①

04 다음은 기업회계기준상 재무상태표 작성기준에 대한 설명이다. 적절하지 않은 것은?

① 자산·부채 및 자본은 총액에 의하여 기재함을 원칙으로 한다.
② 자산과 부채는 1년을 기준으로 하여 유동자산 또는 비유동자산, 유동부채 또는 비유동부채로 구분하는 것을 원칙으로 한다.
③ 재무상태표에 기재하는 자산과 부채의 항목배열은 고정성 배열법에 의함을 원칙으로 한다.
④ 가지급금 또는 가수금 등의 미결산항목은 그 내용을 나타내는 적절한 과목으로 표시할 사항이므로, 재무상태표의 자산 또는 부채항목으로 표시하여서는 안 된다.

해설 재무상태표 작성 기준 : 구분표시의 기준, 총액주의 기준, 1년 기준, 유동성배열의 기준, 잉여금 구분표시의 기준, 미결산항목과 비망계정계상금지의 기준

05 국제회계기준에 따를 때 손상의 증거가 되는 예를 모두 묶으면?

A. 금융상품이 더 이상 공개적으로 거래되지 않아 활성시장이 소멸
B. 이자지급이나 원금상환의 불이행이나 지연과 같은 계약 위반
C. 금융자산의 발행자나 지급의무자의 중요한 재무적 어려움
D. 금융자산의 공정가치가 원가나 상각후원가 이하로 하락
E. 신용등급이 하락한 사실 자체

① A, B
② B, C
③ C, D
④ D, E

해설 D, E이다.

06 다음 중 매년 상승하는 것이 아닌 것은?

① 사채할인발행차금을 유효이자율법으로 상각하는 경우 상각액
② 사채할증발행차금을 유효이자율법으로 상각하는 경우 상각액
③ 할인발행한 사채에 유효이자율법을 적용하는 경우 이자비용
④ 할인발행한 사채에 유효이자율법을 적용하는 경우 기초장부금액 대비 이자비용

해설 할인발행한 사채에 유효이자율법을 적용하는 경우 이자비용이다.

정답   04 ③   05 ④   06 ④

07 다음 금융부채에 대한 설명 중 한국채택국제회계기준과 일치하지 않은 것은?

① 채무상품의 발행자가 당해 금융상품을 재매입하는 경우 발행자가 그 금융상품을 단기간 내에 재매도할 의도가 있으면 금융부채는 소멸되지 않는다.

② 기존 차입자와 대여자가 실질적으로 다른 조건으로 채무상품을 교환한 경우 최초의 금융부채를 제거하고 새로운 금융부채를 인식한다.

③ 금융부채의 일부를 재매입하는 경우 제거되는 부분에 배분된 금융부채의 장부금액과 제거되는 부분에 대하여 지급한 대가의 차액은 당기손익으로 인식한다.

④ 채무상품의 교환이나 계약조건의 변경을 금융부채의 소멸로 회계처리한다면, 발생한 원가나 수수료는 금융부채의 소멸에 따른 손익의 일부로 인식한다.

해설 채무상품의 발행자가 당해 금융상품을 재매입하는 경우 발행자가 그 금융상품을 단기간 내에 재매도할 의도가 있으면 금융부채는 소멸된다.

08 12월 결산법인인 경인㈜는 2020년 3월 3일 무주㈜의 주식 10주를 주당 ₩4,000에 취득하였다. 취득을 위한 수수료는 ₩1,000이다. 2021년 12월 31일 무주㈜의 주당 공정가치는 ₩6,000이다. 경인㈜가 취득한 무주㈜를 단기매매금융자산으로 분류할 경우와 기타포괄손익인식금융자산으로 분류할 경우에 2021년 12월 31일에 인식할 손익에 관한 옳은 설명은?

① 기타포괄손익인식금융자산평가이익은 1,900원

② 단기매매금융자산평가이익은 60,000원

③ 기타포괄손익인식금융자산평가이익은 2,900원

④ 단기매매금융자산평가이익은 40,000원

해설 단기매매금융자산평가이익 : $(6000-4000)\times10=20,000$원
기타포괄손익인식금융자산평가이익 : $6000\times10-(4000\times10+1000)=1,900$원

09 12월 결산법인인 경인㈜는 2021년 6월 3일 무주㈜의 주식 10주를 주당 ₩5,500에 취득하여 기타포괄손익 인식 금융자산으로 지정하였다. 취득을 위한 수수료는 ₩1,000이다. 2021년 12월 31일의 무주㈜의 공시되는 시장가격은 주당 ₩6,300이고, 처분할 경우 발생할 수수료는 ₩500이다. 경인㈜가 2021년 12월 31일에 인식할 평가손익은?

① 7,000   ② 8,000

③ 9,000   ④ 10,000

해설 기타포괄손익 인식 금융자산 평가이익 : $6300*10-(5500\times10+1000)=7,000$원

제4절
수취채권과 지급채무

01 ㅣ 수취채권의 회계

1. 수취채권의 의의

금융자산을 수취할 계약상 권리가 있기 때문에 수취채권은 금융자산에 해당된다.

수취채권에는 매출채권과 기타의 수취채권이 있으며 일반적인 상거래에서 발생한 외상매출금과 받을어음을 매출채권이라 하고 일반적 상거래 이외에서 발생한 미수금, 대여금은 기타의 수취채권으로 분류한다. 이때 일반적인 상거래라 함은 당해 기업의 사업목적을 위한 경상적, 계속적인 영업활동에서 발생하는 거래를 의미한다.

2. 수취채권과 지급채무 계정

수취채권과 지급채무는 영업활동으로 인한 현금유입과 현금유출을 나타내는 계정과목이다.

수취채권은 원재료, 상품, 제품을 외상으로 매출하였을 때의 채권 발생액과 그 채권의 회수액을 기입하는 자산계정이다.

지급채무는 원재료, 상품, 제품을 외상으로 매입하였을 때의 채무 발생액과 그 채무의 지급액을 기입하는 부채계정이다.

수취채권(외상매출금)		지급채무(외상매입금)	
전기이월액	외상매출금회수액 대손액	외상매입금 지급액	전기이월액
외상매출액	차기이월액 (미회수액)	차기이월액 (미지급액)	외상매입금

3. 수취채권의 측정시 고려

(1) 매출에누리와 매출환입

매출에누리는 고객이 구입한 재고자산의 파손 또는 결함 등으로 인하여 고객에게 가격을 할인하여 주는 것이며, 매출환입은 매출된 재고자산이 반품되는 경우이다. 두 경우 모두 매출과 매출채권을 감소시키는 회계처리를 한다.

(2) 매출할인

현금할인이라고도 부르는데 상품매입대금을 지급일 이전에 상환할 때 거래처에 그 대금 중 일정률을 할인해 주는 것을 말한다.

매출액은 총매출액에서 매출에누리와 환입 및 매출할인을 차감한 금액으로 표시하며, 매출할인이 발생했을 때 매출액에서 차감하도록 하고 있다. 즉, 금융비용성격인 현금할인을 가산하여 매출시 매출액에 계상하였으므로 현금할인 발생시에는 이를 매출액에서 차감한다.

현금할인조건은 2/10, $n/30$로 표시한다. 앞의 2/10은 10일 이내 결제시 2% 할인혜택을 말하며 $n/30$은 신용공여기간으로서 늦어도 30일까지는 결제해야 한다는 뜻이다.

02 ┃ 수취채권의 회수불능 회계처리

1. 대손의 의의

거래처(매출처)의 파산, 폐업, 행방불명, 사망 등의 사유로 인하여 매출채권의 회수가 불가능할 때 이것을 대손(불량채권, bad debts) 또는 금융자산의 손상이라 한다.

회수가 불확실한 채권에 대하여 합리적이고 객관적인 기준에 따라 산출한 대손추산액과 회수가 불가능한 채권은 대손상각비로 회계처리하도록 규정하고 있다.

2. 대손처리방법

보고기간말에 회수 불확실한 채권에 대해서 대손상각비를 추정하여 대손충당금으로 인식하고 실제 매출채권이 회수불능하게 되었을 때 대손충당금과 상계하는 방법으로 다음과 같이 회계처리한다.

1. 회계기말 대손상각비 추정시			
(차) 대손상각비	×××	(대) 대손충당금	×××

2. 실제 대손 발생시			
(차) 대손충당금	×××	(대) 매 출 채 권	×××

3. 대손충당금 설정시의 회계

회수가 불확실한 채권에 대하여 합리적이고 객관적인 기준에 따라 산출한 대손추산액에 대하여 대손충당금을 설정한다.

이 경우에 일반적 상거래에서 발생한 수취채권에 대한 대손상각비는 당기비용처리하고 대손충당금을 설정하는 경우에는 대손추산액보다 많을 경우 대손충당금을 감소시키고 대손충당금 환입으로 하여 판매비와 관리비의 부(−)로 표기한다.

✔ 대손충당금 설정

구분	회계처리			
대손추계액 > 대손충당금잔액	(차) 대손상각비	×××	(대) 대손충당금	×××
대손추계액 < 대손충당금잔액	(차) 대손충당금	×××	(대) 대손충당금환입	×××

4. 회수불능시의 회계

손상이 발생한 때에는 대손충당금과 상계하고 대손충당금이 부족한 경우에는 그 부족액을 대손상각비로 처리한다.

✅ 매출채권 회수 불능시

구분	회계처리			
대손추계액 > 매출채권잔액	(차) 대손충당금	×××	(대) 수취채권	×××
대손추계액 < 매출채권잔액	(차) 대손충당금 대손상각비	××× ×××	(대) 수취채권	×××

5. 대손처리된 수취채권의 회수시

대손 처리된 수취채권이 회수되는 경우 대손 상계한 회계연도에 회수될 때에는 대손에 관한 회계처리를 취소하는 처리를 한다.

✅ 대손처리 후 회수시 회계처리

1. 대손처리시

(차) 대손충당금 　　　대손상각비	××× ×××	(대) 수취채권	×××

2. 회수시

(차) 현　　　금	×××	(대) 대손충당금	×××

3. 전기분 회수시

(차) 현　　　금	×××	(대) 대손충당금	×××

✅ 대손설정, 대손발생시, 대손 후 회수시

구분	회계처리
대손 충당금의 설정 (회계연도말)	대손추산액>설정전 충당금잔액인 경우 : 차액만큼 대손상각비 인식 (차) 대손상각비　　×××　　(대) 대손충당금　　××× 대손추산액<설정전 충당금잔액인 경우 : 차액만큼 대손충당금 환입 (차) 대손충당금　　×××　　(대) 대손충당금환입　×××

구분	회계처리
대손의 확정	대손확정액＜대손충당금잔액인 경우 : (차) 대손충당금　　×××　　(대) 매출채권　　××× 대손확정액＞대손충당금잔액인 경우 : (차) 대손충당금　　×××　　(대) 매출채권　　××× 　　　대손상각비　　×× ×
대손된 채권의 회수	(차) 매출채권　　×××　　(대) 대손충당금　　××× (차) 현　금　　×××　　(대) 매출채권　　××× ∴ (차) 현　금　　×××　　(대) 대손충당금　　×××

✅ 기말의 수정분개

```
(1) 대손 추산액 50,000   대손충당금잔액        0   ⇒  차) 대손상각비        50,000
                                                     대) 대손충당금        50,000

(2) 대손 추산액 50,000   대손충당금잔액 20,0000   ⇒  차) 대손상각비        30,000
                                                     대) 대손충당금        30,000

(3) 대손 추산액 50,000   대손충당금잔액   50,000   ⇒  분개 없음

(4) 대손 추산액 50,000   대손충당금잔액   60,000   ⇒  차) 대손충당금        10,000
                                                     대) 대손충당금환입    10,000
```

✏️ 실습예제 : 대손발생시 회계처리

(1)	매출채권 대손 발생액	30,000	대손충당금잔액	0
(2)	매출채권 대손 발생액	30,000	대손충당금잔액	20,000
(3)	매출채권 대손 발생액	30,000	대손충당금잔액	30,000
(4)	매출채권 대손 발생액	30,000	대손충당금잔액	50,000

풀이

```
(1) (차) 대손상각비        30,000   (대) 매출채권        30,000
(2) (차) 대손충당금        20,000   (대) 매출채권        30,000
        대손상각비        10,000
(3) (차) 대손충당금        30,000   (대) 매출채권        30,000
(4) (차) 대손충당금        30,000   (대) 매출채권        30,000
```

03 | 금융자산의 양도와 제거

만기 이전에 수취채권(외상매출금·받을어음)을 이용하여 자금을 조달하는 방법에는 수취채권의 담보제공을 통한 차입과 수취채권의 양도 등이 있다.

① 수취채권의 담보제공을 통한 차입
② 수취채권의 양도

- 제거조건에는 현금흐름양도에 따른 판단과 즉 위험과 보상이 이전
- 금융자산에 대한 통제권 상실여부 등을 고려하여 제거된다.

1. 수취채권의 담보제공을 통한 차입

수취채권의 일반담보차입이란 수취채권을 담보로 하여 자금을 차입하는 것을 말한다. 예컨대, 수취채권을 담보로 제공하고 은행으로부터 ₩ 30,000,000을 차입한 경우에 회계처리는 다음과 같다.

✔ **회계처리 및 주석**

(차)	현금및현금성자산	30,000,000	(대)	단기차입금	30,000,000
	담보제공수취채권	30,000,000		수 취 채 권	30,000,000

2. 수취채권의 양도

수취채권의 양도는 기업이 자금사정 등의 이유로 자신이 보유하는 수취채권을 금융기관에게 양도하고 자금을 조달하는 방법이다.

(1) 상환청구권이 없는 경우

- 상환청구권이 없이 수취채권을 양도한 경우에는 수취채권의 매입자인 금융회사에 모든 권리와 의무가 이전된다.
- 따라서, 금융회사는 회수에 따른 위험을 부담하게 되므로 금융회사가 기업에 부과하는 수수료에는 금융비용뿐만 아니라 대손위험에 대한 대가도 포함되어 있는바, 기업은 이를 매출채권처분손실로 인식한다.

- 또한 금융회사는 수수료 이외에도 향후 발생할지도 모르는 매출에누리와 환입 및 매출할인 등에 대비하기 위하여 일정액을 유보시키는데, 이러한 유보액은 팩토링미수금으로 회계처리한다.
- 실제로 매출에누리와 환입 및 매출할인 등이 발생한 경우에는 팩토링미수금과 상계하며, 일정기간 경과 후 잔액은 금융회사로부터 되돌려 받는다.
- 상환청구권이 없이 수취채권을 양도하는 경우에는 자산의 양도와 동일하게 회계처리한다.

✔ **재무회계개념체계의 구조**

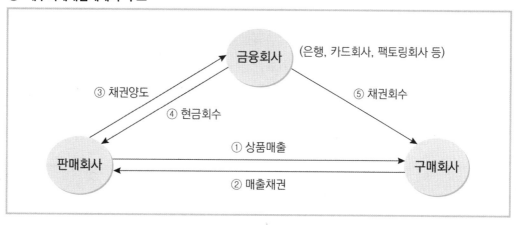

- 이를 회계처리로 나타내면 다음과 같다.

① **수취채권 양도시점**

(차)	현 금	×××	(대)	수취채권	×××
	팩 토 링 미 수 금	×××			
	매출채권처분손실	×××			

✔ **매각거래의 3가지 요건**

① 양도자산에 대한 권리를 행사할 수 없어야 한다.
② 권리의 실질적인 이전이어야 한다.
③ 통제권을 행사할 수 없어야 한다.

② 매출에누리와 환입, 매출할인이 발생한 경우

(차)	매출에누리와환입	×××	(대)	팩토링미수금	×××
	매 출 할 인	×××			

③ 잔액 회수시

(차)	현 금	×××	(대)	팩토링미수금	×××

(2) 상환청구권이 있는 경우

- 수취채권이 상환청구가능조건으로 양도된 경우에는 수취채권이 회수되지 않았을 때 외상매출금의 양도자인 기업이 금융회사에 대해 대금지불에 대한 책임을 지게 되므로 수취채권의 회수에 따른 위험을 계속해서 양도자인 기업이 부담하게 된다.
- 이와 같이 상환청구권이 있는 수취채권의 양도거래는 거래의 실질에 따라 양도거래와 차입거래로 나누어 회계처리하고 양도거래로 분류되는 경우에는 매출채권처분손실이 인식되고, 차입거래로 분류되는 경우에는 이자비용이 인식된다.

양 도 거 래	차 입 거 래
① 수 취 채 권 양도시 (차) 현 금 ××× 팩 토 링 미 수 금 ××× 매 출 채권 처 분 손 실 ××× (대) 수 취 채 권 ×××	① 수 취 채 권 양도시 (차) 현 금 ××× 팩 토 링 미 수 금 ××× 이 자 비 용 ××× (대) 단 기 차 입 금 ×××
② 수 취 채 권 회수시 – 분개없음 –	② 수 취 채 권 회수시 (차) 단 기 차 입 금 ××× (대) 수 취 채 권 ×××
③ 매출에누리와 환입, 매출할인 및 대손이 발생한 경우 (차) 매 출 에 누 리 와 환 입 ××× 매 출 할 인 ××× 대 손 상 각 비 ××× (대) 팩 토 링 미 수 금 ×××	③ 매출에누리와 환입, 매출할인 및 대손이 발생한 경우 (차) 매 출 에 누 리 와 환 입 ××× 매 출 할 인 ××× 대 손 상 각 비 ××× (대) 팩 토 링 미 수 금 ×××

한편, 기업회계기준에서는 수취채권을 타인에게 양도하는 경우 당해 채권에 대한 권리와 의무가 양도인과 분리되어 실질적으로 이전되는 경우에 한하여 그 금액을 매출채권에서 차감하며, 그 이외의 경우에는 담보제공을 한 것으로 보도록 규정하고 있다. 즉, 기업회계기준은 수취채권의 양도에 대하여 양도거래와 차입거래 모두 인정하고 있다.

✏️ 실습예제

01 (주)서울은 3개월 후 만기가 도래되는 매출채권 ₩ 100,000을 팩토링회사에 양도하고 할인료 ₩1,000차감하고 팩토링미수금 ₩4,000을 제외한 현금 ₩ 95,000을 수취하였다. 이 거래를 매각거래로 회계처리하시오.

풀이

(차) 현　　금	95,000	(대) 매출채권	100,000
팩토링미수금	4,000		
매출채권처분손실	1,000		

3. 양도자산에 대한 지속적관여 여부 고려

지속적 관여를 가지고 있는 경우 회계처리

(차)	현금 및 현금성자산	×××	(대)	금융자산	×××
	지속적관여자산	×××		처분이익	×××
				지속적관여부채	×××

4. 장기채권·채무의 현재가치 평가

- 채권과 채무는 재화나용역을 제공하거나 제공받은 경우 또는 자금을 장기간 대여 또는 차입하는 경우에 그 대가로 미래에 현금을 받거나 또는 지급하는 권리 또는 의무이다.
- 미래에 수취하거나 지급할 금액을 재무상태표에 표시하면 안 된다.
- 따라서 채권·채무를 미래에 수취 또는 지급할 금액의 현재가치를 측정해야 한다.

(1) 현재가치측정시 적용범위와 적용할 이자율

- K-IFRS에 의할 경우 금융자산과 금융부채는 최초 인식시 공정가치로 측정하도록 하고 있다.
- 선급금, 선수금 또는 이연법인세는 현재가치 측정에서 제외된다.
- 적용할 이자율은 유효이자율이다.

✏️ **실습예제 : 수취채권 대손회계**

01 보고기간말 수취채권 잔액 ₩ 8,000,000에 대하여 2%의 대손을 예상하다.

① 대손충당금계정 잔액이 없는 경우

(차)	(대)

② 대손충당금계정 잔액 ₩ 100,000이 있는 경우

(차)	(대)

③ 대손충당금계정 잔액 ₩ 200,000이 있는 경우

(차)	(대)

풀이

1. ① (차) 대손상각비　　　160,000　　(대) 대손충당금　　　　　160,000
　　② (차) 대손상각비　　　 60,000　　(대) 대손충당금　　　　　 60,000
　　③ (차) 대손충담금　　　 40,000　　(대) 대손충당금 환입　　　 40,000

02 매출처 강남상사가 파산되어 수취채권 잔액 ₩ 200,000을 대손처리하다.

① 대손충당금계정 잔액이 없는 경우

(차)	(대)

② 대손충당금계정 잔액 ₩ 250,000이 있는 경우

(차)	(대)

③ 대손충당금계정 잔액 ₩ 130,000이 있는 경우

(차)	(대)

> 풀이

2. ① (차) 대손상각비   200,000   (대) 매출채권   200,000
   ② (차) 대손충당금   200,000   (대) 매출채권   200,000
   ③ (차) 대손충담금   130,000   (대) 매출채권   200,000
      대손상각비   70,000

03 매출처 서울상사가 파산되어 수취채권 잔액 ₩ 500,000에 대하여 ₩ 150,000을 현금으로 회수하고, 잔액은 대손처리하다. 단, 대손충당금계정 잔액은 없다.

(차)	(대)

> 풀이

3. (차) 현   금   150,000   (대) 매출채권   500,000
   (차) 대손상각비   350,000

04 거래처 서초상사가 파산되어 수취채권 잔액 ₩ 400,000을 대손처리하다. 단, 대손충당금계정 잔액은 ₩ 300,000이다.

(차)	(대)

> 풀이

4. (차) 대손충당금   300,000   (대) 매출채권   400,000
   (차) 대손상각비   100,000

05 당기에 대손처리한 수취채권 ₩ 130,000을 현금으로 회수하다. 단, 대손처리시 대손충당금계정 잔액은 없었다.

(차)	(대)

> 풀이

5. (차) 현   금   130,000   (대) 대손충당금   130,000

제5절
기타의 채권과 채무

1. 단기대여금

현금을 타인 또는 타회사로부터 차용증서를 받고 대여하는 것으로 대여기간이 1년 이하인 자금

2. 단기차입금

현금을 타인 또는 타회사로부터 차용증서를 발행하여 주고 빌려오는 자금

✎ **실습예제**

01 서초상사로부터 영업자금으로 현금 ₩ 1,000,000을 차용증서를 발행하여 주고 1년간 차입하다.

(차)	(대)

풀이

(차) 현 금	1,000,000	(대) 단기차입금	1,000,000

02 서초상사의 차입금 ₩ 1,000,000과 그 이자 ₩ 100,000을 현금으로 지급하다.

(차)	(대)

풀이

(차) 단기차입금	1,000,000	(대) 현 금	1,100,000
이자비용	100,000		

3. 선급금

상품 또는 다른 재산 등의 구입 주문을 하고, 계약금 등을 미리 지급한 것

4. 선수금

상품 또는 다른 재산 등의 주문을 받고, 계약금 등을 미리 받은 것

✎ **실습예제 : 기타의 채권, 채무**

01 강남상사로부터 상품 주문을 받고 계약금 ₩ 300,000을 송금수표로 받다.

(차)	(대)

풀이

(차) 현　　금　　　　　300,000　　(대) 선 수 금　　　　　300,000

02 강남상사로부터 주문받은 상품 ₩ 3,000,000을 발송하고, 대금은 계약금을 제외한 잔액은 동점발행의 약속어음으로 받다.

(차)	(대)

풀이

(차) 선 수 금　　　　　300,000　　(대) 상품매출　　　　3,000,000
　　받을어음　　　2,700,000

5. 미수금

상품 등의 재고자산을 제외한 기타의 재산을 처분(매각)하고, 대금을 나중에 받기로 한 것이다.

6. 미지급금

상품 등의 재고자산을 제외한 기타의 재산을 구입하고, 대금을 나중에 지급하기로 한 것이다.

🖊 실습예제 : 기타의 채권, 채무

01 사용중이던 토지 ₩ 5,000,000을 경기상사에 매각하고, 대금 중 ₩ 3,000,000은 동점발행의 수표로 받고, 잔액은 15일 후에 받기로 한다.

(차)	(대)

풀이

1. (차) 현　　　금　　　3,000,000　　　(대) 토　　　지　　　5,000,000
　　　미 수 금　　　2,000,000

02 위의 토지대금 잔액을 현금으로 회수하다.

(차)	(대)

풀이

2. (차) 현　　　금　　　2,000,000　　　(대) 미 수 금　　　2,000,000

03 영업용 컴퓨터 10대를 한 대당 ₩500,000에 구입하고, 대금 중 반은 수표를 발행하여 지급하고, 잔액은 10개월 할부로 나누어 지급하기로 하다.

(차)	(대)

풀이

3. (차) 비　　　품　　　5,000,000　　　(대) 당좌예금　　　2,500,000
　　　　　　　　　　　　　　　　　　　미지급금　　　2,500,000

7. 예수금

남의 현금으로 일시적으로 보관하는 것이다. 예를 들면 소득세예수금, 국민연금예수금, 소득세매수금 등이 있다.

📝 **실습예제**

01 종업원 홍길동의 요청에 의하여 급여에서 차감하기로 하고, 현금 ₩300,000을 가불하여 주다.

(차)	(대)

풀이

(차) 선 대 금   300,000   (대) 현   금   300,000

02 종업원 홍길동의 급여 ₩1,500,000 중 가불금 ₩300,000과 소득세 ₩15,000 건강보험료 ₩5,000을 차감한 잔액을 현금으로 지급하다.

(차)	(대)

풀이

(차) 급   여   1,500,000   (대) 선 대 금   300,000
                                            소득세예수금   15,000
                                            건강보험금예수금   5,000
                                            현   금   1,180,000

03 종업원 홍길동의 소득세 ₩15,000을 세무서에 현금으로 납부하다.

(차)	(대)

풀이

(차) 소득세예수금   15,000   (대) 현   금   15,000

8. 가지급금

현금의 지출거래가 있었으나, 거래의 과목이나 금액이 아직 확정 안 된 경우 판명 전까지 일시적으로 처리하는 임시계정이다. 자산에 해당한다.

9. 가수금

현금의 입금거래가 있었으나, 거래의 과목을 모르는 경우 내용이 판명되기 전까지 임시로 사용하는 임시계정이다. 부채에 해당된다.

✎ 실습예제 : 가지급금, 가수금

01 종업원 김갑돌에게 홍콩 출장을 명하고, 출장비 ₩ 500,000을 현금으로 지급하다.

(차)		(대)	

풀이

(차) 가지급금	500,000	(대) 현　　금	500,000

02 출장중인 종업원 김갑돌로부터 내용불명의 송금수표 ₩ 1,200,000이 송금되어 오다.

(차)		(대)	

풀이

(차) 현　　금	1,200,000	(대) 가 수 금	1,200,000

03 출장중인 사원 김갑돌이 귀사하여 여비를 정산하고, 여비잔액 ₩ 150,000을 현금으로 반환하고, 내용불명의 송금수표 중 ₩ 800,000은 거래처 서울상사의 외상대금으로, 잔액은 상품주문대금으로 판명하다.

(차)		(대)	

풀이

(차) 여비교통비	350,000	(대) 가지급금	500,000
현　　금	150,000		
(차) 가 수 금	1,200,000	(대) 외상매출금	800,000
		선 수 금	400,000

10. 미결산거래

(1) 미결산

거래가 발생하였으나, 거래의 금액 및 과목을 설정하기 어려운 경우 거래금액이 확정되기 전까지 임시로 사용하는 가계정이다.

(2) 미결산 발생원인

① 재해로 인하여 재산의 손실이 발생하는 경우
② 운송중인 상품이 운송도중 도난당하여 소송중인 경우
③ 사원이 공금횡령 후 도주하여 보증인과 소송중인 경우

✎ **실습예제 : 미결산**

01 건물 ₩ 10,000,000(동 감가상각누계액 ₩ 5,000,000)과 상품 ₩ 5,000,000이 화재로 소실되어, 보험회사에 보험금 지급을 청구하다. 단, 보험회사에 화재보험 ₩ 8,000,000에 가입되어 있다.

(차)	(대)

풀이

(차) 감가상각누계액	5,000,000	(대) 건　물	10,000,000
미 결 산	8,000,000	상　품	5,000,000
재해손실	2,000,000		

02 보험회사로부터 보험금 ₩ 9,000,000의 지급결정 통지를 받다.

(차)	(대)

풀이

(차) 미 수 금	8,000,000	(대) 미 결 산	8,000,000

03 위의 보험금 ₩ 9,000,000을 전액 현금으로 받아 거래은행에 당좌예금하다.

(차)	(대)

풀이

(차) 현　금	9,000,000	(대) 미 수 금	9,000,000

제6절
어음 회계

1. 어음의 의의와 종류

(1) 상업어음과 금융어음

- 어음은 일반적 상거래 및 실물 거래와 관련하여 발행되었는지 또는 자금의 조달과 관련하여 발행되었는지의 여부에 따라 상업어음과 금융어음으로 구분된다.
- 상업어음은 회사의 영업목적을 달성하기 위한 경상적 거래에서 대금결제를 위하여 발행된 어음으로서 약속어음과 환어음이 있다.
- 이러한 상업어음은 실질적인 상거래에 기반을 두고 있으므로 그 지급이 확실하다는 점에서 진성어음이라고도 부른다.
- 이에 비해 금융어음은 실물거래와는 관계없이 단순히 자금을 융통(차입)하기 위하여 발행된 어음으로서 융통어음이라고도 한다.

(2) 약속어음과 환어음

- 약속어음은 어음발행인이 수취인 또는 어음 소지인에게 일정기일에 일정금액을 지급하겠다는 것을 약속한 증권이다.
- 환어음이란 발행인이 지급인(지명인)에게 일정한 기일에 일정한 금액을 수취인에게 지급하도록 위탁한 증권이다.
- 일반적으로 환어음은 국제무역거래에서 많이 이용되고 있다. 또한 환어음의 특징은 어음발행인과 지급인이 다르다는 특징을 가지고 있다.

2. 어음의 배서

어음배서에는 대금추심을 위한 추심위임배서, 거래대금의 결제를 위한 배서양도, 자금융통을 위한 어음할인의 세 가지 경우가 있다.

(1) 어음의 추심위임배서

소지하고 있는 어음의 대금추심을 거래은행에 의뢰하는 경우 어음 뒷면에 배서를 하게 되는데 이를 추심위임배서라고 한다.

No.	거 래 내 역	차 변		대 변	
①	추심의뢰하고 추심료 지급한 경우	수수료비용	×××	현　금	×××
②	추심완료되어 어음대금이 입금된 경우	당좌예금	×××	받을어음	×××

(2) 어음의 배서양도

만기일 이전에 소지하고 있는 어음을 타인에게 배서양도한 경우 어음상의 채권이 소멸되므로 받을어음 계정의 대변에 기입하여 금액을 감소시키고, 반대로 타인으로부터 배서양수하면 그 금액은 받을어음 계정의 차변에 기입한다.

㉠ 매출채권이 양도된 것으로 회계처리시

No.	거 래 내 역	차 변		대 변	
①	상품을 매입하고, 배서양도한 경우	매　　입	×××	받을어음	×××
②	만기일에 무사히 대금결제한 경우	분개없음			

㉡ 담보물을 제공하고 차입거래의 회계처리시

No.	거 래 내 역	차 변		대 변	
①	상품을 매입하고, 배서양도한 경우	매　　입	×××	단기차입금	×××
②	만기일에 무사히 대금결제한 경우	단기차입금	×××	받을어음	×××

(3) 어음의 할인

어음만기일이 되기 전에 자금을 융통할 목적으로 어음을 거래은행에 배서양도하고 일정한 이자와 수수료를 차감한 잔액을 받는 수가 있다. 이것을 어음의 할인이라 한다.

㉠ 매출채권이 양도된 것으로 회계처리시

No.	거 래 내 역	차 변		대 변	
①	어음을 할인한 경우	매출채권처분손실 당 좌 예 금	× × × × × ×	받을어음	× × ×
②	만기일에 무사히 대금결제된 경우	분개없음			

㉡ 담보물을 제공하고 차입거래의 회계처리시

No.	거 래 내 역	차 변		대 변	
①	어음을 할인한 경우	이자비용 당좌예금	× × × × × ×	단기차입금	× × ×
②	만기일에 무사히 대금결제된 경우	단기차입금	× × ×	받을어음	× × ×

3. 어음의 부도

소지하고 있는 어음을 어음만기일에 지급장소에서 어음을 제시하여 어음대금의 지급을 청구하도록 되어 있다. 어음을 제시하였을 때 지급이 거절되거나, 환어음의 경우는 인수가 거절되는 것을 부도라 하고, 거절된 어음을 부도어음(notes or bills dishonoured)이라 한다.

㉠ 매출채권이 양도된 것으로 회계처리시

No.	거 래 내 역	차 변		대 변	
①	소유어음이 부도된 경우	부 도 어 음	× × ×	받 을 어 음	× × ×
②	배서 또는 할인한 어음이 부도된 경우 (수표발행하여 지급)	부 도 어 음	× × ×	당 좌 예 금	× × ×
③	부도어음이 현금으로 회수된 경우	현 금	× × ×	부 도 어 음	× × ×

㉡ 담보물을 제공하고 차입거래의 회계처리시

No.	거 래 내 역	차 변		대 변	
①	소유어음이 부도된 경우	부도어음	× × ×	받 을 어 음	× × ×
②	배서 또는 할인한 어음이 부도된 경우 (수표발행하여 지급)	단기차입금 부도어음	× × × × × ×	받 을 어 음 당 좌 예 금	× × × × × ×
③	부도어음이 현금으로 회수된 경우	현 금	× × ×	부 도 어 음 이 자 수 익	× × × × × ×

4. 어음의 개서

어음지급인은 만기일에 자금부족으로 지급연기를 요청하는 수가 있다. 어음소지인이 지급연기를 승낙하면 어음발행인은 새로운 어음을 발행하여 구어음과 교환한다. 이것을 어음의 개서라 한다.

01 대손과 관련된 설명이다. 잘못된 것은?

① 미수금에 대한 대손상각비는 판매비와 관리비로 처리한다.

② 외상매출금에 대한 대손상각비는 판매비와 관리비로 처리한다.

③ 대손발생시 이미 설정된 대손충당금 잔액이 있으면, 우선 그것으로 충당하고 부족하면, 대손상각비로 처리한다.

④ 기업회계기준에서 인정하는 대손충당금 추정방법은 재무상태표접근법이다.

해설 외상매출금 또는 받을어음이 대손되었을 때는 판매비와관리비로, 그 외 매출채권(미수금등)의 경우는 영업외비용으로 처리한다.

02 매출채권에 대한 설명으로 틀린 것은?

① 기업의 일반상거래에서 발생한 외상매출금과 받을어음을 말한다.

② 재화나 용역을 인도 또는 제공한 시점에서 발생한다.

③ 현금으로 대금결제를 하는 경우 할인하는 것을 매출에누리라고 한다.

④ 매출에누리와 환입은 총매출액에서 차감한다.

해설 현금으로 결제하는 경우 할인을 해주는 경우 이를 매출할인이라고 한다. 이는 총매출액에서 차감한다.

정답   01 ①   02 ③

03 다음 지급어음의 총계정원장에 대한 일부분이다. 거래의 내용이 맞은 것은?

지급어음		
당좌예금	₩500,000	

① 거래처에 발행해 주었던 어음이 만기가 되어, 그 대금을 당좌수표로 받다.
② 거래처에 발행해 주었던 어음이 만기가 되어, 그 대금을 당좌수표로 지급하다.
③ 소지하고 있던 어음이 만기가 되어, 그 대금을 당좌수표로 받다.
④ 소지하고 있던 어음이 만기가 되어, 그 대금을 현금으로 지급하다.

해설 (차) 지급어음　　　　500,000　　　(대) 당좌예금　　　　500,000

04 다음 중 매출채권으로 분류되는 것은?

① 받을어음 　　　　　　　② 단기대여금
③ 미 수 금 　　　　　　　④ 미수수익

해설 매출채권에 해당하는 것은 외상매출금과 받을어음이다.

05 업무용 자동차를 외상으로 구입했을 경우의 대변계정잔액은?

① 외상매입금 　　　　　　② 미지급금
③ 단기차입금 　　　　　　④ 미지급비용

해설 (차) 차량운반구　　　×××　　　(대) 미지급금　　　×××

06 회사빌딩 신축을 위한 부지 ₩1,000,000을 외상으로 구입하였을 경우의 분개로 맞는 것은?

① (차) 토　　　　지　　1,000,000　　(대) 외상매입금　　1,000,000
② (차) 외상매입금　　1,000,000　　(대) 토　　　　지　　1,000,000
③ (차) 토　　　　지　　1,000,000　　(대) 미지급금　　　1,000,000
④ (차) 미지급금　　　1,000,000　　(대) 토　　　　지　　1,000,000

정답　　　03 ② 　04 ① 　05 ② 　06 ③

07 타인에게 지급하여 현금을 기업이 일시적으로 맡아 보유하고 있는 경우 무엇으로 분류하는가?

① 선수금   ② 예수금

③ 미결산계정   ④ 가수금

08 기말 매출채권잔액 ₩5,000,000에 대해 1%의 대손충당금을 설정하다. 단, 대손충당금잔액은 ₩30,000이다. 이 거래를 올바르게 분개한 것은?

① (차) 대손상각비   20,000   (대) 매출채권   20,000

② (차) 대손상각비   20,000   (대) 대손충당금   20,000

③ (차) 대손상각비   30,000   (대) 매출채권   30,000

④ (차) 대손상각비   30,000   (대) 대손충당금   30,000

09 [문제 8]에서 대손충당금잔액이 ₩80,000이었을 경우의 분개로 맞는 것은?

① (차) 대손충당금   30,000   (대) 대손충당금환입   30,000

② (차) 대손상각비   30,000   (대) 대손충당금환입   30,000

③ (차) 대손상각비   80,000   (대) 매출채권   80,000

④ (차) 대손상각비   80,000   (대) 대손충당금   80,000

10 매출채권에 대한 경상적인 대손상각비는 무엇으로 처리하는가?

① 매출원가   ② 영업외비용

③ 판매비와관리비   ④ 특별손실

해설 비경상적인 대손상각비는 영업외비용으로 처리

11 비매출채권에 대한 경상적인 대손상각비는 무엇으로 처리하는가?

① 매출원가   ② 영업외비용

③ 판매비와관리비   ④ 특별손실

해설 경상적인 대손상각비는 판매비와관리비로 처리

정답   07 ②   08 ②   09 ①   10 ③   11 ②

CHAPTER

05

재고자산

제1절
재고자산의 개념

01 I 재고자산의 의의

재고자산(inventories)이란 기업의 정상적인 영업활동에서 판매를 목적으로 보유하는 실물자산(상품, 제품) 또는 판매를 목적으로 제품을 생산하는 과정에서 사용 또는 소비될 자산(원재료, 재공품, 반제품, 저장품) 등이 있다.

재고자산은 그 기업의 주된 영업활동이 무엇이냐에 따라 달라질 수가 있는데, 예를 들면 토지나 건물은 제조업을 영위하는 회사의 입장에서는 유형자산에 속하고, 투자목적으로 보유하고 있는 경우에는 투자자산(투자부동산)이 되며, 부동산을 매매하는 것을 주된 영업활동으로 하고 있는 기업의 입장에서는 재고자산에 속하게 된다. 재고자산은 기업의 영업활동 중에서 순이익에 직접적으로 영향을 끼치고 있으므로 재고자산의 정확한 가액결정은 매우 중요한 일이다

즉, 재고자산은 다음의 자산을 말한다.

① 정상적인 영업과정에서 판매를 위하여 보유중인 자산(상품, 제품)
② 정상적인 영업과정에서 판매를 위하여 생산중인 자산(재공품, 반제품)
③ 생산이나 용역제공에 사용될 원재료나 소모품(원재료나 제조과정 중의 소모품)

📀 **재고자산 회계처리의 흐름**

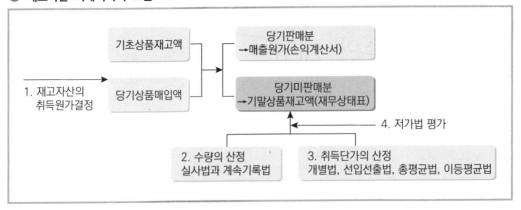

K-IFRS는 재고자산을 다음과 같이 세분하고 있다.

---

① 상품 : 판매를 목적으로 구입한 상품, 미착상품, 적송품 등으로 하며, 부동산매매업에 있어서 판매를 목적으로 소유하는 토지 · 건물 기타 이와 유사한 부동산은 이를 상품에 포함하는 것으로 한다.
② 제품 : 판매를 목적으로 제조한 생산품 · 부산물 등으로 한다.
③ 반제품 : 자가제조한 중간제품과 부분품 등으로 한다.
④ 재공품 : 제품 또는 반제품의 제조를 위하여 제조과정에 있는 것으로 한다.
⑤ 원재료 : 원료, 재료, 매입부분품, 미착원재료 등으로 한다.
⑥ 저장품 : 소모품, 소모공구기구비품, 수선용 부분품 및 기타 저장품으로 한다.

---

1. 운송중인 자산(미착품, 적송품)

   (1) 선적지 인도기준(F · O · B shipping point)

   선적시점, 즉 판매자의 창고에서 떠나는 시점에서 재고자산의 소유권이 이전되므로 운송중인 자산은 매입자의 재고자산(미착품)이 되며, 운송비와 운송보험료는 매입부대비용으로 간주하여 재고자산의 취득원가에 포함한다.

(2) 도착지 인도기준(F·O·B destination point)

도착시점, 즉 매입자산의 창고에 도착하여야만 재고자산의 소유권이 이전되므로 운송중인 자산은 판매자의 재고자산(적송품)이 되며, 운송비와 운송보험료는 판매부대비용으로 간주하여 판매비와 관리비(운반비)로 처리한다.

✅ 선적지 인도조건과 도착지 인도조건

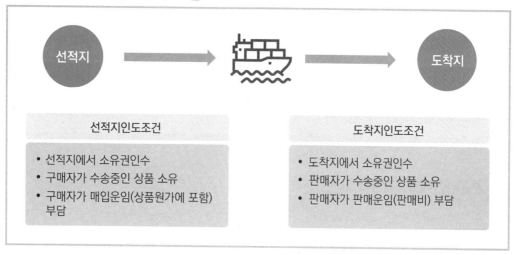

2. 위탁판매(적송품)

- 위탁판매란 위탁자(판매를 의뢰하는 회사)가 수탁자(위탁자의 재고자산을 대신 판매해 주는 회사)에게 재고자산을 적송하여 판매를 의뢰하는 매매방식을 말한다.
- 이 경우 재고자산을 보관하는 사람은 수탁자이지만 적송비용, 판매비용 및 기타의 위험을 위탁자가 부담하기 때문에 위탁자의 비용으로 인식한다.
- 즉 위탁매출액은 수탁자가 위탁품을 판매한 날에 실현되는 것이기 때문에 수탁자가 판매하기 전까지는 위탁자의 재고자산으로 본다.
- 수탁자가 판매한 날 위탁자의 재고자산에서 매출원가로 회계처리한다.

3. 시용판매

- 거래처로부터의 구매주문을 받지 아니하고 판매자가 재고자산을 거래처에 송부하여 거래처가 시험적으로 사용하여 본 후 거래처가 매입의사표시를 하면 판매가 성립하는 형태의 판매방식으로 거래처가 매입의사표시를 하지 않은 채 보관하고 있는 재고자산을 시송품(또는 사용품)이라고 한다.
- 이 경우 시용매출액은 매입자가 매입의사를 표시한 날에 실현되기 때문에 매입자가 매입의사표시를 하기 전까지는 비록 시송품이 판매자의 창고에 존재하지 않아도 판매자의 재고자산으로 보고한다.
- 매입자가 매입의사표시를 한 날 판매자의 재고자산에서 제거하여 매출원가로 처리한다.

4. 할부판매상품

재고자산을 고객에게 인도하고 대금의 회수는 미래에 분할하여 회수하기로 한 경우 판매대금이 모두 회수되지 않았다 하더라도 판매(인도)시점에서 판매자의 재고자산에서 제거한다.

5. 주문생산매출 (예약매출)

주문생산매출이란 고객으로부터 특별주문을 받아 생산되는 제품의 매출로서 일반적으로 예약매출이라고 한다. 예약매출은 진행기준에 따라 수익을 인식한다.

6. 저당상품

금융기관으로부터 자금을 차입하고 담보로 제공된 상품이다. 따라서 담보제공자가 소유권을 가지고 있다.

7. 반품조건부 판매

- 반품조건부판매란 구매자가 매입한 상품이 마음에 들지 않을 경우 반품기간 안에 반품을 할 수 있는 판매이다.
- 따라서 반품률을 합리적으로 추정할 수 있는 경우에는 상품인도시에 반품률을 적절히 반영하여 수익을 인식하고 재고자산에서 제거한다.
- 반품률을 합리적으로 추정할 수 없는 경우에는 구매자가 상품의 인수를 수락하거나 반품기간이 종료된 시점에서 수익(매출)을 인식한다.

8. 재구매조건부 판매

- 상품 등을 판매하여 자금을 조달하면서 추후 해당상품 등을 재구매 하겠다고 약정한 판매를 말한다.
- 이러한 재구매조건부 판매는 소유권이 구매자에게 이전되었다 하더라도 판매자가 상품 등의 소유에 따른 위험·보상을 계속하여 보유하고 있기 때문에 실질적으로 판매거래가 아니고 자금을 차입하는 금융거래로 보아야 한다.
- 따라서 판매자는 수익을 인식하고 상품 등을 장부에서 제거해서는 안 되고 현금을 차입한 것으로 회계처리한다.

✅ **재고자산의 인식시점**

구 분	회 계 처 리
미착품	거래조건에 따라 결정. 예를 들어 FOB(free on board) 선적지 조건이라면 판매자가 선적하는 시점에서 재고자산(미착품) 매입을 인식하고, FOB 도착지 조건이라면 재고자산이 목적지에 도착했을 때 매입을 인식
적송품	수탁자(대리인)가 판매하기 전까지 위탁자의 재고자산에 포함
저당상품	자금을 차입하고 담보로 제공한 재고자산은 저당권이 실행되어 재고자산의 소유권이 이전되기 전까지는 담보제공자의 재고자산에 포함
반품률이 높은 재고자산	반품률을 합리적으로 추정할 수 있으면 인도시점에서 판매자의 재고자산을 감소시키고 구매자는 매입을 인식하며, 반품률을 합리적으로 추정할 수 없으면 반품기간이 경과될 때까지 판매자의 재고자산에 포함

재고자산의 취득원가 결정

판매업인 경우에는 상품의 매입가격뿐만 아니라 이를 판매가능한 상태로 만드는 데 소요되는 모든 지출이 재고자산의 원가에 포함되며, 제조업의 경우에는 제품을 생산하여 이를 판매가능한 상태로 만드는 데 소요되는 모든 지출이 취득원가가 된다.

01 ㅣ 매입원가

외부로부터 매입한 재고자산의 취득원가는 매입원가를 말한다. 여기서 매입원가는 매입가액에 매입부대비용*을 가산한 금액이다.

> 매입원가 = 매입가격 + 매입부대비용

매입과 관련된 매입할인, 매입에누리 및 매입환출 등이 있는 경우에는 이를 매입원가에서 차감해야 한다.

> 매입원가 = 매입가액 + 매입부대비용* - 매입할인 · 매입에누리 · 매입환출 등

* 매입부대비용은 재고자산의 취득과정에서 정상적으로 발생한 지출을 말한다(매입운임, 하역료, 보험료, 수입과 관련한 수입관세 및 제세금).

02 Ⅰ 전환원가

전환원가는 재공품 및 제품을 구성하는 원가요소이다.

전환원가에 속하는 것은 직접재료원가, 직접노무원가, 고정 및 변동제조간접원가의 체계적인 배부액 포함한다.

그러나 고정제조간접비는 정상조업도에 기초하여 배부하되, 실제조업도가 정상조업도와 유사한 경우에는 실제조업도를 사용한다.

03 Ⅰ 기타원가

재고자산을 현재의 장소에 현재의 상태로 이르게 하는 데 발생한 범위 내에서만 취득원가에 포함한다. 예를 들어 특정 고객을 위한 비제조 간접원가또는 제품 디자인원가도 재고자산의 원가에 포함한다.

발생기간의 비용으로 인식하는 예는 다음과 같다.

- 재료원가, 노무원가 및 기타 제조원가 중 비정상적으로 낭비된 부분
- 후속 생산단계에 투입하기 전에 보관이 필요한 경우 이외의 보관원가
- 재고자산을 현재의 장소에 현재의 상태에 이르게 하는 데 기여하지 않은 관리간접원가
  - 판매원가
  - 차입원가 : 제조와 직접 관련된 차입원가는 자본화
  - 후불조건 취득대금에 포함되어 있는 금융요소 제외

실습예제 : 후불조건 재고자산 취득

갑회사(결산일 12월 31일)는 2019년 1월 1일에 재고자산을 매입하였다. 총매입대금은 ₩1,000,000인데, 이 중 ₩400,000은 2019년 1월 1일에 지급하고, 잔액 ₩600,000은 2019년부터 2021년까지 매년 12월 31일에 ₩200,000씩 분할지급할 예정이다. 동 재고자산의 정상신용조건의 매입가격은 총매입대금의 현금흐름을 연 6%의 이자율로 할인한 현재가치와 동일하다.

01 2019년 1월 1일 재고자산의 취득 원가를 계산하라.

02 갑회사가 재고자산 매입과 관련하여 2019년부터 3년간 인식해야 할 이자비용 총액을 계산하라.

03 갑회사가 2019년도에 인식해야 할 이자비용을 계산하라.

04 갑회사의 2019년말 재무상태표에 표시될 장기매입채무의 장부금액을 계산하라. 단, 유동성 대체는 생략한다.

풀이

1. 재고자산 취득원가 = 총매입대금의 현재가치
   = ₩400,000 + 200,000 × 2.67301(기간 3, 6%, 연금현가계수)
   = ₩934,602
2. 이자비용 총액 = 총매입대금 - 총 매입대금의 현재가치
   = ₩1,000,000 - 934,602 = ₩65,398
3. 2019년도 장기매입채무에 대한 이자비용
   = ₩534,602(장개매입채무 기초장부금액) × 6% = ₩32,076
4. 2019년 장기매입채무 기말장부금액
   = ₩534,602 + 32,076 - 200,000(분할지급액) = ₩366,678

1. 생물자산에서 수확한 농림어업 수확물의 취득원가

농림어업의 경우에는 일반적으로 생물자산을 수확한 시점에서 수익을 인식한다. 따라서 재고자산은 순공정가치로 측정하여 수확시점에 최초로 인식하며 그 금액이 최초 인식시점에 해당 재고 자산의 취득원가가 된다.

성격이 상이한 재고자산을 일괄하여 구입한 경우에는 총매입원가를 각 재고자산의 공정가액 비율에 따라 배분하여 개별 재고자산의 매입원가를 결정한다.

2. 제조기업의 재고자산 취득원가

제조업의 경우에는 원재료를 가공하여 완제품으로 변형시킨 후 이를 판매한다. 이 때 제품의 원가가 어떻게 결정되는지를 다루는 학문이 원가회계이다.

자가제조 재고자산의 원가는 이론적으로는 변동원가계산방법과 전부원가계산방법이 있는데, 이를 요약하면 다음과 같다.

> • 변동원가계산 : 제품원가 = 직접재료비 + 직접노무비 + 변동제조간접비
> • 전부원가계산 : 제품원가 = 직접재료비 + 직접노무비 + 변동제조간접비 + 고정제조간접비

3. 재고자산 취득과 관련한 금융비용(차입원가)

재고자산의 취득원가는 구입가액뿐만 아니라 판매가능한 상태에 이르기까지 소요된 구입원가 및 제부대비용을 포함한다. 따라서 재고자산 취득에 관련된 금융비용을 제품원가에 포함시키는 것이 타당하나 일상적·반복적으로 대량 판매 목적으로 구입 또는 생산한 상품·제품 등의 재고자산과 관련하여 발생한 금융비용은 이를 개별적인 재고자산에 배분하는 것이 실무상 실익이 없으므로 기간비용으로 처리하는 것이 바람직하다.

그러나 재고자산의 구입 및 제조에 1년 이상의 장기간이 소요되는 경우에는 취득과정에서 발생한 금융비용은 취득원가 처리하도록 규정하고 있다.

한편, Usance Bill 또는 D/A Bill과 같이 후불조건으로 원자재를 수입하는 경우에 발생하는 이자는 금융비용으로 보아 회계처리한다.

4. 재고자산 취득원가에 포함되지 않은 과목

> • 재료원가 또는 노무원가 및 기타원가 중 비정상적으로 낭비된 부분
> • 후속 생산단계에서 투입하기전에 보관이 필요한 경우 이외의 보관원가
> • 재고자산을 현재의 장소에 현재의 상태로 이루게 하는데 기여하지 않은 관리 간접원가
> • 판매원가

재고자산의 원가배분

재고자산과 매출원가의 관계

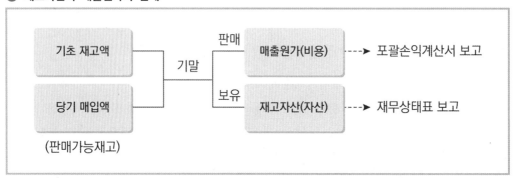

> **참고**
>
> 기업이 판매를 목적으로 하는 상품을 기업이 보유하고 있으면, 재무상태표상의 재고자산으로 분류되며, 당기에 판매된 상품은 포괄손익계산서상의 매출원가계산 요소에 포함된다.

재고자산과 관련된 중요한 회계절차의 하나가 매출원가 계산이다.

$$
\begin{array}{l}
\quad 기 \ 초 \ 재 \ 고 \ 액 \\
+ \ 당 \ 기 \ 순 \ 매 \ 입 \ 액^{*} \\
- \ 기 \ 말 \ 재 \ 고 \ 액 \\
\hline
\quad 당 \ 기 \ 매 \ 출 \ 원 \ 가
\end{array}
$$

* 당기순매입액 = 총매입액 – 매입에누리와 환출 – 매입할인

기말재고자산 평가액은 다음과 같이 계산한다. 먼저 기말에 남아있는 재고자산의 수량을 파악해, 여기에 기말재고자산의 구입가격을 곱해 기말재고자산 평가액을 계산한다.

기말재고자산 평가액 = 재고수량 × 구입가격

이렇게 결정된 기말재고자산 평가액은 재무상태표에 보고되고, 포괄손익계산서의 매출원가를 추정하는 기초자료로 사용된다.

✅ 재고자산과 당기순이익과의 관계

- 재고자산의 증가 → 매출원가 감소 → 당기순이익 증가
- 재고자산의 감소 → 매출원가 증가 → 당기순이익 감소

재고자산 회계처리에서 이 재고자산의 가액결정을 위해서는 ① 취득시의 취득원가를 결정(원가결정), ② 회계기간 중에 판매된 상품 등의 매출원가결정(원가배분), ③ 가격하락 등에 따른 재고자산의 평가가 필요하다.

제4절
기말재고자산의 수량 결정

기말재고자산의 수량을 결정하는 방법으로는 계속기록법과 실지재고조사법이 있다.
계속기록법은 기중에 재고자산의 변동이 있을 때마다 재고자산수불부에 그 변동내용을 기록하여 기중 어느 시점에서든지 재고자산의 수량과 금액 및 매출원가를 재고자산수불부상에서 파악할 수 있는 방법이다.

실지재고조사법은 회계기말에 회사가 창고에 보유하고 있는 재고자산의 수량을 실지조사를 통하여 파악하는 방법이다. 이렇게 계산된 기말재고자산수량에 재고단가를 곱하여 기말재고자산금액을 산출한 후 이를 판매가능액에서 차감하여 매출원가를 계산하게 된다. 또한 혼합법은 계속기록법과 실지재고조사법을 병행할 수 있는 방법이다.

01 ㅣ 계속기록법

재고자산을 매입 또는 매출할 때마다 당해 재고자산을 증가 또는 감소시키는 회계처리를 하는 방법이다. 이 방법을 쓰면 언제든지 재고자산의 수량과 금액을 파악할 수 있는 장점이 있는 반면에 기록관리가 복잡하고 번거롭다는 단점이 있다(기초수량＋매입수량－매출수량＝기말수량)

구분	회계처리			
상품매입시	(차) 재고자산	×××	(대) 현금, 매입채무	×××
상품매출시	(차) 현금, 매출채권	×××	(대) 매출	×××
	(차) 매출원가	×××	(대) 재고자산	×××
결산시	회계처리 없음			

✅ **계속기록법하에서의 기말재고 자산가액의 결정과정**

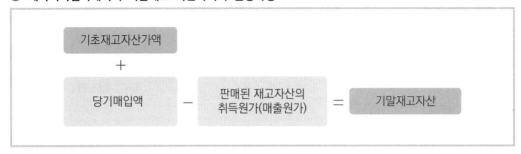

02 ┃ 실지재고조사법

　　실지재고조사법에서는 재고자산을 매입 또는 매출할 때마다 일일이 재고자산을 증가 또는 감소시키는 회계처리를 하지 않는다.

　　재고자산을 매입할 때 매입계정의 증가로 회계처리하며 재고자산을 판매할 때 매출만 인식한다.

　　매출원가는 재고자산을 판매할 때마다 인식하지 않고, 결산일에 재고실사를 통해 기말재고자산가액을 확정지음으로써 사후적 일괄인식한다. 따라서 판매가능수량(기초재고수량＋매입수량)에서 실지재고 보유수량을 차감하여 매출수량을 역산하여 구하는 방법이다(기초수량＋매입수량－기말수량＝매출수량)

구분	회계처리				
상품매입시	(차) 매　　입	×××	(대) 현금, 매입채무		×××
상품매출시	(차) 현금, 매출채권	×××	(대) 매　　출		×××
결산시	(차) (기말)재고자산	×××	(대) (기초)재고자산		×××
	매 출 원 가	×××	매　　입		×××

✅ **실지재고조사법하에서의 매출원가의 결정과정**

실습예제 : 재고자산의 장부기록

01 다음은 A회사의 당기 재고자산 매입 및 매출자료이다. 모든 거래는 현금거래이다.

	수 량	단 가
기초재고자산	100개	₩1,000
당기매입	600개	1,000
당기매출	500개	1,500

A회사가 계속기록법만 사용한 경우와 실지재고조사법만 사용한 경우로 구분하여 재고자산의 매입 및 매출분개, 기말재고자산의 결산수정 관련 회계처리를 하라. 그리고 두 방법에 따라 재고자산기말잔액과 당기매출원가를 계산하라. 단, 계속기록법만 사용한 경우에는 재고자산 실사를 하지 않은 것으로 가정하며, 실지재고조사법하에서의 실사수량은 180개였다고 가정하라.

풀이

거래	계속기록법		실지재고조사법	
매입시	(차) 재고자산	600,000	(차) 매 입	600,000
	(대) 현 금	600,000	(대) 현 금	600,000
매출시	(차) 현 금	750,000	(차) 현 금	750,000
	(대) 매 출	750,000	(대) 매 출	750,000
	(차) 매출원가	500,000		
	(대) 재고자산	500,000		
			(차) (기말)재고자산	180,000
			매출원가	520,000
결산시	분개없음		(대) (기초)재고자산	100,000
			매 입	600,000

(1) 계속기록법 적용시

기말재고자산 : ₩100,000(기초재고자산) + 600,000 − 500,000 = ₩200,000

매출원가 : ₩500,000(매출시 이미 계상한 매출원가임)

(2) 실지재고조사법 적용시

기말재고자산 : ₩180,000(실지재고수량에 매입단가를 곱한 금액임. 180개×₩1,000)

매출원가 : ₩100,000(기초재고자산) + 600,000(당기매입) − 180,000(기말재고자산)
= ₩520,000

제5절
재고자산의 단위원가 결정방법

재고자산의 기말평가는 그 재고자산의 취득원가에 의하여 결정된다. 따라서 동일한 품목의 재고자산의 취득원가는 물가가 변하지 않는다면 구입시점에 관계없이 동일하겠지만, 현실적으로는 물가가 항상 변동하기 때문에 구입시점에 따라서 취득원가가 달라질 수 있다. 이와 같이 각각 상이한 가격으로 구입한 재고자산 중 일부는 판매되었고 일부는 기말재고로 남아있는 경우 과연 얼마에 구입한 재고자산이 기말재고로 남아있는가를 결정하여야 한다. 이러한 문제를 해결하기 위해서는 인위적으로 원가흐름에 대한 가정을 하여야 한다.

01 ㅣ 단위원가 결정방법의 필요성

재고자산은 매입시점에서 취득원가가 결정되어 자산으로 인식된다.

이후 당해 재고자산이 판매되면 자산에 계상되어 있는 금액 중 판매된 부분은 비용 (매출원가)으로 대체하고 판매되지 않고 남아 있는 부분은 기말재고자산으로 처리한다.

재고자산의 단위당 취득원가가 매입시점마다 동일하다면 판매된 재고자산의 취득원가의 파악은 수월하지만 그렇지 않은 경우에는 재고자산의 취득원가(매출원가)의 파악이 어려움이 있다.

재고자산은 회계기간 중 여러 차례에 나누어 매입되고 매입시점마다 그 단가가 다를 수 있다. 이렇게 다른 단가의 경우 어떤 단가결정방법이 적용되었는가에 따라 기말재고자산의 가액이 달라질 수 있다. 따라서 어떠한 단가결정방법을 적용하느냐에 따라 재고자산(상품)의 기말재고액과 기간손익이 달라질 수 있기 때문에 재고자산의 단가결정은 대단히 중요한 문제라 할 수 있다.

재고자산의 단가결정방법은 크게 실물의 흐름에 따른 방법과 가정된 원가흐름에 따른 방법이 있는데 ①개별법, ②선입선출법, ③평균법(이동평균법과 총평균법), ④매출가격환원법 등이 있다.

1. 개별법(specific identification method)

재고자산에 가격표를 붙여 매입상품별로 매입가격을 알 수 있도록 함으로써 매입가격별 판매된 것과 재고로 남은 것을 구별하여 매출원가와 기말재고를 구분하는 방법이다.

장 점	① 원가흐름과 실제물량흐름이 일치하기 때문에 이론상 가장 이상적인 방법이다. ② 실제원가와 실제수익이 대응되기 때문에 수익·비용대응의 원칙에 부합된다.
단 점	① 비경제적이다(상대적 고가품목에 한해 제한적으로 적용)

2. 선입선출법(FIFO first-in first out method)

실제물량의 흐름과 관계없이 먼저 취득한 자산이 먼저 판매된 것으로 가정하여 매출원가와 기말재고액을 구분하는 방법이다.

장 점	① 실제의 원가흐름(일반적인 물량흐름)과 일치한다. ② 재무상태표의 기말재고자산은 현행원가를 반영함으로 재고자산가액은 시가에 가깝다.
단 점	① 물가가 지속적으로 상승(인플레이션)할 경우 포괄손익계산서의 이익이 과대하게 표시된다. ② 현행 매출수익에 오래전 원가가 대응되므로 수익·비용 대응원칙에 위배된다.

3. 평균법

(1) 이동평균법 (계속단가기록법)

재고자산이 입고될 때마다 새로운 평균단가를 산정하여 그 이후 출고될 때는 이 단가를 적용하는 방법이다.

$$이동평균단가 = \frac{매입직전재고가액 + 매입가액}{매입직전재고수량 + 매입수량}$$

장 점	① 화폐가치의 변동을 단가에 민감하게 반영시킨다.
	② 가격변동이 심한 상품에 대해서는 단가가 이동시점마다 평균화되기 때문에 출고액이 기말 재고자산의 급격한 변동을 방지할 수 있다.
단 점	① 상품의 매입이 빈번하게 발생할 경우 그때마다 새로운 단가를 계산해야 하는 단점이 있다.

(2) 총평균법 (실지재고조사법)

일정 기간 동안 모든 입고가 완료된 다음 총 평균단가를 구하여 원가를 배분하는 방법이다.

$$총평균단가 = \frac{기초재고액 + 당기매입액}{기초재고수량 + 당기매입수량} = \frac{총구입액}{총구입량}$$

장 점	① 간편, 객관적, 이익조작 가능성이 없다.
단 점	① 기초의 원가가 기말의 원가에 영향을 미친다.
	② 기말시점 이전에는 매출원가와 재고자산을 파악할 수 없는 단점이 있다.

(3) 매출가격환원법

매출가격환원법은 소매재고법이라고도 불리는 것으로 재고자산에 관한 자료를 소매가격으로 기록, 보존하였다가 원가와 소매가 사이의 일정한 관계를 이용한 수정과정을 통하여 원가로 환산하는 방법이다. 이 방법은 백화점, 소매상, 도매상과 같이 많은 종류의 상품을 취급하는 기업에서 매입원가에 의하여 계속기록을 하거나 기말재고의 원가를 일일이 확인하는 번거로움을 덜기 위하여 사용된다.

　　기업회계기준서에서는 원칙적으로 많은 종류의 상품을 취급하여 실제원가에 기초한 원가결정밥법의 사용이 곤란한 유통업종에서만 매출가격환원법에 의한 재고자산평가를 허용함으로써 매출가격환원법의 남용을 방지하고 있다. 다만, 유통업 이외의 업종에 속한 기업이 매출가격환원법을 사용하는 예외적인 경우에는 매출가격환원법의 사용이 실제원가에 기초한 다른 원가결정방법을 적용하는 것보다 합리적이라는 정당한 이유와 매출가격환원법의 원가율의 추정이 합리적이라는 근거를 주석으로 기재하여야 한다.

기말재고자산의 추정원가 = 원가율×소매가로 표시된 기말재고자산

$$원가율(\%) = \frac{기초재고(원가) + 당기매입(원가)}{기초재고(매가) + 당기매입(매가)} \times 100 \quad \begin{array}{l} \Rightarrow 원가기준\ 판매가능액 \\ \Rightarrow 매출가격기준\ 판매가능액 \end{array}$$

 실습예제

01　갑회사의 회계자료가 다음과 같은 경우 매출가격환원법에 의한 기말재고액을 구하라.

	원　　가	매　　가
기초재고	₩ 15,000	₩ 30,000
당기매입	₩ 60,000	₩ 110,000
계	₩ 75,000	₩ 140,000
당기매출		₩100,000
기말재고		₩ 40,000

풀이

① 원가율: 75,000원 ÷ 140,000 = 53.57%
② 기말재고자산의 추정원가 : 40,000원 × 53.57% = 21,428원

01 (주)서울의 회계자료가 다음과 같은 경우 매출가격환원법에 따라 기말재고액을 구하라.

구 분	원 가	매 가
기 초 재 고	₩ 400,000	₩ 500,000
당 기 매 입	2,000,000	2,300,000
계	2,400,000	2,800,000
당기매출		2,200,000
기 말 재 고		₩ 600,000

풀이

① 원가율 $=\dfrac{400,000+2,000,000}{500,000+2,300,000}\times100=86\%$

② 기말재고자산 추정원가 $=86\%\times600,000=516,000$원

03 | 상품재고장 작성 예시

상품재고장 작성 방법은 입고, 출고, 잔액란은 모두 원가로 기록하며 환출액은 입고란에 적색 기입하거나 출고란에 보통 글씨로 기입한다.

매입에누리나 매입할인액은 입고란에 적색 기입하거나 출고란에 보통 글씨로 기입하고 단가를 수정한다. 매입운임은 매입액에 가산하여 단가를 수정한다.

환입액은 출고란에 적색 기입하거나 입고란에 보통 글씨로 기입한다.

매출에누리 및 매출할인액과 매출운임은 상품재고장에 기입하지 않는다.

상품재고장 마감시 입고란, 출고란의 적색 글씨는 차감해야 한다.

01 A상품의 거래 자료가 아래와 같을 때 선입선출법, 후입선출법, 이동평균법, 총평균법에 의하여 상품재고장을 작성하시오.

5/1	기 초 재 고	50개	₩10	₩ 500
		100개	₩12	₩1,200
10	매 입	250개	₩13	₩3,250
14	매 출	300개		
20	매 입	250개	₩14	₩3,500
25	매 출	200개		

풀이

상품재고장(선입선출법)

품명 : A상품   (단위 : 원)

일자		적 요	입고			출고			잔액		
			수량	단가	금액	수량	단가	금액	수량	단가	금액
5	1	전기이월	50	10	500				50	10	500
			100	12	1,200				100	12	1,200
	10	매 입	250	13	3,250				50	10	500
									100	12	1,200
									250	13	3,250
	14	매 출				50	10	500	100	13	1,300
						100	12	1,200			
						150	13	1,950			
	20	매 입	250	14	3,500				100	13	1,300
									250	14	3,500
	25	매 출				100	13	1,300	150	14	2,100
						100	14	1,400			
	31	차기이월				150	14	2,100			
			650		8,450	650		8,450			
6	1	전기이월	150	14	2,100				150	14	2,100

매출원가 : ₩6,350   재고자산 : ₩2,100

상품재고장(이동평균법)

품명 : A상품 (단위 : 원)

일자		적요	입고			출고			잔액		
			수량	단가	금액	수량	단가	금액	수량	단가	금액
5	1	전기이월	⎧50	10	500				⎧50	10	500
			⎩100	12	1,200				⎩100	12	1,200
	10	매 입	250	13	3,250				400	12.38	4,950
	14	매 출				300	12.38	3,714	100	12.38	1,238
	20	매 입	250	14	3,500				350	13.53	4,738
	25	매 출				200	13.53	2,706	150	13.53	2,030
	31	차기이월				150	13.54	2,030			
			650		8,450	650		8,450			
6	1	전기이월	150	13.54	2,030				150	13.54	2,030

* 이동평균법은 평균단가에서 약간의 오차가 발생할 수 있습니다.

매출원가 : ₩6,420   재고자산 : ₩2,030

상품재고장(총평균법)

품명 : A상품 (단위 : 원)

일자		적요	입고			출고			잔액		
			수량	단가	금액	수량	단가	금액	수량	단가	금액
5	1	전 기 이 월	⎧50	10	500				⎧50	10	500
			⎩100	12	1,200				⎩100	12	1,200
	10	매 입	250	13	3,250				400		
	14	매 출				300	13	3,900	100		
	20	매 입	250	14	3,500				350		
	25	매 출				200	13	2,600	150	13	1,950
	31	차 기 이 월				150	13	1,950			
			650		8,450	650		8,450			
6	1	전 기 이 월	150	13	1,950				150	13	1,950

매출원가 : ₩6,500   재고자산 : ₩1,950

총평균단가계산 : (500＋1,200＋3,250＋3,500)/(50＋100＋250＋250)＝₩13

04 ㅣ 저가법 평가에 따른 회계처리

저가법이란 재고자산의 취득원가와 순실현가능가치 중 낮은금액으로 측정하는 것을 저가법이라 한다. 재고자산의 순실현가능가치가 취득원가 이하인 경우에는 재고자산을 순실현가능가치로 감액한다.

1. 저가법 적용 발생사유

- 물리적인 손상
- 원가의 상승
- 부분적인 진부화
- 판매가격 하락

2. 재고자산의 저가법 적용방법

- 재고자산의 측정 원칙은 항목별로 적용한다.
- 재고자산들이 서로 유사하거나 관련 있는 경우에는 조별기준으로 적용할 수 있다.
- 완제품 또는 특정영업부문에 속하는 모든 재고자산과 같은 분류에 기초하여 저가법을 적용하는 것은 적절하지 아니한다. 즉 총계기준은 인정하지 않는다.
- 용역제공기업은 일반적으로 용역대가가 청구되는 용역별로 원가를 집계한다. 그러므로 그러한 각 용역은 별도의 항목으로 취급되어야 한다.

재고자산가액은 일반적으로 수량 × 단가로 산정할 수 있다. 이 경우 개념적으로 볼 때 진부화, 부패, 파손 등의 사유고 인해 재고자산의 단가가 하락한 것을 '재고자산평가손실'이라고 하며, 분실, 도난 등의 사유로 인해 재고자산의 수량이 감소한 것을 '재고자산감모손실'이라고 한다.

✅ **재고자산감모손실과 재고자산평가손실**

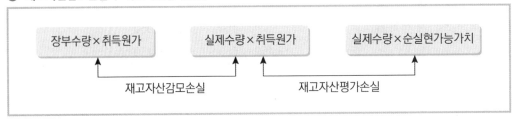

3. 순실현가능가치의 추정

순실현가능가치를 추정할 때에는 재고자산으로부터 실현가능한 금액에 대해 추정이 현재 사용가능한 가장 신뢰성 있는 증거에 기초하여야 한다.

순실현가능가치는 다음과 같이 재고자산의 보유목적도 고려하여 추정한다.

원재료와 기타 소모품은 완성될 제품이 원가 이상으로 판매될 것으로 예상되는 경우에는 감액하지 않으며 원재료와 소모품은 저가법을 적용하지 않는다.

상황	순실현가능가치의 추정
확정판매계약 또는 용역계약을 이행하기 위하여 보유하는 재고자산	계약가격에 기초하여 추정
보유하고 있는 재고자산의 수량이 확정판매계약의 이행에 필요한 수량을 초과하는 경우	초과 수량의 순실현가능가치는 일반 판매가격에 기초하여 추정

4. 재고자산감모손실의 회계처리

실지재고를 조사한 결과 보관중의 파손, 분실, 도난 등의 원인으로 인하여 장부상의 재고액과 실지재고액이 일치하지 않는 경우 동 차액을 재고자산감모손실이라 한다. 이 경우에는 재고자산감모손실계정을 설정하여 그 차변에 기입하고 동시에 장부잔액을 그만큼 감소시킨다. 정상적으로 발생한 재고감모손실은 매출원가에 가산하고, 비정상적으로 발생한 재고감모손실은 기타비용(영업외비용)으로 분류하도록 규정하고 있다.

재고자산감모손실 = (장부상의 재고수량 − 실제재고수량) × 취득원가

(차)	재고자산감모손실 (매출원가)	****	(대)	재고자산	****
(차)	재고자산감모손실 (기타비용 또는 영업외비용)	****	(대)	재고자산	****

5. 재고자산평가손실의 회계처리

재고자산의 실지재고액의 시가가 취득원가 보다 하락한 경우에는 그 차액을 재고자산평가손실이라 하며, 재고자산평가손실이 발생한 경우에는 재고자산평가손실액을 재고자산의 차감계정으로 표시하고 매출원가에 가산하도록 규정하고 있다. 이 경우 시가는 회계 기간 말에 추정해야 한다.

(차)	재고자산평가손실	****	(대)	재고자산평가손실충당금	****
	(매출원가)			(재고자산 차감계정)	

6. 재고자산평가손실환입의 회계처리

- 기업은 매 후속기간에 순실현가능가치를 재평가한다.
- 기업회계기준에서는 재고자산평가손실환입을 매출원가에서 차감하도록 규정한다.

평가손실환입 = 순실현가능가치 − 장부금액
환입 한도액 = 최초의 장부금액

(차) 재고자산평가충당금 ××× (대) 재고자산평가손실환입 ×××

 실습예제 : 재고자산의 저가법 적용

A회사의 기말상품 관련 자료는 다음과 같다. 아래의 3가지 품목은 성격과 용도가 유사하지 않다.

품목	취득원가	예상 판매가격	예상 판매비용
A	₩10,000	₩12,000	₩1,000
B	10,000	11,000	2,000
C	10,000	9,000	1,000
기초상품재고액	₩20,000		
당기상품매입액	₩500,000		

01 저가법에 따라 재고자산평가손실을 계산하라.

풀이

품목	취득원가	순실현가능가치	평가이익(손실)
A	₩10,000	₩11,000	–
B	10,000	9,000	₩(1,000)
C	10,000	8,000	(2,000)
계	₩30,000	₩28,000	₩(3,000)

재고자산평가손실 3,000   재고자산평가손실충당금 3,000

02 재고자산평가손실을 매출원가에 포함시킬 때 재무상태표상 기말상품 장부금액과 포괄손익계산서상 매출원가를 계산하라.

풀이

기말상품 장부금액 = ₩30,000 − 3,000 = ₩27,000

당기매출원가 = ₩20,000 + 500,000 − 27,000 = ₩493,000

이와 같이 매출원가를 계산하면 ₩3,000의 재고자산평가손실은 자동적으로 매출원가에 포함된다.

* 매출원가는 끼워넣기 수치로 결정한다. 매출원가 ₩490,000은 순수한 의미의 매출원가이며, 포괄손익계산서상에는 재고자산평가손실 ₩3,000을 합한 ₩493,000을 매출원가로 표시한다.

✅ 재고자산감모손실과 재고자산평가손실

구 분	재고감모손실	재고평가손실
금액계산	(장부재고수량 − 실지재고수량)× 단위당 원가	(단위당 시가 − 단위당 원가)× 실지재고수량
회계처리방법	직접차감	간접차감(재고자산평가충당금)
손익구분	매출원가(정상적인 경우) 영업외비용(비정상적인 경우)	매출원가

재고자산감모손실과 재고자산평가손실이 함께 있는 경우 매출원가의 계산과정은 다음과 같다.

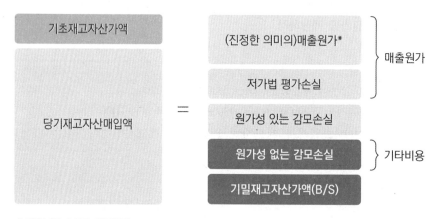

* 끼워넣기 수치로 결정된다.

01 재고자산의 취득원가에 포함될 수 없는 것은?

① 제조기간이 장기인 재고자산의 차입금에 대한 이자비용

② 매입 부대비용

③ 매입환출, 에누리, 매입할인

④ 매입과 관련된 매입수수료, 운임, 하역비, 관세

해설 재고자산의 취득원가에는 재고자산 구입과 관련된 모든 지출액에 매입환출 및 에누리, 매입할인을 차감한 것이다.

02 선입선출법에 대한 설명으로 잘못된 것은?

① 매입순법으로 객관성이 있다.

② 물가상승시 이익이 과소계상된다.

③ 재고자산가액은 시가에 가깝다.

④ 먼저 구입된 상품이 먼저 매출되는 것을 말한다.

해설 물가상승시에는 먼저 구입된 가격이 낮은 상품들이 매출되어 매출원가가 되므로, 매출원가가 적게 계상되어 이익이 과대계상된다.

03 (주)미래는 실지재고조사법으로 회계처리하는 회사이다. 동사가 2019년 말에 외상구입한 상품에 대한 매입기록을 하지 않았으며, 이 상품이 기말재고실사시 누락되었다고 할 때 2019년 말의 자산, 부채, 자본과 당기순이익에 미치는 영향으로 올바른 것은?

	자산	부채	자본	당기순이익
①	영향없음	과소계상	과대계상	과대계상
②	영향없음	과대계상	과소계상	과소계상
③	과소계상	과소계상	영향없음	영향없음
④	과소계상	영향없음	과소계상	과소계상

해설 매입채무 누락(부채 과소계상), 재고자산 누락은 자산 과소계상 순이익과 자본 영향 없음.

정답   01 ③ · 02 ②   03 ③

04 재고자산결정방법 중 평균법에 대한 설명으로 잘못된 것은?

① 총평균법은 총구입가격을 총구입수량으로 나누어 평균단가로 삼는다.

② 이동평균법은 매입할 때마다 기존 재고액과 매입액으로의 신규매입액과 매입량을 더하여 평균단가를 산출한다.

③ 총평균법은 계속기록법하에서도 적용가능하다.

④ 이동평균법은 계속기록법하에서도 적용가능하다.

해설 총평균법은 상품매입이 모두 완료된 회계 기말에만 적용 가능하다는 단점이 있다.
총평균법은 실지재고조사법에서만 적용 가능하다.

05 기업회계기준은 재고자산감모손실과 재고자산평가손실에 대한 회계처리를 규정을 올바르게 설명하고 있는 것은?

① 원가성이 있는 경우는 매출원가와 재고자산에 배분한다.

② 원가성이 없는 경우는 재고자산에 배분한다.

③ 재고자산증가이익이 발생하면 재고자산에 배분한다.

④ 별도의 회계처리를 할 필요가 없다.

해설 원가성없는 경우는 재고자산평가손실(영업외비용)에 포함시킨다.

06 (주)한양의 상품거래를 참고하여 계속기록법하에서의 선입선출법에 의한 2020년 12월 31일의 기말상품재고액은 얼마인가?

일 자	적 요	수 량	단 가
10. 1	기초재고	100	1,000
10. 3	매 입	200	1,100
10. 5	매 출	150	–
10.10	매 입	100	1,200
10.20	매 출	200	–
10.31	매 입	150	1,250

① 210,000원 　　　　　　② 228,200원

③ 247,500원 　　　　　　④ 237,500원

해설 선입선출법은 먼저 매입한 것이 먼저 매출되는 것으로 회계처리한다.

② 10/5 매출 150개	② 10/20 매출 200개
10/1 100개×1,000 = ₩100,000	① 10/3 150개×1,100 = ₩165,000
10/3 50개×1,100 = ₩ 55,000	② 10/10 50개×1,200 = ₩ 60,000
② 기말재고	
① 10/10 50개×1,200 = ₩ 60,000	
10/31 150개×1,250 = ₩187,500	
∴ 합계 ₩ 247,500	

07 상품을 5,000원에 외상매입하는 거래를 계속기록법으로 분개하면?

① 차) 상   품   5,000   대) 매입채무   5,000

② 차) 매입채무   5,000   대) 상   품   5,000

③ 차) 매   입   5,000   대) 상   품   5,000

④ 차) 매   입   5,000   대) 매입채무   5,000

해설 실지재고조사법으로 분개한다면 해답은 ④이다.

08 A회사의 기초상품재고액이 1,000원이고 당기상품매입액이 9,000원 기말상품재고액이 1,500원일 때 실지재고조사법에 따른 결산수정분개는?

① 차) 상   품   1,500   대) 매입채무   9,000
     매출원가   7,500

② 차) 매입채무   1,500   대) 상   품   1,000
     매출원가   8,500   매   입   9,000

③ 차) 매   입   9,500   대) 매출원가   9,500

④ 차) 매출원가   9,000   대) 상   품   9,000

해설 계속기록법을 적용하는 경우에는 결산수정분개가 필요하지 않으나 실지재고조사법을 적용하는 경우에는 ②번과 같이 기초상품과 당기매입을 대변으로 제거하고 기말상품을 차변에 인식한 후 차변과 대변을 일치시키는 금액을 매출원가로 확정하는 결산수정분개를 한다.

09 재고자산의 취득원가 결정에 있어 취득원가에 포함되지 않는 항목은?

① 관세   ② 매입운임

③ 적송품   ④ 선적지기준으로 선적한 미착품

해설 적송품은 최종소비자에게 판매되기 전까지는 재고자산에 포함된다.

10 물가가 상승하는 경우 현행수익에 과거원가가 대응하여 당기순이익을 높이 계상하고 매출원가를 낮게 기록하는 원가흐름의 가정은?

① 계속기록법   ② 선입선출법

③ 이동평균법   ④ 총평균법

해설 물가가 상승하는 경우 선입선출법이 매출원가가 작고, 당기순이익이 크다.

11 재고자산을 저가평가하는 경우 재고자산의 기말 장부수량이 100개(단가 10원), 실지재고조사시 수량이 80개(단가 10)라 할 때 이 중 원가성이 있는 부분이 60%라면 매출원가에 기록될 재고자산의 감모손실은?

① 120원   ② 160원

③ 80원   ④ 70원

해설 재고자산의 감모손실은 (100개－80개)×10원이라면 이 중 60%인 120원이 매출원가에 가산되고, 80원은 기타비용은 기록된다.

12 자산의 기말장부수량이 1,000개(단가 200원), 실지재고수량이 800개(단가 160원)이라고 할때 재고자산 감모손실과 재고자산평가손실은 얼마인가?

① 재고자산감모손실 40,0000 재고자산평가손실 32,000

② 재고자산감모손실 40,0000 재고자산평가손실 32,000

③ 재고자산감모손실 40,0000 재고자산평가손실 32,000

④ 재고자산감모손실 40,0000 재고자산평가손실 32,000

해설 재고자산감모손실 40,0000은 (1,000개－800개)×200원으로 계산되고, 재고자산평가손실 32,000은 800개×(200－160)으로 계산한다.

정답   09 ③   10 ②   11 ①   12 ①

[13~14번] 갑회사의 회계자료가 다음과 같은 경우 물음에 답하라.

	원 가	매 가
기초재고	15,000	30,000
당기매입	60,000	110,000
순인상액		20,000
순인하액		10,000
당기매출		90,000

13 위의 자료를 바탕으로 평균원가소매재고법하에서 기말재고자산가액(원가)은 얼마인가?

① 30,000　　　　　　　　　　② 40,000

③ 50,000　　　　　　　　　　④ 60,000

해설　기말재고자산 매가＝150,000－90,000＝60,000이다. 여기서 원가율은 원가: 기초재고＋당기매입/기
초재고매가＋당기매입매가＋순인상－순인하＝원가율인데 15,000＋60,000/30,000＋110,000＋20,000
－10,000＝50%이다. 따라서 60,000×50%＝30,000이다.

14 선입선출법에 대한 설명으로 잘못된 것은?

① 매입순법으로 객관성이 있다.

② 물가상승시 이익이 과소계상된다.

③ 재고자산가액은 시가에 가깝다.

④ 먼저 구입된 상품이 먼저 매출되는 것을 말한다.

해설　물가상승시에는 먼저 구입된 가격이 낮은 상품들이 매출되어 매출원가가 되므로, 매출원가가 적게 계상
되어 이익이 과대계상된다.

15 선입선출법에 대한 설명으로 맞는 것은?

① 물가하락시 이익이 과대계상된다.

② 재고자산은 시가를 나타내지 못한다.

③ 나중에 매입된 것이 먼저 매출되는 것을 말한다.

④ 물가하락시에는 재고자산이 과소계상된다.

해설　물가하락 시에 재고자산이 과소계상되고 순이익도 과소계상된다.

정답	13 ①	14 ②	15 ④

16 재고자산결정방법 중 평균법에 대한 설명으로 잘못된 것은?

① 총평균법은 총구입가격을 총구입수량으로 나누어 평균단가로 삼는다.
② 이동평균법은 매입할 때마다 기존 재고액과 매입액으로의 신규매입액과 매입량을 더하여 평균단가를 산출한다.
③ 총평균법은 계속기록법하에서도 적용가능하다.
④ 이동평균법은 계속기록법하에서도 적용가능하다.

해설 총평균법은 상품매입이 모두 완료된 회계 기말에만 적용 가능하다는 단점이 있다.

17 기업회계기준은 재고자산감모손실과 재고자산평가손실에 대한 회계처리를 규정을 올바르게 설명하고 있은 것은?

① 원가성이 있는 경우는 매출원가와 재고자산에 배분한다.
② 원가성이 없는 경우는 재고자산에 배분한다.
③ 재고자산증가이익이 발생하면 재고자산에 배분한다.
④ 별도의 회계처리를 할 필요가 없다.

해설 원가성없는 경우는 재고자산평가손실(영업외비용)에 포함시킨다.

18 다음 거래유형에 따른 수익인식에 관한 설명 중 틀린 것은?

① 시용판매의 경우 매입자로부터 매입의사표시를 받은 날 매출이 실현되는 것으로 본다.
② 위탁판매에서 수탁자는 수탁상품의 매출액을 수탁자 자신의 매출액으로 계상할 수 있다.
③ 장·단기 용역매출은 진행기준에 따라 매출액이 실현되는 것으로 한다.
④ 상품 또는 제품의 할부매출로서 회수기간이 장기인 경우 이자상당액은 기간의 경과에 따라 수익으로 인식한다.

해설 위탁판매에서 위탁자는 위탁상품을 수탁자가 매출한 때 위탁자 자신의 매출액으로 계상할 수 있다.

CHAPTER

06

유형자산

01 ㅣ 유형자산의 개념과 특징

유형자산은 물리적 형태가 있는 토지, 건물, 기계장치, 구축물, 선박, 건설중인 자산 등과 같이 자산으로서, 재화의 생산 또는 용역의 제공으로 장기적으로 영업활동에 사용하기 위하여 취득한 자산을 말한다.

1년을 초과하여 사용할 것으로 예상되는 자산으로 영업활동을 위해 취득해야 하며 장기 지속적인 성격을 지녀야 하며 감가상각 대상이 되는 자산이다.

유형의 자산으로서 토지, 건물, 구축물, 기계장치, 건설중인자산 등이 있다.

회계상 유형자산으로 분류하기 위해서는 다음의 조건을 충족해야 한다.

첫째, 물리적 실체를 가져야 한다.
둘째, 영업활동에 사용할 목적으로 취득하는 자산이다. 따라서 영업활동과 무관하게 보유하고 있는 자산은 유형자산으로 분류되지 않는다.
셋째, 유형자산은 단기간 사용하는 것이 아니고 장기간 사용할 것을 전제로 취득한 자산이다.

유형자산의 인식요건 = 유형자산 정의에 충족 + 미래의 경제적 효익 + 취득원가 측정가능성

대부분의 유형자산이 감가상각의 대상이 되는 자산이지만 토지와 건설중인 자산은 감가상각 대상자산에서 제외되는데 이는 토지의 경우 용역잠재력이 영구적으로 지속되는 것으로 보기 때문이며 건설중인자산의 경우에는 아직 영업활동에 사용되지 않은 자산이기 때문이다.

유형자산의 회계처리는 취득시 ①취득원가의 결정문제, ②감가상각비 회계처리, ③처분시 회계처리 등이 있다.

02 ❙ 유형자산의 종류

유형자산은 기업이 장기간 영업활동에 사용할 목적으로 보유하고 있는 자산 중 형체가 있는 유형의 자산을 말한다. 대표적인 유형자산을 보면 다음과 같다.

1. 토지

영업용의 토지를 구입한 경우에는 취득원가로 토지계정의 차변에 기입한다. 토지의 취득원가는 그 토지의 매입대금은 물론이고, 매입수수료, 취득세, 등기료 등 토지가 사용될 수 있는 상태에 이르기까지 소요되는 모든 제비용을 포함한다.

2. 건물

영업용의 건물을 신축하거나 구입한 때에는 건물계정의 차변에 기입하고, 건물의 취득원가는 토지의 경우와 마찬가지로 건물의 매입대금 이외에 매입수수료, 취득세, 등기료 등의 제비용이 포함된다.

건물을 신축하는 경우에는 그 건물이 완성될 때까지 일체의 비용을 건설중인 자산계정을 설정하여 기입해 두었다가 건물이 완성되면 건물계정에 대체한다.

3. 구축물

토지에 정착된 송전설비, 교량, 갱도, 궤도, 저수지 등의 토목설비 또는 공작물

4. 기계장치

제조기업의 공장 내에 설치되어 있는 각종의 기계와 장치 및 컨베이어 등과 같은 시설과 기타의 부속설비 및 송장가격과 운반비, 운송보험료, 설치비, 시운전비 같은 부대비용들은 취득원가에 포함시킨다.

5. 차량운반구

영업상 운반목적으로 사용되는 자동차, 자전거, 트럭, 화물차 등 기타의 육상운반구 등이 포함된다.

6. 건설중인자산(construction in process)

건설중에 있는 유형자산으로 건설이 완료되면 건물계정으로 대체된다.

자기 건설을 할 경우에는 재료비·노무비·제조경비가 제조원가로 구성되고, 타인에게 건설을 위탁할 때에는 도급금액이 된다. 따라서 건설중인자산은 미완성 자산이므로 감가상각의 대상에서 제외되고 완성되면 월할계산하여 감가상각을 하는 자산이다.

7. 위에 속하지 아니한 유형자산

위에 속하지 아니한 유형자산으로 한다. 즉 공구기구, 선박, 비품 및 리스계량자산 등을 들 수 있다.

리스계량자산이란 임차한 자산의 효익증대를 위한 후속원가를 말하며, 후속적원가의 내용연수와 임차기간 중 짧은 기간 동안에 걸쳐 감가상각한다.

03 ┃ 유형자산의 최초 인식과 측정

유형자산의 취득원가는 원칙적으로 당해 자산을 취득하여 의도된 목적에 사용할 수 있는 상태로 되기까지 발생된 모든 정상적인 지출이 포함된다.

취득원가는 당해 자산의 제작원가 또는 매입가액에 운반비·설치비·하역비·시운전비 등 모든 취득 부대비용도 포함하고 있다(인식기준 : 자산에서 발생하는 미래 경제적 효익이 기업에 유입될 가능성이 높고, 자산의 원가를 신뢰성 있게 측정할 수 있다).

1. 인식기준

- 미래경제적 효익이 기업이 유입될 가능성이 높다.
- 자산의 원가를 신뢰성 있게 측정할 수 있다.

2 일반적 구입의 경우

당해 자산의 매입가액에 취득부대비용을 가산한 가액으로 한다.

> 취득원가 = 매입가격 + 부대비용 - 매입할인과 리베이트 + 환급불가능한 세금

3. 유형자산 취득원가에 포함되는 항목

- 관세 및 환급되지 않은 세금
- 설치장소 준비원가
- 최초의 운송 및 취급관련원가
- 설치원가 및 조립원가
- 전문가에게 지급하는 수수료
- 유형자산을 해체, 제거, 복구하는 데 소요될 것으로 최초에 추정되는 원가

4. 유형자산 취득원가에서 제외되는 항목

- 새로운 시설을 개설하는 데 소요되는 원가
- 새로운 상품과 서비스를 소개하는데 소요되는 원가
- 직원 교육훈련비
- 관리 및 기타 일반간접원가

✅ **유형자산의 회계처리 흐름**

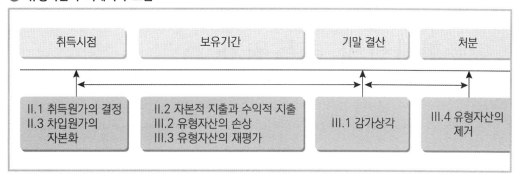

① 유형자산의 취득 : 자산의 분류 및 취득원가의 결정문제로 요약된다.
② 유형자산의 감가상각 : 취득원가에서 잔존가치를 차감한 금액을 내용연수에 걸쳐 체계적이고 합리적인 방법으로 배분하여 비용으로 반영해야 한다.
③ 유형자산취득 후의 지출 : 사용기간 동안 자산의 유지 및 개량을 위하여 지출한 금액을 자산의 원가에 포함시키느냐 또는 당기의 비용으로 처리하느냐의 문제이다.
④ 유형자산의 재평가 : 유형자산은 회사의 선택에 의하여 원가모형 또는 재평가모형을 사용할 수 있다. 재평가모형을 사용하는 경우 유형자산을 공정가치로 수정하는 회계처리를 해야 한다.
⑤ 유형자산의 손상차손 : 유형자산의 장부금액이 회수가능액에 미달하는 경우 손상차손을 인식해야 한다.
⑥ 유형자산의 제거 : 처분과 관련하여 발생하는 회계처리로서 처분손익을 인식한다.

제2절
유형자산의 취득원가

01 ㅣ 일괄취득시 취득원가

- 둘 이상의 유형자산을 일괄 구입하는 경우는 일괄 취득대금을 개별유형자산의 공정 가치로 안분하여 계산한다.
- 모든 자산의 공정가치를 알지 못하는 경우 공정시장가치가 있는 자산에 우선 공정 가치기준으로 안분 후 잔액은 나머지 자산에 배분한다.

유형자산의 종류	취득원가에 포함되는 부대비용
토　지	① 토지의 구입가격 ② 중개인 수수료 및 소유권 이전을 위한 취득세, 등록세 등 각종 세금과 법률비용 ③ 토지의 조경, 배수로 설치비 ④ 신축건물부지로 구입한 경우 토지정리비용 기초작업비용 및 구건물의 철거비용 ⑤ 개발차익환수에 관한 법률에 의거 개발사업 시행자가 부담하는 개발부담금
건　물	① 기존건물의 취득시 건물구입가격에 소유권 이전을 위한 취득세 등 제비용 ② 건설회사와의 계약에 의한 건물신축시 도급금액과 관련비용 ③ 자가건설의 경우 투입된 재료비, 노무비, 경비와 관련비용
기계장치	① 기계장치 등의 구입가격 ② 중고자산 구입시 실제 사용할 때까지의 수리비 ③ 매입운임, 설치비, 시운전비 등 제비용

01 A회사는 당기초에 토지, 건물 및 기계장치를 일괄하여 ₩10,000,000에 취득하였다. 취득일 현재 양도회사의 장부금액은 다음과 같으며, 토지, 건물, 기계장치의 공정가치 비율은 4:3:1이다. 다음의 각 경우에 따라 자산의 취득원가를 계산하라.

> 1. 취득자산 모두를 계속 사용하는 경우
> 2. 건물신축을 위해서 상기 자산을 취득한 경우(취득 건물은 취득 즉시 철거 예정). 단, 기계장치는 계속 사용

자 산	장부금액
토 지	₩3,000,000
건 물	4,000,000
기 계 장 치	2,000,000

풀이

1. 각 자산의 공정가치비율로 일괄취득원가를 배분한다.

자 산	안분비율	일괄취득원가	배분 후 취득원가
토 지	4/8		₩5,000,000
건 물	3/8	₩10,000,000	3,750,000
기 계 장 치	1/8		1,250,000
			₩10,000,000

2. 일괄취득원가를 토지와 기계장치에만 배분한다.

자 산	안분비율	일괄취득원가	배분 후 취득원가
토 지	7/8		₩8,750,000
기 계 장 치	1/8	₩10,000,000	1,250,000
			₩10,000,000

02 ㅣ 현물출자시 취득원가

현물출자로 받은 자산은 공정가치로 측정해야 한다.

자산과 교환으로 주식을 발행한 경우 자산의 취득원가는 원칙적으로 취득한 자산의 공정한 측정액과 주식의 시가 중 보다 명확히 측정되는 것을 기준으로 결정하여야 한다.

따라서 발행한 주식이 상장주식으로 시장성이 있는 경우에는 발행한 주식의 시가를 자산의 취득원가로 하여야 한다.

상 황	회계처리
① 주요 부품이나 구성요소의 정기적 교체가 필요한 경우 ② 반복적이지만 비교적 적은 빈도로 대체되거나, 비반복적으로 대체되는 경우	유형자산의 일부 대체시 발생하는 원가가 인식기준을 충족하면 해당 유형자산의 장부금액에 포함. 대체되는 부분의 장부금액은 제거
유형자산의 계속 가동을 위해서 유형자산의 일부 대체에 관계없이 결함에 대한 장기적인 종합검사가 필요한 경우	정기적인 종합검사과정에서 발생하는 원가가 인식기준을 충족하는 경우 유형자산의 일부대체로 보고 유형자산의 장부금액에 포함. 이 경우 직전에 이루어진 종합검사에서의 원가의 관련되어 남아있는 장부금액은 제거

1. 현물출자

유형자산을 취득한 대가로 주식을 발행하였다는 것은 현물출자의 목적물로 유형자산을 취득한 것을 의미한다.

현물출자는 발행주식과 유형자산을 교환하는 비화폐성거래이므로 자산의 원가는 원칙적으로 양도한 자산이나 제공한 대가의 공정가치로 하되 제공한 자산의 공정가치가 불확실한 경우에는 취득한 자산의 공정가치로 취득원가로 한다.

발행, 교부하는 주식의 공정가치로 인식한다.

2. 무상취득

지급한 대가가 없으므로 취득원가가 없다.

증여 등 무상으로 취득한 자산은 일방적 이전거래이므로 공정가치로 평가한다.

현저하게 낮은 금액으로 취득한 경우에도 지급한 대가의 공정가치를 취득원가로 결정한다.

공정가치모형을 적용한다면 보고기간 말에 공정가치로 자산을 인식한다.

✐ 실습예제 : 현물출자 및 무상취득

01 갑회사는 2020년 중에 다음과 같이 유형자산을 취득하였다. 갑회사가 토지, 건물 및 기계장치를 취득할 때 해야 할 회계처리를 하라.

> (1) 토지를 취득하였으며, 취득대가로 갑회사의 주식 100주(주당 액면금액 ₩1,000, 공정가치 ₩3,000)를 교부하였다.
> (2) 건물을 무상으로 취득하였다. 취득일 현재 건물의 공정가치는 ₩200,000이다.
> (3) 기계장치를 ₩10,000의 현금을 지급하고 취득하였다. 취득일 현재 기계장치의 공정가치는 ₩40,000이다.

풀이

<토지 취득시>

(차) 토 지	300,000	(대) 자 본 금	100,000
		주식발행초과금	200,000

교부주식의 액면금액을 자본금으로 인식하고, 교부주식의 공정가치와 액면금액의 차이는 자본잉여금 중 주식발행초과금으로 인식한다.

<건물 취득시>
회계처리 없음

<기계장치 취득시>

(차) 기계장치	10,000	(대) 현 금	10,000

3. 비화폐성자산의 교환

유형자산을 하나 이상의 비화폐성자산 또는 화폐성자산과 비화폐성자산이 결합된 대가와 교환하여 하나 이상의 유형자산을 취득하는 경우 당해 거래가 동종자산간 또는 이종자산간의 교환인지의 여부와 관계없이 다음과 같이 원가를 측정한다.

제공자산의 공정가치와 취득자산 공정가치 중 더 명백한 금액이다.

상업적 실질이 결여된 교환의 경우 제공자산의 장부금액이다.

교환거래시 회계처리는 다음과 같다.

교환자산의 신뢰성 있는 공정가치 측정 가능		교환자산의 공정가치 측정 불가 또는 교환거래의 상업적 실질 결여	
(차) (취득)자산	× × ×	(차) (취득)자산	× × ×
유형자산처분손실	× × ×	(대) (제공)자산	× × ×
(대) (제공)자산	× × ×		

✎ 실습예제 : 이종자산의 교환

01 (주)서울은 사용중이던 건물을 (주)용산의 기계장치와 교환하였다. 이 교환과 관련하여 (주)서울은 공정가치의 차액 ₩100,000을 현금으로 지급하였다.

	건물	기계장치
취득원가	₩2,000,000	₩4,000,000
감가상각누계액	800,000	3,120,000
공정가치	1,000,000	1,100,000

감각의 회사의 입장에서 해야 할 회계처리를 하시오.

풀이

• (주)서울의 입장

(차) 기계장치	1,100,000	(대) 건　　물	2,000,000
감가상각누계액	800,000	현　　금	100,000
유형자산처분손실	200,000		

- (주)용산의 입장

(차) 건　　물	1,000,000	(대) 기계장치	4,000,000
감가상각누계액	3,120,000	유형자산처분이익	220,000
현　　금	100,000		

✐ **실습예제 : 교환거래시 유형자산 취득원가**

(A회사는 자사가 소유하고 있는 유형자산을 B회사가 소유하고 있는 유형자산과 교환하였다. 두 회사의 소유 유형자산의 장부금액과 공정가치는 다음과 같다. 다음의 각 상황별로 A회사와 B회사가 유형자산 교환 시 해야 할 회계처리를 하라.

	A회사 유형자산	B회사 유형자산
취득원가	₩5,000,000	₩4,000,000
감각상각누계액	2,000,000	1,200,000
공정가치	2,700,000	2,100,000

01 A회사 소유 유형자산의 공정가치가 B회사 소유 유형자산의 공정가치보다 더 명백하며, 현금 수수가 없는 경우

02 A회사 소유 유형자산의 공정가치가 B회사 소유 유형자산의 공정가치보다 더 명백하며, 공정가치 차이 ₩600,000의 현금을 A회사가 B회사로부터 수령한 경우

03 B회사 소유 유형자산의 공정가치가 A회사 소유 유형자산의 공정가치보다 더 명백하며, 공정가치 차이 ₩600,000의 현금을 A회사가 B회사로부터 수령한 경우

04 위의 물음과 관계없이 두 회사 소유 유형자산의 공정가치를 합리적으로 측정할 수 없으며, 현금수수가 없는 경우

[풀이]

1. A회사는 제공한 자산의 공정가치가 취득한 자산의 공정가치보다 더 명백하므로 B회사에게 제공한 자산의 공정가치를 취득원가로 인식한다. 반면, B회사는 취득한 자산의 공정가치가 제공한 자산의 공정가치보다 더 명백하므로 A회사로부터 취득한 자산의 공정가치를 취득원가로 인식한다.

A회사의 회계처리		B회사의 회계처리	
(차) (취득)유형자산	2,700,000	(차) (취득)유형자산	2,700,000
감가상각누계액	2,000,000	감가상각누계액	1,200,000
유형자산처분손실	300,000	유형자산처분손실	100,000
(대) (제공)유형자산	5,000,000	(대) (제공)유형자산	4,000,000

2. (풀이 1)과 취득원가 결정과정은 동일하다. 다만, 제공한 자산의 공정가치로 측정한 A회사는 수령한 현금 ₩600,000을 제공한 유형자산 공정가치 ₩2,700,000에서 차감하여 ₩2,100,000을 취득한 유형자산의 취득원가로 인식한다. 취득한 자산의 공정가치로 측정한 B회사는 현금 수수액을 고려하지 않고 취득한 유형자산의 공정가치 ₩2,700,000을 취득원가로 인식한다.

A회사의 회계처리		B회사의 회계처리	
(차) (취득)유형자산	2,100,000	(차) (취득)유형자산	2,700,000
현 금	600,000	감가상각누계액	1,200,000
감가상각누계액	2,000,000	유형자산처분손실	700,000
유형자산처분손실	300,000	(대) (제공)유형자산	4,000,000
(대) (제공)유형자산	5,000,000	현 금	600,000

3. A회사는 취득한 자산의 공정가치가 제공한 자산의 공정가치보다 더 명백하므로 B회사로부터 취득한 자산의 공정가치를 취득원가로 인식한다. 반면, B회사는 제공한 자산의 공정가치가 취득한 자산의 공정가치보다 더 명백하므로 A회사에게 제공한 자산의 공정가치를 취득원가로 인식한다. 다만, 취득한 자산의 공정가치로 측정한 A회사는 현금수수액을 고려하지 않고 취득한 유형자산의 공정가치 ₩2,100,000을 취득원가로 인식한다. 제공한 자산의 공정가치로 측정한 B회사는 제공한 현금 ₩600,000을 제공한 유형자산 공정가치 ₩2,100,000에 가산하여 ₩2,700,000을 취득한 유형자산의 취득원가로 인식한다.

4. 두 회사 소유 유형자산의 공정가치를 합리적으로 측정할 수 없으므로 제공한 자산의 장부금액을 취득원가로 측정한다.

A회사의 회계처리		B회사의 회계처리	
(차) (취득)유형자산	3,000,000	(차) (취득)유형자산	2,800,000
감가상각누계액	2,000,000	감가상각누계액	1,200,000
(대) (제공)유형자산	5,000,000	(대) (제공)유형자산	4,000,000

03 ㅣ 유형자산 유형별 취득원가

1. 토지와 구축물의 취득원가

(1) 토지의 취득원가

사용 가능한 상태까지 소요된 모든 지출을 포함한다.

토지 구입가격은 취득 관련 수수료와 법률비용, 토지의 구획정리, 배수공사 비용, 구매인이 부담하는 담보액, 미지급 재산세, 진입로공사 등 영구적 시설이다.

(2) 구축물의 취득원가

울타리공사, 주차장, 도로포장공사(내용연수 한정) 등을 말한다.

취득원가는 내용연수에 걸쳐 감가상각한다.

2. 건물의 취득원가

(1) 건물의 취득원가

건물의 취득 및 건설에 직접 관련된 지출을 포함한다.

자가건설인 경우 건설공사에 사용된 재료원가, 노무원가, 제조간접원가, 설계비, 허가비, 등기비, 건물신축을 위한 굴착비용 등이 포함된다.

(2) 구건물 철거비

사용해 온 것 등이 포함된다. 당기비용으로 처리한다.

신규취득(토지)한 경우에는 토지의 취득원가로 회계처리한다.

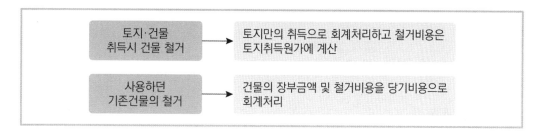

01 A사는 기계장치를 구입하였다. 기계의 순수한 구입대금은 1,000,000원이며, 공장까지의 운임 100,000원, 공장 내 설치비 30,000원, 시운전비 70,000원이 발생하였다. 이 경우 기계장치의 취득원가는 얼마인가?

풀이

	순수한 기계구입대금	:	1,000,000원
	운임	:	100,000원
부대비용	설치비	:	30,000원
	시운전비	:	70,000원
	기계장치의 취득원가		1,200,000원

실습예제 : 유형자산의 취득원가 결정

01 갑회사는 2020년 초에 건설용지를 취득한 후 공장건물을 건설하였으며, 공장 내에 기계장치를 설치하였다. 다음은 토지, 건물 및 기계장치와 관련하여 2020년 중에 발생한 원가이다. 건물과 기계장치는 2020년 중에 정상적으로 사용하기 시작하였다. 갑회사가 인식해야할 토지, 건물 및 기계장치의 최초 취득원가를 각각 계산하라.

구 분	내 역	금 액
토 지	구입가격 부동산 중개수수료 공장신축 이전까지 발생한 임대수익 취득세 및 등록세 재산세	₩1,000,000 200 500 10,000 300
건 물	설계용역비 신축원가 취득세 및 등록세 화재보험료	50,000 600,000 2,000 100
기 계 장 치	구입가격 운송비 시제품 생산비 시제품 순매각금액	40,000 1,000 3,000 800

풀이

토 지	구입가격	₩1,000,000
	부동산 중개수수료	200
	취득세 및 등록세	10,000
	취득원가	₩1,010,200
건 물	설계용역비	₩50,000
	신축원가	600,000
	취득세 및 등록세	2,000
	취득원가	₩652,000
기 계 장 치	구입가격	₩40,000
	운송비	1,000
	시제품 생산비	3,000
	시제품 순매각금액	(800)
	취득원가	₩43,200

02 (주)소망은 건물을 신축하기 위하여 구건물이 있는 토지를 다음과 같이 현금으로 취득하였다. 이 토지의 취득원가와 회계처리를 구하시오.

(1) 토지의 취득가액		95,000원	(2) 중개인 수수료	1,000원
(3) 취득세 및 등록세		5,000원	(4) 철거물 매각가치	1,000원
(5) 토지의 측량비용		8,000원	(6) 건물 설계비	3,000원

풀이

토지의 취득원가

95,000원 + 1,000원 + 5,000원 + 8,000원 − 1,000원 = 108,000원

(차) 토   지   108,000   (대) 현   금   108,000

03 다음 거래를 분개하시오.

(1) 토지를 구입하고 대금 10,000,000원(1,000평, 평당 10,000원)을 수표를 발행하여 지급하다. 부동산 중개 수수료 40,000원, 등기 이전료 50,000원, 취득세 400,000원, 정지비용 700,000원을 현금으로 지급하다.

(2) 위의 토지 100평을 평당 17,000원에 매각하다.

풀이

(1)	(차) 토　　지	11,190,000	(대) 당좌예금		10,000,000
			현　　금		1,190,000
(2)	(차) 현　　금	1,700,000	(대) 토　　지		1,119,000
			유형자산처분이익		581,000

04 다음 거래를 분개하시오.

> (1) 건물을 신축하기로 하고 도급금 3,000,000원 중 착수금 1,000,000원을 수표를 발행하여 선급하다. 설계사에게 설계비용 50,000을 현금으로 지급하다.
> (2) 도급금 중 중도금 1,000,000원을 수표를 발행하여 지급하다.
> (3) 건물이 완공되어 인도받고 도급금 잔액을 수표로 지급하다.

풀이

(1) (차) 건설중인자산	1,050,000	(대) 당좌예금	1,000,000
		현　　금	50,000
(2) (차) 건설중인자산	1,000,000	(대) 당좌예금	1,000,000
(3) (차) 건　　물	3,050,000	(대) 당좌예금	1,000,000
		건설중인자산	2,050,000

3. 정부지원금

　　정부지원금이란 일정한 기준을 충족하는 기업에 경제적인 효익을 제공하기 위하여 정부에서 자산취득에 사용할 자금을 지원해 주는 것을 말한다. 정부지원금은 다음의 두 가지 방법 중 선택하여 회계처리 할 수 있다.

(1) 유형자산을 최초의 공정가치로 인식하고 정부 지원금을 이연수익으로 인식하는 방법

　　정부보조금을 이연수익 즉, 부채로 인식하고 유형자산의 내용년수에 걸쳐 합리적인 기준으로 정부보조금을 수익으로 인식하는 방법이다.

✔ **회계처리**

1. 지원금회수시

차) 현　　금	×××	대) 이연수익	×××
		(부채)	

2. 자산취득시

차) 자산(공정가액)	×××	대) 현 금	×××

3. 보고기간말

차) 감가상각비	×××	대) 감가상각누계액	×××
이연수익	×××	정부보조금수익	×××

4. 처분시

차) 감가상각누계액	×××	대) 자 산	×××
이연수익	×××	유형자산처분이익	×××
현 금	×××		

(2) 유형자산의 장부금액에서 정부보조금을 차감하는 방법

정부보조금만큼 유형자산의 장부금액을 감소시켜 유형자산의 내용년수에 걸쳐 감가상각비를 감소시키는 방법으로 정부보조금을 수익으로 인식하는 방법이다.

✅ **회계처리**

1. 지원금회수시

차) 현 금	×××	대) 정부보조금	×××
		(자산차감항목)	

2. 자산취득시

차) 자 산	×××	대) 현 금	×××

3. 보고기간말

차) 감가상각비	×××	대) 감가상각누계액	×××
정부보조금	×××	감가상각비	×××

4. 처분시

차) 감가상각누계액	×××	대) 자 산	×××
현 금	×××	유형자산처분이익	×××
정부보조금	×××		

✅ 재무상태표 표시방법

이연수익으로 인식시		장부금액에서 차감시	
비유동자산	비유동부채 ××× 이연수익 ×××	비유동자산	
자산항목 ×××		자산항목 ×××	
감가상각누계액 (×××)		감가상각누계액 (×××)	
		정부보조금 (×××)	

> ✏️ **참고**
> - 정부보조금은 현행과 같이 자산의 차감항목으로 처리하는 것이 유리하다.
> - 이연수익으로 표시하는 경우 부채 비율이 증가하기 때문이다.

4. 복구원가

복구원가란 유형자산의 경제적사용이 종료된 후에 원상회복을 위하여 그 자산을 제거, 또는 해체하거나 부지를 복원하는데 소요될 것으로 추정되는 비용을 말한다.

복구원가는 복구원가가 부채의 인식요건을 충족하면 복구원가의 현재가치를 해당 유형자산의 취득원가에 가산하고 동액을 복구충당부채라는 계정과목으로 하여 부채로 계상하고 매년 복구 충당부채의 기초잔액이 유효이자율을 적용한 금액을 복구충당부채전입액(이자비용성격이다)으로 인식하고 복구충당부채에 가산하고 실제복구원가가 지출되는 시점에서 복구 충당부채금액과 실제 발생된 복구공사비와의 차액은 당기손익으로 처리한다.

✅ 회계처리

1. 설치시

차) 자 산	×××	대) 현 금	×××
		복구충당부채	×××

2. 보고기간말

차) 감가상각비	×××	대) 감가상각누계액	×××
복구충당부채전입액	×××	복구충당부채	×××

3. 복구비용지출시

차) 복구충당부채	×××	대) 현 금	×××
복구공사손실	×××	(복구공사이익)	

유형자산을 취득한 후에 추가적인 지출이 생겼을 때에는 그 자산의 취득원가에 가산할 것인지 아니면 수선비등의 비용계정으로 처리할 것인지를 결정해야 한다.

① 자본적 지출은 당해 유형자산의 내용연수를 증가시키거나 가치를 현실적으로 증가시키는 지출로 자산으로 처리한다.

> 예 • 증설, 개량, 엘리베이터 설치, 냉·난방장치의 설치 등
> • 자산을 증가, 추가하는 지출(증설)
> • 자산의 생산비율, 생산능력을 높이는 지출(개량, 대체)
> • 재배치, 용도변경으로 자산의 이용가치를 증가시키는 지출
> • 내용연수를 연장시키는 지출
> • 일정 금액 이상의 지출

② 수익적 지출은 유형자산의 원상을 회복하거나 능률을 유지하기 위한 지출로 비용으로 회계처리한다.

> 예 • 수선, 소액의 지출 건물의 도장, 소모된 부속품이나 벨트의 교체
>   경상적으로 발생하는 비용의 지출(수선유지비)
> • 비용 지출의 효과가 회계 기간 내에 소멸하는 지출
> • 현재의 재산의 상태나 기능을 유지하기 위한 지출
> • 본래의 정상적 기능을 발휘시키는데 필요한 지출
> • 일정 금액 미만의 지출

유형자산을 취득하여 사용하는 기간에도 그 자산과 관련된 여러 가지 지출이 발생된다. K-IFRS는 취득 후에 발생하는 지출에 대하여 최초 인식시와 동일한 조건을 적용하도록 규정하고 있다.

- 자산으로부터 발생하는 미래경제적 효익이 기업에 유입될 가능성이 높다.
- 자산의 원가를 신뢰성 있게 측정할 수 있다.
- 그 지출액은 당해 자산계정을 증액시켜 그 지출의 효익이 지속되는 기간 동안 감가상각을 통해서 비용으로 인식한다.
- 수익적지출이란 일상적인 수익유지와 관련하여 발생하는 원가는 해당 유형자산의 장부금액에 포함하지 아니한다.

01 ㅣ 정기적인 교체

일부 유형자산의 경우에는 주요부품이나 구성요소의 정기적 교체가 필요할 수 있다. 항공기의 경우 좌석과 취사실 또는 용광로의 경우 내화벽돌의 교체가 필요할 수 있다. 또한 유형자산의 취득후 반복적이지만 비교적 적은 빈도로 대체되거나 비반복적으로 대체되는 경우도 있다.

유형자산의 일부를 대체하는 경우 대체에 소요된 원가가 자산인식기준을 충족한다면 대체원가를 장부금액으로 인식하고 대체되는 부분의 장부금액은 제거된다.

✓ **회계처리**

1. 제거시

차) 감가상각누계액	×××	대) 유형자산	×××
유형자산처분손실	×××		

2. 대체시

차) 유형자산	×××	대) 현 금	×××

02 Ⅰ 정기적인 종합검사

유형자산은 계속적으로 사용함으로써 계속 사용을 위하여 정기적인 종합검사가 필요할 수 있다.

정기적인 종합검사과정에서 발생한 원가가 자산인식요건을 충족한다면 유형자산의 일부가 대체되는 것으로 보아 유형자산의 장부금액에 포함한다.

직전에 이루어진 종합검사에서의 원가와 관련하여 남아있는 장부금액을 제거한다.

✅ 회계처리

1. 직전종합검사원가			
차) 감가상각누계액	×××	대) 유형자산	×××
유형자산처분손실	×××		

2. 신종합검사원가			
차) 유형자산	×××	대) 현 금	×××

✏️ 실습예제

01 (주)한라는 창립기념일을 맞이하여 본사건물에 대한 대대적인 개조와 수리를 실시하고 수표를 발행하여 총액 30,000,000원의 공사비를 지급하였다. 이 중 20,000,000원은 음성인식 자동문의 설치를 위한 것이고, 나머지 10,000,000원은 내벽의 도장을 산뜻하게 바꾸기 위한 것이다. 이 거래를 인식하기 위한 분개를 하시오.

풀이

(차) 건　　물	20,000,000	(대) 당좌예금	30,000,000
수 선 비	10,000,000		

제4절
감가상각

01 ㅣ 감가상각의 의의

　토지와 건설중인 자산, 서화, 골동품을 제외한 유형자산과 무형자산은 사용하거나 시간이 경과 또는 부적응으로 인하여 그 가치가 점차 감소하게 된다. 이러한 현상을 감가라 한다. 그러나 감가상각비를 정확하게 측정하기는 거의 어려운 일이다. 따라서 편의상 일정한 계산방법으로 유형자산을 사용하는 모든 회계기간에 대해서 규칙적·계속적으로 감가상각을 하고, 이를 비용으로 계상하는 감가액을 감가상각비(expense of depreciation)라 한다.

우발적	천재, 화재 등 우발적 사고에 의하여 감가		
경상적	물리적 (실질적)	사용	소모, 마모
		시간의 경과	노후
	경제적 (기능적)	진부화	과학기술의 진보에 의하여 구식
		부적응화	경제사정의 변화, 경제정책의 변경, 규모의 변화 등에 의하여 적응되지 않는다.

　감가상각이란 유형자산의 원가 또는 기타의 기초가치에서 잔존가치를 차감한 잔액을 그 자산의 추정내용연수에 걸쳐서 체계적이고 합리적으로 배분하는 것을 목적으로 하는 회계제도이며, 이는 원가의 배분과정(allocation process)이지 자산의 평가과정이 아니다.

따라서 감가상각은 수익·비용 대응관점에 따라 특정기간 동안에 사용된 유형자산의 원가를 그 자산의 사용으로 인해 얻게 되는 수익에 조직적으로 대응시켜가는 과정이다.

유형자산의 잔존가치는 해당자산의 장부금액보다 큰 금액으로 증가될 수 있다. 이 경우에는 잔존가치가 장부금액보다 작은 금액으로 감소될 때까지는 감가상각은 중지한다.

02 ㅣ 감가상각의 기본요소

1. 감가상각대상금액

감가상각대상금액이란 당해 유형자산을 이용하는 기간 즉, 내용연수에 걸쳐 배분할 총비용으로서 유형자산의 취득원가에서 잔존가치를 차감한 금액이다.

잔존가치란 내용연수 종료시점에서 자산의 처분으로부터 현재 획득할 금액에서 추정 처분부대원가를 차감한 금액의 추정치를 말한다.

실무적으로 잔존가치가 경미한 경우 잔존가치를 0으로 하여 상각 가능하다.

유형자산의 공정가치가 장부금액을 초과하더라도 잔존가치가 장부금액을 초과하지 않는 한 계속 상각한다.

2. 내용연수

내용연수는 일종의 사용예상연수로서 기술적, 상업적 진부화 및 마모나 손상 등의 요인을 고려한다. 건물이 위치한 토지 가치가 증가하더라도 건물의 상각대상금액은 불변이다.

복구원가를 토지취득원가에 포함시킨 경우 동 금액은 감가상각 대상이다.

내용연수의 추정시는 물리적 감가를 고려하여야 함은 물론이고, 기능적 감가가 나타날 것도 예상하여 결정한다.

3. 잔존가액

내용연수를 경과하고, 폐기되는 때의 추정처분가액에서 처분과 관련된 비용을 차감한 가액이다.

✅ 감가상각비 결정요소

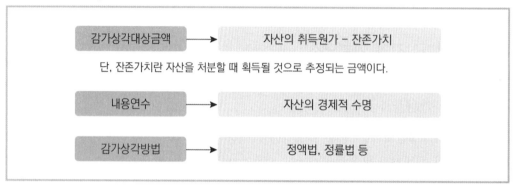

| 감가상각대상금액 | → | 자산의 취득원가 – 잔존가치 |

단, 잔존가치란 자산을 처분할 때 획득될 것으로 추정되는 금액이다.

| 내용연수 | → | 자산의 경제적 수명 |

| 감가상각방법 | → | 정액법, 정률법 등 |

03 ㅣ 감가상각방법

감사상각대상금액과 내용연수가 결정되면 내용연수 동안 매 회계기간별로 인식할 감가상각비를 계산한다.

해당 자산에 내재되어 있는 미래 경제적효익의 예상 소비형태를 가장 잘 반영하는 방법을 선택한다.

매 회계연도말에 감가상각방법 재검토하고, 소비형태의 중요한 변동이 있다면 감가상각방법 변경(회계추정의 변경)

감가상각비의 회계처리는 다음과 같다.

| (차) 감가상각비 | ××× | (대) 감가상각누계액 | ××× |

04 ㅣ 감가상각비 계산

유형자산의 감가상각은 자산이 사용가능한 때부터 시작한다. 즉, 경영진이 의도하는 방식으로 자산을 가동하는 데 필요한 장소와 상태에 이른 때부터 시작한다.

1. 정액법

매기 상각액이 동일하며 유형자산의 시간의 경과에 따라 그 가치는 일정하게 감소한다고 가정하고 내용연수 동안 동일한 금액을 상각해 나가는 방법이다.

$$감가상각비 = \frac{취득원가 - 잔존가치}{내용연수}$$

 실습예제

01 취득원가 2,000,000원, 잔존가액 200,000원, 내용연수 5년의 기계장치의 감가상각액을 정액법으로 구하라(단, 결산은 1년 1회 하는 것으로 한다).

풀이

1. 정액법

$$감가상각비 = \frac{2,000,000 - 200,000}{5년} = 360,000원$$

☑ **정액법에 의한 감가상각표**

연 도	기초 장부가액	감가상각비	감가상각 누계액	기말장부가액
1	2,000,000	360,000	360,000	1,640,000
2	1,640,000	360,000	720,000	1,280,000
3	1,280,000	360,000	1,080,000	920,000
4	920,000	360,000	1,440,000	560,000
5	560,000	360,000	1,800,000	200,000

2. 정률법
- 정액법과 달리 유형자산의 장부가액에 일정한 상각률을 곱하여 얻은 금액을 각 연도의 상각액으로 하는 방법이다.
- 정률법은 장부가액이 매년 감가상각액만큼 감소하므로 초기에 많은 금액이 상각되고 기간이 경과될수록 상각액이 점차 감소하게 된다.

$$감가상각비 = (취득원가 - 감가상각누계액) \times 상각률$$

$$상각률 = 1 - \sqrt[n]{\frac{잔존가치}{취득원가}} \ (단 : n은\ 내용연수)$$

02 위의 [예제1]을 기초로 하여 상각률을 계산하고 연도별 감가상각액을 계산하라.

$$상각률(정률) = 1 - \sqrt[n]{\frac{잔존가액}{취득원가}} = 36.9\%$$

단, 결산을 년 1회로 하는 경우에는 내용연수를 5년으로 계산한다.

풀이

위에서 구한 상각률 36.9%를 기초 장부가액에 곱하여 감가상각액을 구하여 만든 정률법에 의한 감가상각표를 작성하면 다음과 같다.

✔ 정률법에 의한 감가상각표

연도	기초장부가액(A)	상각률(B)	감가상각비 (A)×(B)=(C)	기말장부가액 (A)-(C)
1	₩2,000,000	0.369	₩738,000	₩1,262,000
2	₩1,262,000	0.369	465,700	796,300
3	796,300	0.369	293,800	502,500
4	502,500	0.369	185,400	317,100
5	317,100	0.369	117,100	200,000

2. 연수합계법

내용연수 합계를 분모로 하고 잔여 내용연수를 분자로 하는 상각률을 감가상각 대상액에 곱하여 감가상각액을 산출하는 방법이다.

$$감가상각비 = (취득원가 - 잔존가치) \times \frac{잔존\ 내용연수}{내용연수합계^*}$$

$$^*내용연수의\ 급수합계 = \frac{내용연수 \times (1 + 내용연수)}{2}$$

연수합계법이 갖는 특징은 정률법과 다름이 없으나 정률법에 비하여 가감의 정도가 낮다. 미국에서는 이 방법이 일반적으로 많이 활용되고 있다.

✎ 실습예제

01 앞의 예제를 기초로 하여 연수합계표에 따라 상각액을 구하고 감가상각비표를 작성하시오.

풀이

내용연수의 급수합계 $= \dfrac{5 \times (1 + 5)}{2} = 15$

제1차년도말 상각액 $= (2,000,000 - 200,000) \times 5/15^* = ₩600,000$

제2차년도말 상각액 $= (2,000,000 - 200,000) \times 4/15^* = ₩480,000$

제3차년도말 상각액 $= (2,000,000 - 200,000) \times 3/15^* = ₩360,000$

제4차년도말 상각액 $= (2,000,000 - 200,000) \times 2/15^* = ₩240,000$

제5차년도말 상각액 $= (2,000,000 - 200,000) \times 1/15^* = ₩120,000$

$^* (5 + 4 + 3 + 2 + 1) = 15$

3. 생산량비례법

생산량비례법은 내용연수를 기준으로 하지 않고 사용된 자산의 조업도 혹은 생산량에 비례하여 감가상각비를 계산한다.

차량·항공기 혹은 감모성 자산 등 용역잠재력의 감소가 자산의 이용률과 밀접한 관계가 있는 경우에 유용한 방법이다.

생산량에 비례하여 상각하는 방법, 유전, 광산 등 감모성 자산에 적합하다.

$$감가상각비 = (취득원가 - 잔존가치) \times \frac{실제생산량}{추정 \ 총 \ 생산량}$$

✏️ 실습예제

01 어느 광산물 300,000에 구입하였다. 이곳에 매장된 광물은 250,000톤으로 추정된다. 당해연도의 채굴한 광물이 20,000톤이라고 하면 당해연도의 상각액은 얼마인가?

풀이

$$\text{₩}300,000 \times \frac{20,000톤}{250,000톤} = \text{₩}24,000$$

✅ 감가상각비의 계산방법

감가상각의 방법에는 정액법, 정률법, 생산량비례법, 연수합계법 등이 있다. 이 중에서 정액법, 정액법, 생산량비례법은 법인세법에서 인정된다.

구 분	내용
정 액 법	$\dfrac{(취득원가 - 잔존가치)}{내용연수}$
정 률 법	(취득원가 - 감가상각누계액) × 정률(%)
생산량비례법	(취득원가 - 잔존가액) × $\dfrac{당기실제생산량}{총추정생산량}$

✅ **감가상각 방법별 연간 감가상각비**

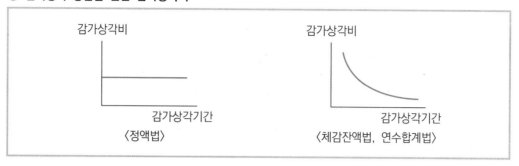

✅ **감가상각 방법별 기말장부금액**

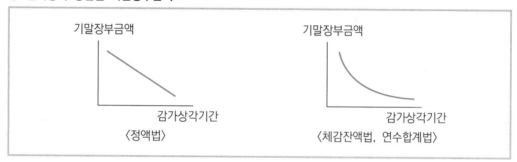

✏️ **실습예제 : 감가상각(정액법, 정률법, 연수합계법, 생산량비례법)**

갑회사(결산일 12월 31일)는 2021년 4월 1일에 기계장치 1대를 구입하였다. 동 기계장치의 취득원가는 ₩500,000이며, 내용연수는 4년, 잔존가치는 ₩20,000으로 추정하였다. 또한 동 기계장치를 사용하여 생산되는 제품수량은 100,000개로 추정하였으며, 2021년도에 17,000개, 2022년도에 40,000개, 2023년도에 30,000개, 2024년도에 10,000개, 20X5년도에 3,000개의 제품을 각각 생산하였다.

01 정액법을 적용하여 매년 감가상각비, 매기말 감가상각누계액 및 장부금액을 계산하라.

02 정률법을 적용하여 매년 감가상각비, 매기말 감가상각누계액 및 장부금액을 계산하라. 단, 상각률은 0.55이다.

03 연수합계법을 적용하여 매년 감가상각비, 매기말 감가상각누계액 및 장부금액을 계산하라.

04 생산량비례법을 적용하여 매년 감가상각비, 매기말 감가상각누계액 및 장부금액을 계산하라.

풀이

1) 정액법

연 도	계산과정	감가상각비	감가상각누계액	기말장부금액
2021	(₩500,000 - 20,000) ÷ 4년 X 9/12	₩90,000	₩90,000	₩410,000
2022	(₩500,000 - 20,000) ÷ 4년	120,000	210,000	290,000
2023	(₩500,000 - 20,000) ÷ 4년	120,000	330,000	170,000
2024	(₩500,000 - 20,000) ÷ 4년	120,000	450,000	50,000
2025	(₩500,000 - 20,000) ÷ 4년 X 3/12	30,000	480,000	20,000
계		₩480,000		

2) 정률법

연 도	계산과정	감가상각비	감가상각누계액	기말장부금액
2021	₩500,000 X0.55 X 9/12	₩206,250	₩206,250	₩293,750
2022	(₩500,000 - 206,250) X0.55	161,563	367,813	132,187
2023	(₩500,000 - 367,813) X0.55	72,703	440,516	59,484
2024	(₩500,000 - 440,516) X0.55	32,716	473,232	26,768
2022	₩480,000 - 473,232	6,768	480,000	20,000
계		₩480,000		

3) 연수합계법

연 도	계산과정	감가상각비	감가상각누계액	기말장부금액
2021	$₩480,000 \times \dfrac{4}{1+2+3+4} \times 9/12$	₩144,000	₩144,000	₩356,000
2022	$₩480,000 \times \dfrac{4}{1+2+3+4} \times 3/12$ $+480,000 \times \dfrac{3}{1+2+3+4} \times 9/12$	156,000	300,000	200,000
2023	$₩480,000 \times \dfrac{3}{1+2+3+4} \times 3/12$ $+480,000 \times \dfrac{2}{1+2+3+4} \times 9/12$	108,000	408,000	92,000
2024	$₩480,000 \times \dfrac{2}{1+2+3+4} \times 3/12$ $+480,000 \times \dfrac{1}{1+2+3+4} \times 9/12$	60,000	468,000	32,000
2025	$₩480,000 \times \dfrac{1}{1+2+3+4} \times 3/12$	12,000	480,000	20,000
계		₩480,000		

4) 생산량비례법

연 도	계산과정 상각대상금액 X (실제생산량/총추정생산량)	감가상각비	감가상각누계액	기말장부금액
2021	₩480,000 X (17,000/100,000)	₩81,600	₩81,600	₩418,400
2022	₩480,000 X (40,000/100,000)	192,000	273,600	226,400
2023	₩480,000 X (30,000/100,000)	144,000	417,600	34,400
2024	₩480,000 X (10,000/100,000)	48,000	465,600	34,400
2025	₩480,000 X (3,000/100,000)	14,400	480,000	20,000
계		₩480,000		

05 ㅣ 감가상각법의 변경(회계변경)

- 회계변경이란 과거채택방법에서 새로운 회계처리방법으로 변경하는 것이며 유형자산의 감가상각방법은 매회계년도말에 재검토한다.
- 재검토결과 자산에 내재된 미래 경제적효익의 예상되는 소비형태에 유의적인 변경이 있다면 감가상각방법을 변경한다.
- 이러한 감가상각방법의 변경은 회계추정에 변경이므로 전진적 적용한다.

06 ㅣ 감가상각의 시작과 중지

- 유형자산의 감가상각은 자산이 사용가능한 때부터 감가상각을 시작한다.
- 즉 경영진이 의도하는 방식으로 자산을 가동하는 데 필요한 장소와 상태에 이른 때부터 시작한다.
- 감가상각의 중지는 매각예정자산으로 분류된 날과 제거되는날 중 이른 날에 중지한다.

07 ㅣ 매각예정인 유형자산

　　내용연수도중 사용을 중단하고 매각할 예정인 유형자산은 사용을 중단한 시점의 순 공정가치와 장부금액 중 작은 금액을 매각예정비유동자산으로 재분류하고 손상차손의 발 생여부를 매회계연도 말에 검토해야 한다. (폐기와 일시적인 중단은 제외)

영업활동에서 사용하던 유형자산을 처분하는 경우에는 우선적으로 취득시점부터 매각시점까지의 감가상각비를 계상하여 정확한 감가상각누계액을 계상하여야 한다.

따라서 처분한 경우 장부가액보다 처분가격이 많으면 그 차액을 유형자산처분이익, 처분가액보다 장부가액이 많으면 유형자산처분손실계정으로 회계처리 한다.

(차) 감가상각누계액	×××	(대) 건 물	×××
현 금	×××	유형자산처분이익	×××

> 유형자산처분손익 = 처분가액 – 장부가액 (취득가액 – 감가상각누계액)

✎ **실습예제**

01 다음 거래를 분개하라.

> 기계장치(취득원가 4,000,000, 감가상각누계액 2,500,000)를 2,300,000에 매각하고, 대금은 수표로 받다.

풀이

(1) (차)감가상각누계액	2,500,000	(대) 기계장치	4,000,000
현 금	2,300,000	유형자산처분이익	800,000

01 상암(주)는 취득원가 ₩45,000, 추정내용연수 10년, 추정잔존가치 ₩5,000인 기계를 과거 9년간 매년 ₩4,000씩 정액법으로 감가상각을 하여 왔다. 상암(주)는 동 기계를 10년차도 중간에 ₩5,000에 매각하였다. 유형자산의 매각에 필요한 회계처리를 하라.

풀이

<6개월 동안의 감가상각비 계산>

(차) 감가상각비	2,000	(대) 감가상각누계액	2,000

<매각분개>

(차) 현　　　금	5,000	(대) 기　　　계	45,000
감가상각누계액	38,000		
유형자산처분손실	2,000*		

*처분손익 = 매각대금 − 장부금액
　　　　 = ₩5,000 − (₩45,000 − ₩38,000) = (₩2,000)

제6절
유형자산의 재평가방법

K-IFRS에서는 유형자산을 원가모형이나 재평가모형 중 하나를 회계정책으로 선택하여 유형자산의 분류별로 동일하게 적용하도록 하고 있다.

01 | 원가모형

최초인식 후에 유형자산은 원가에서 감가상각누계액과 손상차손누계액을 차감한 금액을 장부금액으로 한다.

✔ 원가모형 회계처리

원가>공정가치			
차) 유형자산손상차손	×× ×	대) 손상차손누계액	×× ×

원가<공정가치			
차) 손상차손누계액	×× ×	대) 유형자산손상차손환입	×× ×

02 ᛁ 재평가모형

공정가액을 신뢰성 있게 측정할 수 있는 유형자산의 경우 다음의 금액을 장부금액으로 한다.

> 장부금액 = 재평가일의 공정가치 – 감가상각누계액 – 손상차손누계액

✅ 재평가모형 적용시 주의할 사항

1. 특정유형자산을 재평가할 때 해당자산이 포함되는 유형자산 분류전체를 재평가한다.
2. 동일한 분류내의 유형자산은 동시에 재평가한다.
3. 재평가가 단기간에 수행되며 계속적으로 갱신된다면 동일한 분류에 속하는 자산을 순차적으로 재평가할 수 있다.
4. 법인세 효과를 반영한다.

03 ᛁ 공정가치결정(측정)

① 토지와 건물 : 시장에 근거한 증거를 기초로 수행된 평가에 의해 결정된다. 이 경우 평가는 보통전문적 자격이 있는 평가인에 의해 이루어진다.
② 설비장치와 기계장치 : 감정에 의한 시장가치이다.
③ 유형자산의 특수성 때문에 시장상황을 고려한 공정가치가 없고 해당자산이 계속사업의 일부로서 거래되는 경우를 제외하고는 거의 거래되지 않는다면 이익접근법이나 상각후 대체원가법을 사용하여 공정가치를 측정한다.

04 | 재평가의 회계처리(감가상각누계액에 대한 회계처리)

유형자산을 재평가할 때 재평가시점의 감가상각누계액의 회계처리 방법은 비례조정법과 제거법(순액법)있다.

1. 비례조정법

재평가 후 자산의 장부금액이 재평가금액과 일치하도록 감가상각누계액과 총 장부금액을 비례적으로 수정하는 방법이다. 이 방법은 지수를 적용하여 상각 후 대체 원가를 결정하는 방식이다.

✅ **회계처리**

차) 유형자산	×××	대) 감가상각누계액	×××	
		재평가잉여금	×××	
		이연법인세부채	×××	

$$조정액 = 취득원가 \times (지수 - 1)$$

$$지수 \times \frac{재평가\ 후\ 공정가치}{재평가\ 전\ 장부금액}$$

지수는 장부금액분에 공정가치이다.

2. 제거법

총 장부금액에서 기존의 감가상각누계액을 제거하여 자산의 순장부금액이 재평가금액이 되도록 수정하는 방법으로 건물을 재평가할 때 사용한다.

✅ **회계처리**

차) 유형자산	×××	대) 재평가잉여금	×××
감가상각누계액	×××	이연법인세부채	×××

✎ 참고

구분		회계처리
재평가이익	최초평가	재평가잉여금으로 기타포괄이익으로 인식
	후속평가	과거에 당기손실로 인식한 재평가손실을 한도로 당기손익 인식 후 기타포괄이익으로 인식
재평가손실	최초평가	당기손실로 인식
	후속평가	과거에 기타포괄손익누계액으로 인식한 재평가잉여금과 우선상계 후 당기손실로 인식
재평가잉여금		해당 자산 제거 시 당기손익으로 대체

05 ㅣ 유형자산 재평가로 장부금액이 증가된 경우 회계처리

차) 유형자산	×××	대) 재평가잉여금	×××
		(기타포괄손익)	
		재평가이익	×××
		(기타수익)	

06 ㅣ 유형자산 재평가로 장부금액이 감소된 경우 회계처리

차) 재평가잉여금	×××	대) 유형자산	×××
재평가손실	×××		

✏ 실습예제

01 강남(주)는 2019년초에 토지를 ₩1,000,000에 구입하였다. 이 토지는 2020년말에 ₩1,500,000으로 재평가되었고 2020년말에 다시 ₩900,000으로 재평가되었다. 토지는 감가상각대상자산이 아니다. 2019년말과 2020년말의 회계처리를 하다.

풀이

<2019년말>

토지가 ₩1,500,000으로 재평가되어 ₩500,000(=₩1,500,000−₩1,00,000)의 자산재평가이익이 발생했으므로 이를 기타포괄손익으로 인식하고 재평가잉여금으로 하여 자본(기타포괄손익누계액)에 반영한다.

(차) 토지   500,000   (대) 재평가잉여금(기타포괄손익) 500,000

<2020년말>

토지가 ₩900,000으로 재평가되어 토지의 장부금액을 ₩600,000만큼 감소시켜야 한다. 이 중에서 ₩500,000은 기타포괄손실로 인식하여 해당 토지의 재평가잉여금(기타포괄손익누계액)을 감소시키고, 나머지 ₩100,000은 당기손익에 반영한다.

(차) 재평가잉여금(기타포괄손실) 500,000   (대) 토지   600,000
　　　자산재평가손실(당기손실) 100,000

07 ǀ 재평가의 빈도

유형자산 재평가의 빈도는 유형자산의 공정가치 변동에 따라 달라진다.

재평가된 유형자산의 공정가치변동이 중요하면 추가적인 재평가가 필요하다.

재평가된 유형자산의 공정가치변동이 중요하지 않으면 3년 또는 5년마다 재평가할 수 있다.

01 (주)서울은 2019년 초에 토지를 1,000,000원에 취득하였다. 이 토지는 2020년 말에 1,300,000원으로 재평가되었고, 2021년말에는 800,000으로 재평가되었다. 2020년말과 2021년말의 회계처리를 하라.

풀이

＜2020년말＞

(차) 토지　　　　　　　　　300,000　　　(대) 재평가잉여금(자본)　　300,000

＜2021년말＞

(차) 재평가잉여금(자본)　　300,000　　　(대) 토지　　　　　　　　500,000

　　자산재평가손실(당기손익) 200,000

08 ┃ 유형자산 손상차손인식

유형자산손상이란 자산의 진부화 또는 시장가치의 급격한 하락 등으로 인하여 자산의 회수가능액이 장부가액에 미달하는 경우이다.

1. 자산손상 징후 검토

매보고기간말마다 자산손상을 시사하는 징후가 있는지를 검토하고 만약 징후가 있다면 당해자산의 회수가능액을 추정해야 한다.

회수가능액 = 사용가치 ⌈ 순공정가치 (공정가치 – 처분부대원가) ⌉ 큰 금액

2. 회계처리

(1) 원가모형 회계처리

1. 손상시			
차) 유형자산손상차손	×××	대) 손상차손누계액	×××

2. 회복시			
차) 손상차손누계액	×××	대) 유형자산손상차손환입	×××

(2) 재평가모형 회계처리

재평가모형으로 평가하는 자산의 손상차손은 회수가능액이 재평가금액에 미달하는 금액이다.

> 손상차손 = 재평가금액 − 회수가능액

✓ **재평가의 회계처리**

구분	최초 재평가시 회계처리	이후 재평가시 회계처리
최초 재평가시 평가증	재평가잉여금 인식	① 평가증의 경우 : 재평가잉여금 인식 ② 평가감의 경우 : 전기 이전 인식 재평가잉여금을 우선 감소시키고, 초과액이 있으면 재평가손실 인식
최초 재평가시	당기비용 인식	① 평가감의 경우 : 재평가손실 인식 ② 평가증의 경우 : 전기 이전 인식 재평가손실만큼 재평가이익을 인식하고, 초과액이 있으면 재평가잉여금 인식

- 자산에 대하여 재평가모형을 적용함으로써 장부금액을 증가시키는 경우에는 재평가잉여금을 기타포괄손익으로 인식하고, 반대로 장부금액을 감소시키는 경우에는 당기비용(재평가손실)으로 처리한다.
- 자본에 계상된 재평가잉여금은 그대로 유지시킬 수도 있으나 그 자산이 제거될 때 이익잉여금으로 대체할 수도 있다.
- 그러나 재평가잉여금은 어떠한 경우에도 당기손익 재분류 금지됨(재분류조정 안 됨)
- 감가상각대상 유형자산의 장부금액을 재평가액으로 조정하는 경우 감가상각누계액은 다음의 두 가지 방법 중 한 가지로 수정한다.

참고

- 유형자산의 손상

구분	설명
판단기준	• 외부, 내부정보를 고려할 때 손상 가능성이 있다고 판단 • 유형자산의 사용 및 처분으로 기대되는 미래현금흐름 총액(현재가치 아님)<장부금액
손상차손	장부금액 – 회수가능액
회수가능액	MAX[순공정가치, 사용가치]

- 유형자산의 재평가

방법	장부금액
원가모형	취득원가 – 감가상각누계액 – 손상차손누계액
재평가모형	재평가금액 – 감가상각누계액 – 손상차손누계액

- 유형자산의 재평가

구분		회계처리
재평가이익	최초측정	재평가잉여금으로 기타포괄이익으로 인식
	후속측정	과거에 당기손실로인식한 재평가손실과 우선상계 후 기타포괄이익으로 인식
재평가손실	최초측정	당기손실로 인식
	후속측정	과거에 기타포괄이익으로 인식한 재평가잉여금과 우선상계 후 당기손실로 인식
재평가잉여금		해당 자산 제거 시 당기손익으로 대체

✔ 재평가시 감가상각누계액의 수정 방법

방 법	수정 방법
비례수정방법	재평가 후 자산의 장부금액이 재평가금액과 일치하도록 총장부금액과 감가상각누계액을 비례적으로 수정
총제거방법	총장부금액에서 기존의 감가상각누계액을 모두 제거하여 순장부금액이 재평가금액과 일치하도록 하는 방법

최초 재평가로 인하여 유형자산의 장부금액이 증가하는 경우를 대상으로 비례수정방법과 총제거방법의 회계처리를 비교하면 다음과 같다.

✔ 비례수정방법과 총제거방법의 회계처리 비교

비례수정방법		총제거방법	
(차) 유형자산	×××	(차) 유형자산	×××
(대) 감가상각누계액	×××	감가상각누계액	×××
재평가잉여금	×××	(대) 재평가잉여금	×××

✏ 실습예제 : 토지의 재평가시 회계처리

- 토지의 재평가모형 적용 회계처리는 비상각대상자산이므로 상각대상 자산에 비해 회계처리가 간단하다.
- 갑회사는 취득원가 ₩1,000의 토지에 대해서 원가모형을 적용하여 오다가 20X1년부터 처음으로 재평가모형을 적용하기 시작하였다. 20X1년부터 매년 말에 자산재평가를 하며, 추가 취득이나 처분거래는 없으며, 공정가치 하락이 손상발생은 아니다.

01 2021년부터 2024년까지 매년말 토지의 공정가치가 다음과 같을 때 갑회사가 해야 할 토지의 재평가 회계처리를 하라.

2021년 말	2022년 말	2023년 말	2024년 말
₩1,200	₩700	₩750	₩1,100

[풀이]

1. <2021년 말>

(차) 토   지   200   (대) 재평가잉여금   200

<2022년 말>

(차) 재평가잉여금   200   (대) 토   지   500
    재평가손실   300

토지의 장부금액을 ₩500 감소시키면서 과년도에 인식한 재평가잉여금 ₩200을 우선 제거하고, 초과액 ₩300을 당기비용으로 인식한다.

<2023년 말>

| (차) 토　　지 | 250 | (대) 재평가이익 | 250 |

토지의 장부금액을 ₩250 증가시키되, 과년도에 비용으로 인식한 ₩300 중 ₩250을 당기이익으로 인식한다.

<2024년 말>

| (차) 토　　지 | 150 | (대) 재평가이익 | 50 |
| | | 재평가잉여금 | 100 |

2. <2021년 말>

| (차) 재평가손실 | 100 | (대) 토　　지 | 100 |

<2022년 말>

| (차) 재평가손실 | 200 | (대) 토　　지 | 200 |
| 재평가손실 | 300 | | |

과년도에 인식한 재평가잉여금이 없으므로 토지 감소액₩200을 모두 당기비용으로 인식한다.

<2023년 말>

| (차) 토　　지 | 250 | (대) 재평가이익 | 250 |

<2024년 말>

| (차) 토　　지 | 150 | (대) 재평가이익 | 50 |
| | | 재평가잉여금 | 100 |

연습문제

01 유형자산의 취득원가에 관한 내용이다. 옳지 않은 것은?

① 유형자산의 원가는 인식시점의 현금가격상당액이다.

② 무상취득에 경우의 유형자산의 취득원가는 공정가치이다.

③ 국고보조금에 취득한 경우 유형자산의 취득원가는 공정가치이다.

④ 상업적 실질이 없는 교환의 경우 취득원가는 공정가치이다.

> **해설** 상업적 실질이 없는 교환의 경우 취득원가는 제공한 자산의 장부가액이다.

02 유형자산의 취득원가 결정에 관한 설명 중 옳지 않은 것은?

① 취득세, 등록세 등 유형자산의 취득과 직접 관련된 제세공과금은 유형자산의 취득원가에 반영한다.

② 건물을 신축하기 위하여 회사가 사용중인 기존 건물을 철거하는 경우 철거비용은 토지의 취득원가에 반영한다.

③ 자산의 취득, 건설, 개발에 따른 복구비용에 대한 충당부채는 유형자산을 취득하는 시점에서 해당 유형자산의 취득원가에 반영한다.

④ 유형자산을 장기연불조건으로 구입하는 경우 취득원가는 취득시점의 현금구입가격이다.

> **해설** 사용중인 건물을 철거하는 경우 철거비용은 당기비용으로 처리한다.

03 유형자산 재평가모형의 적용과 관련된 내용 중 틀린 것은?

① 유형자산의 재평가모형은 선택적으로 적용가능하다.

② 유형자산의 최초재평가시 회계추정의 변경으로 본다.

③ 유형자산의 재평가모형에서 최초재평가증은 당기손익으로 처리한다.

④ 유형자산의 최초재평가후 원가모형으로 변경하는 것은 회계원칙의 변경으로 본다.

> **해설** 최초재평가증은 재평가잉여금(기타포괄손익누계액)에 해당한다.

정답   01 ④   02 ②   03 ③

04 유형자산을 재평가하는 경우 최초 재평가잉여금이 발생했을 때 이후 재평가에서 평가감이 발생한다면 회계처리 방법으로 가장 적절한 것은?

① 재평가손실처리한다.

② 재평가잉여금의 감소로 처리한다.

③ 재평가잉여금의 감소처리하고 이를 초과하는 금액은 재평가손실처리한다.

④ 재평가이익의 감소로 처리한다.

해설 최초재평증 이후 재평가시 재평가감이 발생한 경우 정확한 방법은 재평가잉여금의 감소처리하고 이를 초과하는 금액은 재평가손실처리한다.

05 K-IFRS 제1016호의 유형자산의 감가상각에 관한 설명으로 옳지 않은 것은?

① 유형자산의 감가상각방법은 자산의 미래경제적 효익이 소비되는 형태를 말한다.

② 유형자산의 감가상각은 자산이 사용가능한 때부터 시작한다.

③ 매 회계연도말 재검토 결과 자산에 내재된 미래경제적 효익의 예상되는 소비형태에 유의적인 변동이 있다면 변동된 소비형태를 반영하기 위하여 감가상각방법을 변경한다.

④ 정액법으로 감가상각하는 경우, 감가상각이 완전이 이루어지기 전이라도 유형자산이 가동되지 않거나 유휴상태가 되면 감가상각을 중단해야 한다.

해설 유형자산이 운휴중이거나 적극적인 사용상태가 아니어도, 감가상각이 완전히 이루어지기 전까지는 감가상각을 중단하지 않는다.[K-IFRS 제1016호 문단 55]

06 유형자산의 적용범위에 속하는 유형자산 거래는 무엇인가?

① 매각예정으로 분류되는 유형자산

② 탐사평가자산의 인식과 측정

③ 농림어업활동과 관련되는 생물자산

④ 생물자산을 개발하거나 유지하기 위하여 사용하는 유형자산

해설 ①,②,③의 유형자산은 적용배제대상이다.

정답   04 ③   05 ④   06 ④

07 유형자산의 감가상각에 대한 설명중 잘못된 것은?

① 유형자산의 감가상각대상금액은 내용연수에 걸쳐 체계적인 방법으로 배분한다.

② 유형자산의 잔존가치와 내용연수는 매 회계연도말에 재검토하며, 재검토결과 추정 치가 종전 추정치와 다르다면 그 차이는 회계추정의 변경으로 회계처리한다.

③ 유형자산의 감가상각은 자산이 사용가능한 때부터 시작한다. 즉, 경영진의 의도하 는 방식으로 자산을 가동하는 데 필요한 장소와 상태에 이른 때부터 시작한다.

④ 유형자산의 감가상각은 취득완료가 되었다면 설치되기 전이라도 수행한다.

[해설] 유형자산의 감가상각은 자산이 사용가능한 때부터 시작한다. 즉, 경영진의 의도하는 방식으로 자산을 가 동하는 데 필요한 장소와 상태에 이른 때부터 시작한다.

08 유형자산의 취득원가에 포함되지 않는 것은?

① 토지 취득시 지급한 취득세

② 건물 취득 후 등기과정에서 지급한 등록세

③ 기계장치 취득후 가입하고 지급한 화재보험료

④ 차량운반구 취득시 발생한 운반비

[해설] 취득 후 사용과정에서 발생한 비용이므로 취득원가에 가산하지 않고 비용처리한다.

09 유형자산의 장부가액에 포함되지 않는 것은?

① 공장건물에 냉난방장치의 설치

② 건물에 엘리베이터 설치

③ 건물을 증축

④ 건물 도색

[해설] 건물도색은 단순한 원상회복에 해당하기 때문에 미래경제적 효익을 기대할 수 없으므로 비용처리한다.

| 정답 | 07 ④ | 08 ③ | 09 ④ |

10 유형자산의 원가를 인식시점의 현금가격상당액으로 규정하고 있다. 유형자산의 취득원가와 관련된 다음의 설명 중 잘못된 설명은 무엇인가?

① 대금지급이 일반적인 신용기간을 초과하여 이연된 경우, 현금가격상당액과 실제 총지급액과의 차액은 유형자산의 원가로 인식하지 아니하고 이자비용으로 인식한다.

② 교환거래를 통해 취득한 자산은 원칙적으로 취득한 자산의 공정가치로 측정하되, 제공한 자산의 공정가치가 더 명백한 경우에는 제공한 자산의 공정가치로 측정한다.

③ 교환거래에 상업적 실질이 결여된 경우와 취득한 자산과 제공한 자산 모두의 공정가치를 신뢰성 있게 측정할 수 없는 경우에는 제공한 자산의 장부금액을 원가로 측정한다.

④ 정부지원을 받는 경우 최초 인식된 유형자산의 장부금액에서 정부보조금만큼 차감될 수 있다.

[해설] 취득한 자산이나 제공한 자산의 공정가치를 신뢰성 있게 결정할 수 있다면 취득한 자산의 공정가치가 더 명백한 경우를 제외하고는 취득한 자산의 원가를 제공한 자산의 공정가치로 측정한다.[K-IFRS 제1016호 문단 26]

11 유형자산에서 규정하고 있는 유형자산의 원가로 볼 수 없는 것은 어느 것인가?

① 경영진이 의도하는 방식으로 자사를 가동하는 데 필요한 장소와 상태에 이르게 하는 데 직접관련되는 원가

② 관세 및 환급불가능한 취득 관련 세금을 가산하고 매입할인과 리베이트 등을 차감한 구입가격

③ 유형자산을 해체, 제거하거나 부지를 복구하는 데 소요될 것으로 최초 추정한 원가

④ 자가건설에 따른 내부이익

[해설] 자가건설한 유형자산의 원가는 외부에서 구입한 유형자산에 적용하는 것과 같은 기준을 적용하여 결정한다. 어떤 기업이 유사한 자산을 정상적인 영업활동과정에서 판매를 위해 만든다면 일반적으로 자가건설한 유형자산의 원가는 판매목적으로 건설하는 자산의 원가와 동일하다. 따라서 자가건설에 따른 내부이익과 자가건설 과정에서 원재료, 인력 및 기타 자원의 낭비로 인한 비정상적인 원가는 자산의 원가에 포함하지 않는다.

정답   10 ②   11 ④

12 (주)대성은 ₩1,000,000의 일괄구입가격으로 토지와 건물을 취득하였다. 여러 가지 자료를 통하여 감정한 결과 각 자산의 공정가치는 다음과 같다.
토지 ₩400,000   건물 ₩600,000 각 자산의 취득원가는?

	토 지	건 물
①	₩400,000	₩600,000
②	500,000	500,000
③	600,000	400,000
④	300,000	300,000

해설 일괄구입시 각 자산의 취득가액은 공정가액 비율로 계산한다.
토지원가 : 1,000,000 × {400,000÷(400,000+600,000)}=400,000
건물원가 : 1,000,000 × {600,000÷(400,000+600,000)}=600,000

13 (주)대한은 1주당 액면금액이 ₩5,000인 보통주 10,000주를 발행하여 토지를 취득하였다. (주)대한은 상장회사로 증권시장에서 주당 ₩6,000에 거래되고 있으며, 토지의 시가는 알 수 없다. (주)대한이 토지의 취득원가로 인식할 금액은?

① ₩60,000,000   ② ₩50,000,000

③ ₩40,000,000   ④ ₩30,000,000

해설 토지원가 : 6,000×10,000주=60,000,000

14 (주)대한은 2020년초 취득원가 ₩1,000,000의 비품을 구입하여 사용하고 있으며, 정률법(계산편의상 정률은 40% 가정함)으로 감가상각한다. 이 비품의 내용연수는 5년 잔존가액은 ₩20,000으로 추정된다. 2021년말 감가상각비로 인식할 금액은?

① ₩200,000   ② ₩220,000

③ ₩240,000   ④ ₩260,000

해설 2020년 상각비 : 1,000,000×40%=400,000
2021년 상각비 : (1,000,000－400,000)×40%=240,000

정답	12 ①	13 ①	14 ③

15 (주)대한건설은 2020년 1월 1일 ₩500,000에 취득한 건설장비(내용연수 5년, 잔존가액 ₩50,000)를 2021년 6월 31일에 ₩200,000에 처분하였다. (주)대한건설은 정액법에 의해 건설장비를 감가상각 하였다면, 동 건설장비의 처분과 관련된 처분손익은?

① 처분이익 165,000   ② 처분손실 165,000

③ 처분이익 155,000   ④ 처분손실 155,000

해설 2020년 상각비 : (500,000 – 50,000)÷5년=90,000
2011년 상각비 : 6/12=45,000
처분시 장부가액 : 500,000 – 90,000 – 45,000=365,000
처분손실 : 200,000 – 365,000=(165,000)

16 (주)대한은 정부로부터 ₩1,000,000의 보조금을 교부받아 2019년 1월 1일에 기계장치를 ₩2,000,000에 취득하였다. 감가상각은 정액법(내용연수 5년, 잔존가치 없음)으로 한다. 2020년 1월 1일에 동 기계를 ₩1,500,000에 매각하였다. 정부보조금으로 취득한 기계장치와 관련하여 2020년 1월 1일 매각에 따른 인식할 유형자산처분손익은?

① ₩500,000   ② ₩600,000

③ ₩700,000   ④ ₩800,000

해설 감가상각비 : 2,000,000÷5년=400,000
국고보조금상각액 : 400,000(상각비)×1,000,000/2,000,000=200,000
유형자산처분이익 : 1,500,000 – (2,000,000 – 1,000,000 – 400,000+200,000)=700,000

17 (주)완도는 사용중인 기계를 (주)대성의 기계와 교환하였다. 이 교환거래는 상업적 실질이 있으며, 교환된 기계의 장부금액과 공정가치는 다음과 같다. (주)완도가 이 교환거래로 인해 인식할 유형자산처분손익은 얼마인가?

구분	취득원가	감가상각누계액	공정가치
(주)완도의 기계	₩20,000	₩12,000	₩12,000
(주)대성의 기계	₩18,000	₩4,000	알수없음

① 유형자산처분이익 ₩2,000   ② 유형자산처분이익 ₩4,000

③ 유형자산처분손실 ₩2,000   ④ 유형자산처분손실 ₩4,000

해설 ₩12,000(교환자산의 공정가치) – 8,000(=교환자산의 장부가액)=4,000

정답   15 ②   16 ③   17 ②

18 (주)대성은 2019년 12월 31에 해상구조물을 현금 ₩10,000에 구입하였다. 환경법률에서는 이 구조물의 내용연수가 종료된 후에는 훼손된 환경을 원상복구하도록 하고 있다. 이를 위하여 지출될 것으로 추정되는 금액은 ₩2,000이며 현재가치는 ₩1,500이다. (주)대성이 인식할 구축물의 취득원가는?

① ₩10,000   ② ₩12,000

③ ₩11,500   ④ ₩11,000

해설 10,000 + 1,500(복구비용현재가치)=11,500

19 (주)완도는 2020년 1월 1일, ₩10,000에 취득하여 보유중인 건물이 2021년 12월 31일 현재 손상된 것으로 판단하였다. 건물의 내용연수는 10년, 잔존가치는 없으며 정액법으로 감가상각한다. (주)완도는 건물을 원가모형으로 적용하고 있으며, 회수가능액 추정을 위한 자료는 다음과 같다.

순공정가치 : ₩3,000	사용가치 : ₩2,500

2021년 (주)완도가 인식할 유형자산손상차손은?

① ₩3,000   ② ₩2,500

③ ₩5,000   ④ ₩7,000

해설 유형자산의 회수가능액 = MAX [순공정가치   사용가치]
                          = MAX [3,000   2,500] = 3,000
평가전 장부가액 = 10,000 − (*1,000 + 1,000)=8,000
 * 매년 상각비 = 10,000÷10년=1,000
   유형자산손상차손 : 3,000 − 8,000=(5,000

20 갑회사는 2019년에 원가모형을 선택하다 2020년도말에 재평가모형을 적용한다고 했을 때 토지의 취득원가는 ₩1,000이다. 2011년말 공정가치는 ₩1,500이라면 2020년말 회계처리로 맞는 것은?

① 차) 토지 500   대) 재평가이익 500

② 차) 토지 500   대) 재평가잉여금 500

③ 차) 토지 500   대) 토지평가이익 500

정답   18 ③   19 ③   20 ②

④ 차) 토지 1,500　　　　　　　　　대) 재평가잉여금 1,500

[해설]　② 토지의 재평가증은 재평가잉여금으로 기타포괄손익누계액(자본)으로 처리한다.

21　유형자산에 대한 설명으로 올바른 것은?

① 사용을 목적으로 보유하고 있는 자산

② 감가상각을 반드시 해야 한다.

③ 정상적인 영업활동에서 판매목적으로 보유하는 자산이다.

④ 유동자산 중 재고자산의 일종이다.

[해설]　토지같은 비상각자산은 감가상각을 하지 않는다.
　　　　③은 재고자산에 대한 설명이다. 유형자산은 영업활동에 사용중인 자산으로 장기적 보유자산이므로 비유동자산에 속한다.

22　교환, 현물출자, 증여 기타 무상으로 취득한 자산의 취득원가는 어느 것인가?

① 공정가액

② 무상으로 취득하므로 취득원가는 없는 것으로 한다.

③ 현물출자 받는 경우 자산의 장부가액으로 한다.

④ 증여받는 경우 자산의 장부가액으로 한다.

[해설]　교환, 현물출자, 증여 기타 무상 취득한 자산의 취득원가는 공정가액이다.

23　감가상각에 대한 설명으로 잘못된 것은?

① 자산의 원가를 내용연수에 걸쳐 체계적이고 합리적인 방법으로 배분하는 과정이다.

② 기술진보와 경제적 낙후성 등으로 진부화, 구식화 등은 기능적 감가의 원인이다.

③ 발생된 수익에 비용을 대응시키기 위한 것으로 비용배분의 원칙과 관련이 있다.

④ 자산가치의 감소에 따른 평가과정이다.

[해설]　감가상각은 가득한 수익에 관련비용을 대응시키기 위한 합리적인 원가 배분과정이다. 사용에 따른 손상, 마멸, 오손과 시간경과로 인한 감모, 부패와 취급부주의 등으로 인한 파손 등은 물리적 감가의 원인이다.

정답	21 ①	22 ①	23 ③

24 자본적 지출에 대한 설명 중 잘못된 것은?

① 개량과 관련된 지출

② 기계장치 성능을 유지시키기 위해 부품을 교체

③ 내용연수연장을 위한 수선

④ 불량률감소를 위해 신형부품으로 교체

해설 • 자본적 지출이란 취득 후 유형자산의 미래 효익을 증가시키는 지출을 말하며, 지출효과가 장기간 지속되고 자산의 경제적 효익을 증가시키고 금액이 상대적으로 중요하다는 등의 요건이 있으며 자산으로 회계처리한다.
• 수익적지출이란 유형자산의 원상회복 및 성능유지를 위한 지출로 발생기간의 비용으로 인식한다. 처리한다.

※ 다음 자료를 이용하여 물음에 답하라.

• 취득원가 : ₩25,000,000
• 잔존가치 : ₩2,500,000
• 내용연수는 30년

25 정액법에 의한 1차년도 감가상각액을 계산하면 얼마인가?

① ₩834,000   ② ₩917,000

③ ₩1,250,000   ④ ₩750,000

해설 정액법은 상각총액을 내용연수동안 균등하게 배분하는 방법으로 매년 상각액이 동일하다.

$$감가상각비 = \frac{(취득원가 - 잔존가치)}{내용연수}$$

$$\frac{(25,000,000 - 2,500,000)}{30년} = ₩750,000이 된다.$$

정답   24 ②   25 ④

26 기계의 취득원가가 ₩3,000,000이며, 잔존가치는 ₩300,000, 내용연수는 5년, 정률은 20%이다. 3차년도 정률법에 의한 감가상각비는?

① ₩384,000   ② ₩740,000

③ ₩600,000   ④ ₩540,000

해설 정률법에 의한 매기 상각액 = (취득원가 – 감가상각누계액) × 상각률 (정률)
정률법에 의한 감가상각시에는 잔존가치가 전혀 고려되지 않는다.
제 1 차년도 감가상각비 : 3,000,000 × 0.2 = ₩600,000
제 2 차년도 감가상각비 : (3,000,000 – 600,000) × 0.2 = ₩480,000
제 3 차년도 감가상각비 : (3,000,000 – 1,0800,000) × 0.2 = ₩384,000

27 석탄 3,000톤이 매장된 탄광을 ₩20,000,000에 매입하였다. 매입 후 500톤을 채굴하였다. 매출원가에 포함될 감가상각비는 얼마인가? 채굴 후 광산가치는 ₩1,000,000이 될 것 같다.

① ₩4,167,000   ② ₩4,000,000

③ ₩3,567,000   ④ ₩2,980,000

해설 광산은 감모성 자산으로 생산량비례법에 의해 감가상각한다.

$$감가상각비 = (취득원가 – 잔존가치) \times \frac{실제\ 생산량}{예정총생산량}$$

$$(20,000,000 – 1,000,000) \times \frac{500}{3,000} = 4,000,000$$

CHAPTER

07

무형자산

무형자산의 의의와 측정

01 | 무형자산의 의의

　　무형자산이란 일반적으로 물리적 실체는 없지만 식별가능한 비화폐성자산이다. 그러나 물리적 실체가 없다는 사실만으로 무형자산이 될 수는 없다. 왜냐하면 매출채권이나 선급금항목 등과 같이 물리적 실체가 없는 자산이지만 무형자산에는 속하지 않는 항목들이 있기 때문이다.

　　한편, 무형자산을 당해 자산으로부터 기대되는 미래 효익의 가치 및 시기를 입증하기 어려운 자산이라고 정의하기도 하나, 이러한 정의는 저작권 및 상표권 등의 무형자산에는 적용되지만 모든 무형자산을 설명하지는 못한다. 기업회계기준서는 무형자산을 재화의 생산이나 용역의 제공, 타인에 대한 임대 또는 관리에 사용할 목적으로 기업이 보유하고 있으며, 물리적 형체가 없지만 식별가능하고, 기업이 통제하고 있으며, 미래 경제적 효익이 있는 비화폐성 자산으로 정의하고 있다.

　　K-IFRS에서는 산업재산권(특허권, 실용신안권, 디자인권, 상표권), 광업권, 어업권, 시추권, 개발비, 프랜차이즈, 라이선스, 저작권, 소프트웨어, 고객관련무형자산, 골프회원권 등을 무형자산으로 규정하고 있다.

✅ 무형자산 및 무형자산성 지출의 회계상 분류

구분	세부분류	회계처리	사례
식별가능 무형자산	내부창출 무형자산	원칙적으로 비용처리 (자산성 있는 개발비 제외)	연구비, 경상개발비, 광고비, 교육훈련비 등
	외부구입 무형자산	자산처리	산업재산권, 라이선스, 프랜차이즈, 저작권, 시설사용권 등
영업권	내부창출 영업권	자산 불인식	경영능력, 고객충성도, 시장점유율 등
	사업결합 영업권	자산처리	영업권

02 ㅣ 무형자산의 인식과 측정

1. 무형자산의 인식

식별가능성과 자원에 대한 통제 및 미래 경제적 효익의 존재 등이 충족되어야 한다.

첫째, 무형자산이 식별 가능하다는 것은 그 자산이 기업 실체나 다른 자산으로부터 분리될 수 있거나 법적 처리를 창출할 수 있는 경우 등을 의미한다.

둘째, 자원에 대한 통제란 그 자원으로부터 미래의 경제적 효익을 획득할 수 있고 그 효익에 대한 제3자의 접근을 제한하는 경우를 말한다.

셋째, 무형자산의 미래 경제적 효익은 재화의 매출이나 용역수익·원가절감 또는 그 자산의 사용에 따른 기타 효익의 형태를 발생하는 것을 말한다.

2. 무형자산의 측정

• 자산에서 발생하는 미래경제적 효익의 유입가능성이 높다.
• 자산의 취득원가를 신뢰성 있게 측정할 수 있다.

(1) 개별취득

개별취득하는 무형자산의 원가는 일반적으로 신뢰성 있게 측정할 수 있다.

취득원가에 포함	취득원가에 불포함
1. 구입가액(매입할인과 리베이트는 차감하고 수입관세와 환급받을 수 없는 세금 포함) 2. 자산을 의도한 목적에 사용할 수 있도록 준비하는데 직접 관련되는 원가(종업원 급여, 전문가 수수료, 검사하는 데 발생한 원가)	1. 새로운 제품이나 용역의 홍보원가 2. 새로운 지역 또는 새로운 계층의 고객을 대상으로 사업을 수행하는 데서 발생하는 원가(교육훈련비 포함) 3. 관리 원가와 일반경비 원가

(2) 사업결합으로 인한 취득

사업결합으로 인한 취득이란 기업이나 사업을 매수·합병함에 따라 피취득자의 무형자산을 취득하는 경우를 말하며 무형자산의 공정가치는 그 자산에 내재된 미래 경제적 효익이 기업에 유입될 확률에 대한 기대를 반영할 것이다.

즉 기업의 유입의 시기와 금액이 불확실하더라도 미래경제적 효익의 유입이 있을 것으로 기대한다.

따라서 사업결합으로 취득하는 무형자산은 미래경제적 효익이 기업에 유입될 가능성이 높다는 것을 항상 충족하는 것으로 본다.

사업결합으로 취득하는 자산이 분리 가능하거나 계약상 또는 기타법적권리에서 발생한다면 그 자산의 공정가치를 신뢰성 있게 측정하기에 충분한 정보가 존재한다.

따라서 사업결합전에 그 자산을 피취득자가 인식하였는지 여부와 관계없이 취득자는 취득일에 무형자산을 영업권과 분리하여 인식한다.

✔ 무형자산 공정가치 측정

활성시장이 존재하는 경우	활성시장이 존재하지 않는 경우
• 활성시장의 시장가격은 무형자산의 공정가치에 대한 가장 신뢰할 수 있는 측정치를 제공한다. 적절한 시장가격은 일반적으로 현행매입호가이다. • 만일 현행매입호가를 이용할 수 없다면 가장 최근에 유사한 거래일부터 자산의 공정가치를 측정하는 날까지 경제상황에 유의적인 변화가 없다는 것을 전제로 가장 최근에 발생한 유사한 거래에서 형성된 가격을 근거로 공정가치를 추정할 수 있다.	• 무형자산의 공정가치는 취득일에 최근 정보에 근거하여 합리적인 판단력과 거래의사가 있는 독립된 당사자 사이의 거래에서 그 자산에 대하여 지급하였을 금액이다. 이 금액을 결정하기 위하여 유사한 자산의 최근 거래의 결과를 고려한다.

03 ㅣ 진행 중인 연구와 개발 프로젝트의 취득 후 지출

1. 연구관련지출

발생한 기간의 비용으로 인식한다.

2. 개발관련지출

무형자산의 인식기준 충족하지 못할 경우 경상개발비로 처리한다.

무형자산의 인식기준 충족한 경우 무형자산의 장부금액에 가산한다.

3. 내부적으로 창출한 무형자산의 인식

내부적으로 창출한 무형자산의 인식은 연구단계와 개발단계로 구분한다.

연구단계의 경우	개발단계의 경우
1. 새로운 지식을 얻고자 하는 활동 2. 연구결과나 기타지식을 탐색평가, 최종선택, 응용하는 활동 3. 재료, 장치, 제품, 공정, 시스템, 용역에 대한 여러 가지 대체안을 탐색하는 활동 4. 새롭거나 개선된 재료, 장치, 제품공정 시스템이나 용역에 대한 여러 가지 대체안을 제안, 설계 및 최종 선택하는 활동	1. 무형자산을 사용하거나 판매하기 위해 그 자산을 완성할 수 있는 기술적 실현가능성 2. 무형자산을 사용하거나 판매 할 수 있는 기업의 능력 3. 무형자산을 완성하여 사용하거나 판매하려는 기업의 의도 4. 무형자산의 개발을 완료하고 그것을 판매하거나 사용하는 데 필요한 기술적, 재정적 자원 등의 입수가능성 5. 개발과정에서 발생한 무형자산 관련지출을 신뢰성 있게 측정할 수 있는 능력 6. 무형자산이 미래 경제적 효익을 창출하는 방법

✅ 내부창출 무형자산

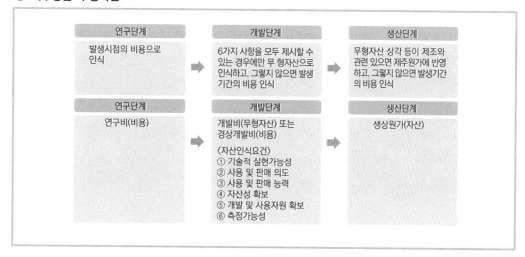

- 연구단계와 개발단계 구분이 어려운 경우 연구단계 발생으로 간주
- 내부창출 무형자산의 취득원가 : 무형자산 인식기준을 최초로 충족한 이후 발생한 지출금액
- 이미 무형자산 인식기준을 충족하지 못하여 비용 인식금액은 이후 무형자산 인식기준을 충족하더라도 소급 인식 불가

✏️ 실습예제 : 내부창출 무형자산

다음은 당기 중에 갑회사가 차세대 디스플레이 개발 프로젝트의 수행과 관련하여 발생시킨 비용이다.

비용 내역	연구단계에서 발생	개발단계에서 발생	기타
연구원 급여	₩30,000	₩80,000	₩10,000
원재료 사용액	20,000	50,000	
시험기기 감가상각비	40,000	70,000	
외부위탁용역비			80,000
이자비용	10,000	30,000	
계	₩100,000	₩230,000	₩90,000

기타 비용은 연구단계에서 발생하였는지 개발단계에서 발생하였는지 구분이 곤란한 항목이다. 한편 개발 후 이를 운용하는 직원에 대한 훈련비 ₩5,000을 지출하였다.

01 상기 자료에서 갑회사가 당기에 비용으로 인식해야 할 금액과 무형자산으로 인식해야 할 금액을 각각 계산하라. 단, 개발단계에서 발생한 지출은 무형자산의 인식조건을 충족한다고 가정하며, 무형자산의 상각은 고려하지 않는다.

[풀이]

당기 비용 인식금액
= ₩100,000(연구단계 발생비용) + 90,000(구분이 곤란한 비용) + 5,000(직원 훈련비)
= ₩195,000

무형자산 인식금액 = ₩230,000

✎ **실습예제**

(주)서울은 2019년에 사업을 시작하였는데, 상표권 개발과 관련해서 다음과 같은 지출을 하였다.

일반광고비	₩300,000
상표권 광고비	120,000
상표권 등록 법률수수료	50,000
상표권 디자인 및 등록 원가	40,000
성공적 상표권 소송원가	30,000

01 (주)서울의 지출액 중 무형자산으로 기록할 수 있는 금액과 2019년에 비용처리해야 할 금액은 각각 얼마인가?

[풀이]

상표권(무형자산)으로 인식할 금액은 자산의 취득과 직접 관련이 있고 자산 인식요건을 충족해야 한다. 따라서 상표권 등록 법률수수료, 상표권 디자인 및 등록 원가와 성공적 상표권 소송원가의 합계인 ₩120,000을 상표권(무형자산)으로 인식한다. 일반광고비는 해당 자산과 직접 관련이 없으며, 상표권에 대한 광고비도 광고비의 지출로 인한 미래 경제적 효익이 기업에 유입될 가능성이 높다고 볼 수 없기 때문에 광고비 전액 ₩420,000을 발생한 기간인 2019년의 비용으로 처리해야 한다.

제2절
무형자산의 상각

무형자산의 상각은 자산이 사용가능한 때부터 시작한다. 즉 자산이 경영자가 의도하는 방식으로 운영할 수 있는 위치와 상태에 이르렀을 때부터 시작한다.

무형자산상각은 내용연수가 유한한지 또는 비한정인지에 따라 달라진다.

01 ㅣ 내용연수가 유한한 무형자산

내용연수가 유한한 무형자산은 상각대상금액을 내용연수 동안 체계적인 방법으로 배분해야 되며, 내용연수는 경제적 요인과 법적 요인의 영향을 받는다. 무형자산의 내용연수는 이러한 요인에 의해 결정된 기간 중 짧은 기간으로 한다.

02 ㅣ 잔존가치

내용연수가 유한한 무형자산의 잔존가치는 다음의 ①, ② 중 하나에 해당하는 경우를 제외하고는 영(0)으로 본다.

① 내용연수 종료시점에 제3자가 자산을 구입하기로 한 약정이 있다.

② 무형자산의 활성시장이 있고, 잔존가치를 그 활성시장에 기초하여 결정할 수 있고 그러한 활성시장이 내용연수 종료시점에 존재할 가능성이 높다.

03 ┃ 내용연수가 비한정인 무형자산(골프회원권)

내용연수가 비한정인 무형자산은 상각하지 않는다. 단, 다음의 경우에 회수가능액과 장부금액을 비교하여 내용연수가 비한정인 무형자산의 손상검사를 수행하여야 한다.

① 무형자산의 손상을 시사하는 징후가 있을 때

② 매년 이 경우에는 자산손상의 징후 여부와 관계없이 회수가능액을 추정해야 한다. 손상검사는 회계연도 중 매년 같은 시기에 하며 서로 다른 무형자산에 대하여는 각각 다른 시점에서 손상검사를 할 수 있다.

제3절
무형자산의 재평가

무형자산의 재평가는 회계정책으로 원가모형이나 재평가모형을 선택할 수 있다.

01 ┃ 원가모형

최초인식 후에 무형자산은 취득원가에서 감가상각누계액과 손상차손누계액을 차감한 금액을 장부금액으로 한다.

02 ┃ 재평가모형

최초인식 후에 무형자산은 재평가일의 공정가치에서 그 이후에 감가상각누계액과 손상차손누계액을 차감한 재평가금액을 장부금액으로 한다.

03 ┃ 활성시장이 없는 경우

취득원가에서 감가상각누계액과 손상차손 누계액을 차감한 금액으로 표시한다.

✅ **회계처리**

1. 장부금액이 재평가로 인하여 증가된 경우			
차) 무형자산	×××	대) 재평가잉여금	×××
		재평가이익	×××
		(기타이익)	

2. 장부금액이 재평가로 인하여 감소된 경우			
차) 재평가잉여금	×××	대) 무형자산	×××
재평가손실	×××		
(기타비용)			

04 ㅣ 무형자산의 제거와 손상

1. 손상차손의 인식

매 보고기간말마다 무형자산의 손상을 시사하는 징후가 있는지를 검토해야 한다.

2. 손상차손 및 손상차손환입 계산방법

- 손상차손 = 자산의 장부가액 – 회수가능액
- 손상차손환입 = 회수가능액 – 자산의 장부금액
- 회수가능액 = Max(순공정가치, 사용가치)
- 환입한도액 = Max(회수가능액, 손상차손인식전의 장부금액)

제4절
영업권

01 ㅣ 영업권의 의의

영업권이란 타기업을 인수하거나 합병할 때 순자산가액을 초과하여 지급한 부분을 영업권이라 한다.

이러한 영업권은 일반적인 자산과는 달리 기업과 분리되어 독립적으로 거래될 수 없다.

영업권은 기업 내부적으로 창출된 영업권과 외부에서 구입한 영업권으로 구분할 수 있다. 내부적으로 창출된 영업권은 취득원가를 신뢰성 있게 측정할 수 없을 뿐만 아니라 기업이 통제하고 식별가능한 자원도 아니므로 무형자산으로 인정하지 않는다. 반면, 외부에서 구입한 영업권이란 합병, 영업양수 등의 방법으로 유상으로 취득한 경우에 발생하고, 합병 등의 대가가 합병 등으로 취득하는 순자산의 공정가치를 초과하는 경우를 말하며, 재무상태표에 계상되는 영업권은 합벼, 영업양수 등 유상으로 취득한 것에 한한다.

> 영업권 = 합병 등의 대가로 지급한 금액 - 취득한 순자산의 공정가치

실습예제

01 (주)서울은 2019년 7월 1일 (주)회계를 합병하면서 현금 50,000,000원을 지급하였다. (주)회계의 2019년 7월 1일 현재 자산의 공정가치는 80,000,000원이며 부채의 공정가치는 40,000,000원이다. 이때 영업권에 관련된 분개를 하여라.

풀이

영업권 = 50,000000 − (80,000,000 − 40,000,000) = 10,000,000원

(차) 자 산	80,000,000	(대) 부 채	40,000,000
영 업 권	10,000,000	현 금	50,000,000

1. 사업결합으로 취득한 영업권

기업이 다른 기업이나 사업을 매수·합병하는 경우 발생한 영업권이다.

사업결합으로 취득하는 무형자산의 취득원가는 '사업결합'에 따라 취득일의 공정가치로 한다. 무형자산의 공정가치는 그 자산에 내재된 미래경제적 효익이 기업에 유입될 확률에 대한 시장의 기대를 반영한다. 즉, 확률의 효과는 무형자산의 공정가치 측정에 반영된다. 따라서 사업결합으로 취득하는 무형자산은 미래경제적 효익의 유입가능성을 항상 충족하는 것으로 본다.

K-IFRS '무형자산'과 K-IFRS 1103 '사업결합'에 따라 자산의 공정가치를 신뢰성 있게 측정할 수 있다면 사업결합 전에 그 자산을 피취득자가 인식하였는지 여부에 관계없이 취득자는 취득일에 피취득자의 무형자산을 영업권과 분리하여 인식한다. 이것은 피취득자가 진행하고 있는 연구, 개발 프로젝트가 무형자산의 정의를 충족하고 그것의 공정가치를 신뢰성 있게 측정할 수 있다면 취득자가 영업권과 분리하여 별도의 자산으로 인식하는 것을 의미한다. 피취득자가 진행하고 있는 연구개발 프로젝트는 다음의 조건을 모두 충족할 경우 무형자산의 정의를 충족한다.

① 자산의 정의(과거 사건의 결과로 기업이 통제하고 있고, 미래경제적 효익이 유입될 것으로 기대되며, 신뢰성 있게 측정가능하다)를 충족한다.

② 식별가능하다. 즉 분리가능하거나 계약상 또는 기타 법적 권리에서 발생한다.

- 피취득회사의 식별가능자산과 부채의 공정가치를 취득원가로 인식
- 지급한 이전대가와 순자산의 공정가치의 차이를 영업권으로 인식
- 사업결합 전에 피취득회사가 그 자산을 인식했는지의 여부에 관계없이 취득일에 당해 무형자산 인식

| (차) (피취득회사) 자산 | ××× | (대) (피취득회사) 부채 | ××× |
| 영업권 | ××× | 현금 등 | ××× |

2. 내부창출 영업권

기업이 스스로 영업권을 계상하는 경우 발생하는 영업권이다. K-IFRS에서는 내부창출영업권은 인정하지 않는다.

02 | 영업권의 평가

영업권의 평가방법으로는 종합평가계정법과 초과수익력의 현가가 있다.

1. 종합평가계정법(순자산평가법)

종합평가계정법에 의하면 영업권은 기업전체를 종합적으로 평가한 금액(예 합병 등의 대가)에서 당해 기업의 순자산가액(공정가액)을 차감한 잔액으로 계산하는 방법이다.

2. 초과수익력의 현가

영업권이 존재한다면 그 기업이 속해 있는 산업의 정상이익보다 초과이익을 획득할 것으로 생각하여 미래에 기대되는 초과순이익을 적절한 할인율에 의하여 현재가치로 평가한 금액을 영업권으로 보는 방법이다.

초과수익력에 의해 영업권을 평가할 때는 정상이익률과 기업의 미래이익 및 초과이익을 할인하는 데 적절한 할인율과 초과이익의 존속기간을 결정하여야 한다.

- 정상이익률 : 동일한 업종에 종사하는 기업들의 평균이익률
- 기업의 미래이익 : 기업의 과거이익을 참고로 측정하는 데 보통기업의 3년간의 이익을 평균하는 것이다.
- 초과이익을 할인하는 데 적용할 할인율과 초과이익의 존속기간 : 해당기업이 속해 있는 산업의 전망을 참고로 주관적으로 결정한다.

※ 3년간 연평균 순이익 − 순자산 F.V × 정상이익률 = 초과순이익

초과순이익 × 지속기간의 연금현가 = 영업권

03 | 염가매수차액(당기수익)

합병의 경우에 피합병법인에 지급하는 합병대가가 합병으로 인하여 취득한 순자산 (자산 − 부채)의 공정가치보다 더 적은 경우에 발생하는 것으로 당기수익으로 인식한다.

 실습예제 1 : 개별 취득 무형자산

갑회사는 공장자동화에 필요한 소프트웨어를 취득하였는데, 다음과 같은 비용이 발생하였다.

구입가격	₩1,000,000
소프트웨어 설치에 필요한 전문가 자문료	50,000
소프트웨어의 정상가동 여부를 검사하는 원가	40,000
공장자동화 홍보원가	20,000

01 소프트웨어의 취득원가를 계산하라. 단, 소프트웨어 구입가격을 즉시 현금으로 지급하는 대가로 구입가격의 1%에 해당하는 리베이트를 받았다.

02 소프트웨어 구입가격을 즉시 현금으로 지급하지 않고 총 ₩1,300,000을 3년간 분할지급하기로 하였다. 분할지급의 경우에는 리베이트가 없다. 소프트웨어의 취득원가를 다시 계산하라.

풀이

1. 소프트웨어 취득원가 = ₩1,000,000 × 99% + 50,000 + 40,000 = ₩1,080,000
2. 소프트웨어 취득원가 = ₩1,000,000 + 50,000 + 40,000 = ₩1,090,000

갑회사는 2019년 초에 을회사를 합병하였다. 취득일 현재 을회사가 보유하고 있는 무형자산은 모두 특허권인데, 특허권을 제외한 순자산의 공정가치는 ₩3,000,000이며, 이전대가로 갑회사 주식(액면총액 ₩2,000,000, 공정가치 ₩3,500,000)을 발행·교부하였다.

01 특허권의 공정가치를 ₩100,000으로 신뢰성 있게 측정하였을 때 취득일에 갑회사가 인식해야 할 특허권과 영업권의 장부금액을 각각 계산하라.

02 위 문제에서 특허권의 공정가치를 신회성 있게 측정할 수 없다고 가정다고 다시 답하라.

[풀이]

1. 특허권 = ₩100,000

    영업권 = 이전대가(합병대가) − 매수하는 순자산의 공정가치

    $= ₩3,500,000 − (3,000,000 + 100,000)$

    $= ₩400,000$

2. 특허권 = ₩0

    영업권 = 이전대가(합병대가) − 매수하는 순자산의 공정가치

    $= ₩3,500,000 − 3,000,000 = ₩500,000$

<풀이 1>

(차) 순 자 산	3,100,000	(대) 자 본 금	2,000,000
영 업 권	400,000	주식발행초과금	1,500,000

<풀이 2>

(차) 순 자 산	3,000,000	(대) 자 본 금	2,000,000
영 업 권	500,000	주식발행초과금	1,500,000

✅ IFRS와 K-GAAP의 차이

구 분	기업회계기준서 제1038호	기업회계기준서 제3호
적용범위	광업권을 제외하고, 기업회계기준서 제1106호 '광물자원의 탐사와 평가' 적용	광업권도 무형자산에 포함
무형자산의 정의	무형자산 보유 목적 없음	재화의 생산이나 용역의 제공, 타인에 대한 임대 또는 관리에 사용할 목적으로 기업이 보유하고 있다는 정의 포함
식별가능성의 개념	분리가능성과 자산이 계약상 권리(또는 기타 법적 권리)로부터 발생하는 경우 중 하나에 해당하는 것으로 규정	계약상 권리(또는 기타 법적 권리)로부터 발생하는 경우에 대한 명시적 규정 없음
비계약적 고객관계	비계약적 고객관계를 교환하는 거래도 무형자산 정의 충족	무형자산 정의를 충족하지 않음
사업결합 과정에서 취득한 무형자산	사업결합에서 취득하는 무형자산의 공정가치를 신뢰성 있게 측정할 수 있으면 항상 무형자산의 인식기준을 충족하는 것으로 간주	관련 규정 없음
사업결합으로 취득한 연구·개발 프로젝트의 후속적 지출	연구단계 지출인지 개발단계 지출인지 구분하여 당기비용 또는 무형자산으로 인식	관련 규정 없음
자산교환에 의한 취득	취득한 자산은 공정가치를 취득원가로 결정하되, 교환거래에 상업적 실질이 결여되어 있거나 교환대상 자산의 공정가치를 모두 신뢰성 있게 측정할 수 없으면 제공한 자산의 장부금액을 취득원가로 결정	이종자산 교환시 제공자산의 공정가치를 취득원가로 결정하고, 동종자산 교환시 제공자산의 장부금액으로 취득원가를 결정
최초 인식 후 측정	원가모형 또는 재평가모형 선택 가능	원가모형만 허용
내용연수	내용연수가 유한한 무형자산에 대한 내용연수의 결정시 고려할 사항에 대해서만 언급. 내용연수가 비한정인 무형자산 인정	독점적·배타적 권리를 부여하고 있는 관계 법령이나 계약에서 정한 경우 외에는 20년을 초과할 수 없음
상각방법 변경	회계추정의 변경으로 구분	회계정책의 변경으로 구분

01 무형자산 적용범위에 해당하는 것은 어는 것인가?

① 사업결합으로 취득하는 영업권

② 정상적인 영업과정에서 판매를 위하여 보유하고 있는 무형자산

③ 종업원급여와 관련하여 발생하는 자산

④ 사업결합으로 취득하는 연구·개발 프로젝트

<blockquote>

해설 사업결합으로 취득하는 연구개발프로젝트를 제외한 나머지는 다른 기준서를 우선 적용한다. 특히 사업결합으로 취득하는 영업권은 기준서 제1103호 사업결합을 적용한다.

</blockquote>

02 무형자산과 관련하여 타당하지 않은 설명은 어느 것인가?

① 컴퓨터로 제어되는 기계장치가 특정 컴퓨터소프트웨어가 없으면 가동이 불가능한 경우에는 그 소프트웨어를 관련된 하드웨어의 일부로 보아 무형자산으로 회계처리한다.

② 컴퓨터의 운영시스템에 있어 관련된 하드웨어의 일부가 아닌 소프트웨어는 무형자산으로 회계처리한다.

③ 이 기준서는 광고, 교육훈련, 사업개시, 연구와 개발활동 등에 대한 지출에 적용한다.

④ 연구와 개발활동으로 인하여 물리적 형체(예: 시제품)가 있는 자산이 만들어지더라도, 그 자산의 물리적 요소는 무형자산 요소 즉, 그 자산이 갖는 지식에 부수적인 것으로 본다.

<blockquote>

해설 컴퓨터로 제어되는 기계장치가 특정 컴퓨터소프트웨어가 없으면 가동이 불가능한 경우에는 그 소프트웨어를 관련된 하드웨어의 일부로 보아 유형자산으로 회계처리한다. [K-IFRS 1038 문단 4]

</blockquote>

03 무형자산에 대한 다음의 설명 중 적절치 않은 것은 어느 것인가?

① 최초 인식 후에 리스이용자는 금융리스에 의하여 보유하는 무형자산을 이 기준서에 따라 회계처리한다.

② 영화필름, 비디오 녹화물, 희곡, 원고, 특허권과 저작권과 같은 항목에 대한 라이선스 계약에 의한 권리는 기업회계기준서 제1017호의 적용범위에서 제외되며 이 기준서의 적용범위에 해당한다.

③ 추출산업의 원유, 천연가스와 광물자원의 탐사, 개발과 추출로 발생하는 지출에 대한 회계처리와 보험계약의 경우에도 이 기준서의 적용이 가능하다.

④ 추출산업이나 보험자가 사용하는 기타 무형자산(예: 컴퓨터소프트웨어)과 발생한 기타 지출(예: 사업개시원가)에도 이 기준서를 적용한다.

> **해설** 활동이나 거래가 특수하기 때문에 다르게 회계처리할 필요가 있어서 기준서의 적용범위에서 제외되는 경우가 있을 수 있다. 추출산업의 원유, 천연가스와 광물자원의 탐사, 개발과 추출로 발생하는 지출에 대한 회계처리와 보험계약의 경우에 그러한 문제가 발생한다. 따라서 이 기준서는 그러한 활동에 대한 지출과 계약에는 적용하지 아니한다.[K-IFRS 1038 문단 7]

04 무형자산이 갖추어야 할 특성이 아닌 것은 어느 것인가?

① 식별가능성   ② 통제
③ 미래경제적 효익   ④ 외부취득성

> **해설** 무형자산의 인식요건은 식별가능성, 통제, 미래경제적 효익이다.

05 무형자산의 특성 중 통제에 대한 설명이 타당하지 않은 것은 어느 것인가?

① 기업은 숙련된 종업원이나 교육훈련, 특정 경영능력이나 기술적 재능 등에 대해 그것을 사용하여 미래경제적 효익을 확보하는 것이 법적 권리에 의하여 보호되지 않거나 무형자산 정의의 기타 요건을 충족하지 않는다면 일반적으로 무형자산의 정의를 충족할 수 없다.

② 무형자산의 미래경제적 효익에 대한 통제능력은 일반적으로 법원에서 강제할 수 있는 법적 권리에서 나오며, 법적 권리가 없는 경우에는 통제를 제시하기 어려우므로 권리의 법적 집행가능성이 통제의 필요조건이다.

정답   03 ③   04 ④   05 ②

③ 지식이 저작권, 계약상의 제약이나 법에 의한 종업원의 기밀유지의무 등과 같은 법적 권리에 의하여 보호된다면, 기업은 그러한 지식에서 얻을 수 있는 미래경제적 효익을 통제하고 있는 것이다.

④ 기업은 고객구성이나 시장점유율에 근거하여 고객관계나 고객충성도를 지속할 수 있는 법적 권리나 그것을 통제할 기타 방법이 없다면 일반적으로 고객관계나 고객충성도에서 창출될 미래경제적 효익에 대해서는 그러한 항목이 무형자산의 정의를 충족하기에 기업이 충분한 통제를 가지고 있지 않다.

> **해설** 무형자산의 미래경제적효익에 대한 통제능력은 일반적으로 법원에서 강제할 수 있는 법적 권리에서 나오며, 법적 권리가 없는 경우에는 통제를 제시하기 어렵다. 그러나 다른 방법으로도 미래경제적 효익을 통제할 수 있기 때문에 권리의 법적 집행가능성이 통제의 필요조건은 아니다.[K-IFRS 1038 문단 13]

06 무형자산 관련 다음 설명 중 타당하지 않은 것은 어느 것인가?

① 무형자산은 무형자산의 정의와 인식기준을 모두 충족하는 경우에 인식한다.

② 무형자산의 인식을 위한 조건은 무형자산을 취득하거나 내부적으로 창출하기 위하여 최초로 발생한 원가와 취득이나 완성 후에 증가·대체·수선을 위하여 발생한 원가에는 적용하지 아니한다.

③ 외부에서 취득한 브랜드, 제호, 출판표제, 고객목록, 그리고 이와 실질이 유사한 항목에 대한 취득이나 완성 후의 지출은 발생시점에 항상 당기손익으로 인식한다.

④ 무형자산의 미래경제적 효익은 제품의 매출, 용역수익, 원가절감 또는 자산의 사용에 따른 기타 효익의 형태로 발생할 수 있다.

> **해설** 무형자산 인식조건은 무형자산을 취득하거나 내부적으로 창출하기 위하여 최초로 발생한 원가와, 취득이나 완성 후에 증가·대체·수선을 위하여 발생한 원가에 적용한다.[K-IFRS 1038 문단 18]

07 무형자산 인식과 관련된 다음의 설명 중 타당한 것은 어느 것인가?

① 개별 취득하는 무형자산은 미래경제적 효익 유입가능성 조건을 항상 충족하는 것으로 보지 않는다.

② 무형자산은 미래경제적 효익 유입가능성 조건과 자산원가 측정의 신뢰성 조건 중 하나의 조건 충족만으로도 인식할 수 있다.

정답   06 ②   07 ④

③ 미래경제적 효익이 기업에 유입될 가능성은 무형자산의 내용연수 동안의 경제적 상황에 대한 경영자의 최선의 추정치를 반영하는 합리적이고 객관적인 가정에 근거하여 평가하여야 하며, 외부증거에 비중을 더 크게 두지는 않는다.

④ 개별 취득하는 무형자산의 취득원가는 일반적으로 신뢰성 있게 측정할 수 있다. 특히 현금이나 기타 화폐성자산으로 구입대가를 지급하는 경우에는 좀 더 신뢰성 있게 취득원가를 측정할 수 있다.

해설 [K-IFRS 1038 문단 25, 21, 23]

08 개별 취득하는 무형자산의 취득원가에 포함되지 않는 항목은 어느 것인가?

① 구입가격과 경영자가 의도하는 방식으로 운용될 수 있으나 아직 사용하지 않고 있는 기간에 발생한 원가

② 그 자산을 사용 가능한 상태로 만드는 데 직접적으로 발생하는 종업원급여

③ 그 자산을 사용 가능한 상태로 만들거나 적절한 기능을 발휘하는지의 검사 등과 관련하여 발생하는 전문가 수수료 등의 원가

④ 새로운 제품이나 용역의 홍보원가 및 새로운 지역에서 또는 새로운 계층의 고객을 대상으로 사업을 수행하는 데서 발생하는 원가

해설 무형자산 취득원가에 포함하지 않는 지출의 예는 다음과 같다. [K-IFRS 1038 문단29] (1) 새로운 제품이나 용역의 홍보원가(광고와 판매촉진활동 원가를 포함한다) (2) 새로운 지역에서 또는 새로운 계층의 고객을 대상으로 사업을 수행하는 데서 발생하는 원가(교육훈련비를 포함한다) (3) 관리원가와 기타 일반경비원가

09 사업결합으로 취득하는 무형자산에 대한 다음의 설명 중 타당하지 않은 것은 어느 것인가?

① 사업결합으로 취득하는 무형자산은 관련된 유형자산이나 무형자산과 결합되어서만 분리가능한 경우가 있다. 이러한 경우 취득자는 그 자산집단에 포함되어 있는 개별 자산의 공정가치를 신뢰성 있게 측정할 수 있더라도 그 자산집단을 영업권과 분리하여 하나의 자산으로 인식한다.

② 사업결합 전에 그 자산을 피취득자가 인식하였는지 여부에 관계없이, 취득자는 취득일에 피취득자의 무형자산을 영업권과 분리하여 인식한다. 이것은 피취득자가 진행하고 있는 연구·개발 프로젝트가 무형자산의 정의를 충족한다면 취득자가 영

업권과 분리하여 별도의 자산으로 인식하는 것을 의미한다.

③ 사업결합으로 취득하는 무형자산의 취득원가는 취득일의 공정가치로 한다.

④ 사업결합으로 취득하는 무형자산은 미래경제적 효익의 발생가능성 인식기준과 자산원가의 신뢰성 있는 측정 기준을 항상 충족하는 것으로 본다.

> **해설** ① 사업결합으로 취득하는 무형자산은 관련된 유형의 자산이나 무형자산과 결합되어서만 분리가능한 경우가 있다. 예를 들면, 잡지의 출판표제가 관련된 구독자 데이터베이스와 분리하여 매각할 수 없거나, 광천수의 상표가 특정 광천과 관련되어 있어 그 광천에서 분리하여 매각할 수 없는 경우이다. 이러한 경우 취득자는 그 자산집단에 포함되어 있는 개별 자산의 공정가치를 신뢰성 있게 측정할 수 없다면, 그 자산집단을 영업권과 분리하여 하나의 자산으로 인식한다. [K-IFRS 1038 문단 36]

10 사업결합으로 취득하는 무형자산 관련 다음 설명 중 타당하지 않은 것은 어는 것인가?

① 취득자는 '브랜드'를 구성하는 보충적 무형자산의 공정가치를 개별적으로 신뢰성 있게 측정할 수 없다면, '브랜드'를 구성하는 보충적 무형자산의 집단을 하나의 자산으로 인식한다.

② 활성시장의 시장가격은 무형자산의 공정가치에 대한 가장 신뢰할 수 있는 추정치를 제공한다. 적절한 시장가격은 일반적으로 현행 매입호가이다.

③ 진행 중인 연구·개발 프로젝트의 취득 후 지출과 관련하여 무형자산의 인식기준을 충족하는 개발 관련 지출인 경우에는 다른 요건 충족에 상관없이 취득한 진행 중인 연구·개발 프로젝트의 장부금액에 가산한다.

④ 무형자산에 대한 활성시장이 존재하지 않는 경우, 그 무형자산의 공정가치는 취득일에 최선의 정보에 근거하여 합리적인 판단력과 거래의사가 있는 독립된 당사자 사이의 거래에서 그 자산에 대하여 지급하였을 금액이다.

> **해설** 진행중인 연구개발 프로젝트의 취득후 지출은 다음 사항을 모두 충족하는 연구·개발 지출은 문단 54~62에 따라 회계처리 한다. ① 개별 취득하거나 사업결합으로 취득하고 무형자산으로 인식한 진행 중인 연구·개발 프로젝트와 관련이 있다. ② 그 프로젝트의 취득 후에 발생한다.[K-IFRS1038 문단 42]

정답	10 ③

11 무형자산과 관련된 다음의 설명 중 타당하지 않은 것은 어느 것인가?

① 정부보조로 무형자산을 무상이나 낮은 대가로 취득하더라도 무형자산과 정부보조금 모두를 최초에 공정가치로 인식할 수 있다.

② 자산의 교환에 의해 무형자산을 취득하는 경우 교환거래에 상업적 실질이 결여된 경우나 취득한 자산과 제공한 자산의 공정가치를 둘 다 신뢰성 있게 측정할 수 없는 경우 중 하나에 해당하는 경우를 제외하고는 공정가치로 측정한다.

③ 취득한 자산을 공정가치로 측정하지 않는 경우에는 원가는 제공한 자산의 장부금액으로 측정한다.

④ 내부적으로 창출한 영업권은 특정 요건을 충족하면 자산으로 인식할 수 있다.

해설 내부적으로 창출한 영업권은 자산으로 인식하지 아니한다.[K-IFRS 1038 문단48]
내부적으로 창출한 영업권은 원가를 신뢰성 있게 측정할 수 없고 기업이 통제하고 있는 식별가능한 자원이 아니기 때문에(즉, 분리가능하지 않고 계약상 또는 기타 법적 권리로부터 발생하지 않기 때문에) 자산으로 인식하지 아니한다.[K-IFRS 1038 문단49]

12 내부적으로 창출한 무형자산과 관련된 다음의 설명 중 타당하지 않은 것은 어는 것인가?

① 내부적으로 창출한 무형자산이 인식기준을 충족하는지를 평가하는 것은 기대 미래 경제적 효익을 창출할 식별가능한 자산이 있는지와 시점을 파악하기 어렵고, 자산의 원가를 신뢰성 있게 결정하는 것이 어렵기 때문에 용이하지 않다.

② 새로운 지식을 얻고자 하는 활동이나 연구결과나 기타 지식을 탐색, 평가, 최종 선택, 응용하는 활동 등의 개발활동 관련 지출은 무형자산으로 인식한다.

③ 무형자산을 창출하기 위한 내부 프로젝트를 연구단계와 개발단계로 구분할 수 없는 경우에는 그 프로젝트에서 발생한 지출은 모두 연구단계에서 발생한 것으로 본다.

④ 내부적으로 창출한 무형자산이 인식기준을 충족하는지를 평가하기 위하여 무형자산의 창출과정을 연구단계와 개발단계로 구분한다.

해설 내부 프로젝트의 연구단계에서는 미래경제적 효익을 창출할 무형자산이 존재한다는 것을 제시할 수 없기 때문에, 내부 프로젝트의 연구단계에서 발생한 지출은 발생시점에 비용으로 인식한다.[K-IFRS 1038 문단 55] 연구활동의 예는 다음과 같다.
① 새로운 지식을 얻고자 하는 활동
② 연구결과나 기타 지식을 탐색, 평가, 최종 선택, 응용하는 활동
③ 재료, 장치, 제품, 공정, 시스템이나 용역에 대한 여러 가지 대체안을 탐색하는 활동
④ 새롭거나 개선된 재료, 장치, 제품, 공정, 시스템이나 용역에 대한 여러 가지 대체안을 제안, 설계, 평가, 최종 선택하는 활동 [K-IFRS 1038 문단 56]

정답   11 ④   12 ②

13 다음 중 내부적으로 창출된 무형자산과 관련하여 개발활동에 관련되지 않는 것은 어느 것인가?

① 새롭거나 개선된 재료, 장치, 제품, 공정, 시스템이나 용역에 대한 여러 가지 대체 안을 제안, 설계, 평가, 최종 선택하는 활동

② 새로운 기술과 관련된 공구, 제품공정, 주형, 금형 등을 설계하는 활동

③ 상업적 생산 목적으로 실현가능한 경제적 규모가 아닌 시험공장을 설계, 건설, 가동하는 활동

④ 신규 또는 개선된 재료, 장치, 제품, 공정, 시스템이나 용역에 대하여 최종적으로 선정된 안을 설계, 제작, 시험하는 활동

> **해설** 개발활동의 예는 다음과 같다. ① 생산이나 사용 전의 시제품과 모형을 설계, 제작, 시험하는 활동 ② 새로운 기술과 관련된 공구, 제품공정, 주형, 금형 등을 설계하는 활동 ③ 상업적 생산 목적으로 실현가 능한 경제적 규모가 아닌 시험공장을 설계, 건설, 가동하는 활동
> ④ 신규 또는 개선된 재료, 장치, 제품, 공정, 시스템이나 용역에 대하여 최종적으로 선정된 안을 설계, 제작, 시험하는 활동[K-IFRS 1038 문단 59]

14 다음 중 내부적으로 창출한 무형자산과 관련하여 타당하지 않는 것은 어느 것인가?

① 내부적으로 창출한 브랜드, 제호, 출판표제, 고객 목록과 이와 실질이 유사한 항목 은 무형자산으로 인식하지 아니한다.

② 이미 비용으로 인식한 지출이라도 무형자산과 연계성을 입증할 수 있으면 무형자 산의 원가로 인식할 수 있다.

③ 내부적으로 창출한 무형자산의 원가는 그 자산의 창출, 제조 및 경영자가 의도하 는 방식으로 운영될 수 있게 준비하는 데 필요한 직접 관련된 모든 원가를 포함한다.

④ 무형자산 관련 직접원가는 무형자산의 창출에 사용된 재료원가, 종업원급여, 수수 료, 특허권과 라이선스의 상각비 등을 의미한다.

> **해설** 내부적으로 창출한 무형자산의 원가는 그 무형자산이 인식기준을 최초로 충족시킨 이후에 발생한 지출금 액의 합으로 한다. 이미 비용으로 인식한 지출은 문단 71에 따라 무형자산의 원가로 인식할 수 없다. [K-IFRS 1038 문단 65]

15 발생시점에 무형항목 관련 지출을 비용으로 인식하지 않는 것은 어느 것인가?

① 사업결합에서 취득하였으나 무형자산으로 인식할 수 없는 경우

② 사업개시활동에 대한 지출(즉, 사업개시원가)

③ 교육 훈련을 위한 지출 및 광고 및 판매촉진 활동을 위한 지출

④ 기업의 전부나 일부의 이전 또는 조직 개편에 관련된 지출

> 해설   다음 중 하나에 해당하지 않는 무형항목 관련 지출은 발생시점에 비용으로 인식한다.
> ① 인식기준을 충족하는 무형자산 원가의 일부가 되는 경우 (문단 18~67 참조)
> ② 사업결합에서 취득하였으나 무형자산으로 인식할 수 없는 경우. 이 경우에는 취득일의 영업권으로 인
> 식한 금액의 일부가 된다(기업회계기준서 1103호 참조).[K-IFRS 1038 문단 68]

16 무형자산 인식 후 측정과 관련하여 적절하지 않은 것은 어느 것인가?

① 무형자산의 인식 후 측정과 관련하여 원가모형과 재평가모형이 있다.

② 재평가모형을 적용하여 무형자산을 회계처리하는 경우에는, 같은 분류의 기타 모든 자산도 반드시 동일한 방법을 적용하여 동시에 재평가하여 회계처리한다.

③ 원가모형은 최초 인식 후에 원가에서 상각누계액과 손상차손누계액을 차감한 금액을 장부금액으로 한다.

④ 최초 인식 후에 무형자산은 재평가일의 공정가치에서 이후의 상각누계액과 손상차손누계액을 차감한 재평가금액을 장부금액으로 한다. 이 기준서의 재평가 목적상 공정가치는 활성시장을 기초로 하여 결정한다.

> 해설   재평가모형을 적용하여 무형자산을 회계처리하는 경우에는, 같은 분류의 기타 모든 자산도 그에 대한 활
> 성시장이 없는 경우를 제외하고는 동일한 방법을 적용하여 회계처리한다. [K-IFRS 1038 문단 72]

17 무형자산 인식 후 측정에 있어 재평가모형과 관련하여 타당하지 않은 것은 어느 것인가?

① 재평가모형을 적용하는 경우에 이전에 자산으로 인식하지 않은 무형자산의 재평가와 원가가 아닌 금액으로 무형자산을 최초로 인식하는 것에 대해서는 허용하지 않는다.

② 재평가모형은 자산을 원가로 최초에 인식한 후에 적용하나, 일부 과정이 종료될 때까지 인식기준을 충족하지 않아서 무형자산의 원가의 일부만 자산으로 인식한 경우에는 그 자산 전체에 대하여 재평가모형을 적용할 수 있다.

정답   15 ①   16 ②   17 ③

③ 무형자산의 장부금액이 재평가로 인하여 증가된 경우에 그 증가액은 기타포괄손익으로 인식하고 재평가잉여금의 과목으로 자본에만 가산한다.

④ 재평가한 무형자산의 공정가치를 더 이상 활성시장을 기초로 하여 결정할 수 없는 경우에는 자산의 장부금액은 활성시장을 기초로 한 최종 재평가일의 재평가금액에서 이후의 상각누계액과 손상차손누계액을 차감한 금액으로 한다.

> **해설** 무형자산의 장부금액이 재평가로 인하여 증가된 경우에 그 증가액은 기타포괄손익으로 인식하고 재평가잉여금의 과목으로 자본에 가산한다. 그러나 그 증가액 중 그 자산에 대하여 이전에 당기손익으로 인식한 재평가감소에 해당하는 금액이 있다면 그 금액을 한도로 당기손익으로 인식한다.[K-IFRS 1038 문단 85]

18 무형자산 내용연수와 관련하여 타당하지 않은 설명은 어느 것인가?

① 무형자산의 내용연수가 유한한지 또는 비한정인지를 평가하고, 만약 내용연수가 유한하다면 자산의 내용연수 기간이나 내용연수를 구성하는 생산량이나 이와 유사한 단위를 평가한다.

② 무형자산의 내용연수는 경제적 요인과 법적 요인의 영향을 받는데, 내용연수는 이러한 요인에 의해 결정된 기간 중 짧은 기간으로 한다.

③ 무형자산의 회계처리는 내용연수에 따라 다르다. 내용연수가 유한한 무형자산은 상각(문단 97~106 참조)하고, 내용연수가 비한정인 무형자산은 상각하지 아니한다(문단 107~110 참조).

④ 계약상 권리 또는 기타 법적 권리로부터 발생하는 무형자산의 내용연수는 그러한 계약상 권리 또는 기타 법적 권리의 기간을 결코 넘을 수 없다.

> **해설** 계약상 권리 또는 기타 법적 권리로부터 발생하는 무형자산의 내용연수는 그러한 계약상 권리 또는 기타 법적 권리의 기간을 초과할 수는 없지만, 자산의 예상사용기간에 따라 더 짧을 수는 있다. 만약 계약상 또는 기타 법적 권리가 갱신가능한 한정된 기간 동안 부여된다면, 유의적인 원가 없이 기업에 의해 갱신될 것이 명백한 경우에만 그 갱신기간을 무형자산의 내용연수에 포함한다. [K-IFRS 1038 문단 94]

정답   18 ④

19 무형자산 감가상각과 관련하여 타당하지 않은 것은 어느 것인가?

① 무형자산의 회계처리는 내용연수에 따라 다른데, 내용연수가 유한한 무형자산은 상각하고, 내용연수가 비한정인 무형자산은 상각하지 아니한다.

② 무형자산의 상각대상금액을 내용연수 동안 체계적으로 배분하기 위해 다양한 방법을 사용할 수 있는데, 이러한 상각방법에는 정액법, 체감잔액법과 생산량비례법이 있다.

③ 자산이 갖는 미래경제적 효익의 예상소비형태가 변동된다면, 변동된 소비형태를 반영하기 위하여 상각방법을 변경하는데, 그러한 변경은 회계원칙의 변경으로 회계처리한다.

④ 내용연수가 유한한 무형자산의 잔존가치는 일부 몇 가지 예외규정을 제외하고는 영(0)으로 본다.

해설 내용연수가 유한한 무형자산의 상각기간과 상각방법은 적어도 매 회계연도 말에 검토한다. 자산의 예상 내용연수가 과거의 추정치와 다르다면 상각기간을 이에 따라 변경한다. 자산이 갖는 미래경제적 효익의 예상소비형태가 변동된다면, 변동된 소비형태를 반영하기 위하여 상각방법을 변경한다. 그러한 변경은 기업회계기준서 제1008호에 따라 회계추정의 변경으로 회계처리한다. [K-IFRS1038 문단 97]

20 무형자산 관련 설명 중 타당하지 않은 것은 어느 것인가?

① 내용연수가 비한정인 무형자산은 상각하지 아니하나, 매년 혹은 무형자산의 손상을 시사하는 징후가 있을 때는 손상검사를 수행하여야 한다.

② 무형자산은 처분하는 때나 사용이나 처분으로부터 미래경제적 효익이 기대되지 않을 때는 재무상태표에서 제거한다.

③ 무형자산의 제거로 인하여 발생하는 이익이나 손실은 순매각가액과 장부금액의 차이로 결정하며, 그 이익이나 손실은 자산을 제거할 때 모두 당기손익으로 인식한다.

④ 무형자산의 처분대가는 최초에는 공정가치로 인식하며, 무형자산에 대한 지급이 지연될 경우 받은 대가의 명목금액과 현금가격상당액의 차이는 유효이자율을 반영하여 이자수익으로 인식한다.

해설 무형자산의 제거로 인하여 발생하는 이익이나 손실은 순매각가액과 장부금액의 차이로 결정한다. 그 이익이나 손실은 자산을 제거할 때 당기손익으로 인식한다(단, 기업회계기준서 제1017호에서 판매후리스 거래에 대하여 달리 규정하고 있는 경우는 제외). 이익은 수익으로 분류하지 아니한다. [K-IFRS 1038 문단 113]

정답   19 ③   20 ③

08

투자부동산

제1절
투자부동산의 개념

01 ┃ 투자부동산의 의의 및 분류

투자부동산은 임대수익이나 시세차익 또는 두 가지 모두를 얻기 위하여 소유자나 금융리스의 이용자가 보유하고 있는 부동산을 말한다.

1. 투자부동산에 해당하는 것

투자부동산의 일반적인 예는 다음과 같다.

> ① 장기 시세차익을 얻기 위하여 보유하고 있는 토지
> ② 장래 사용목적을 결정하지 못한 채로 보유하고 있는 토지
> ③ 직접 소유(또는 금융리스를 통해 보유)하고 운용리스로 제공하고 있는 건물
> ④ 운용리스로 제공하기 위하여 보유하고 있는 미사용 건물
> ⑤ 미래에 투자부동산으로 사용하기 위하여 건설 또는 개발중인 부동산

2. 투자부동산이 아닌 항목

투자부동산 기준서가 적용되지 않은 항목의 예시

> ① 정상적인 영업과정에서 판매하기 위한 부동산이나 이를 위하여 건설 또는 개발중인 부동산
> ② 제3자를 위하여 건설 또는 개발중인 부동산
> ③ 재화의 생산이나 용역의 제공 또는 관리목적에 사용하는 자가사용부동산
> ④ 금융리스로 제공한 부동산

투자부동산의 인식과 후속측정

1. 인식기준

자산에서 발생하는 미래 경제적효익이 기업에 유입될 가능성이 높다.
그리고 자산의 원가를 신뢰성 있게 측정할 수 있다.

2. 최초측정

투자부동산은 최초인식시점에 원가로 측정하며 거래원가를 포함한다.

3. 투자부동산의 후속측정

투자부동산의 후속측정에는 원가모형이나 공정가치 모형 중 하나를 선택하여 모든
투자부동산에 적용해야 한다.

(1) 원가모형

• 투자부동산에 대하여 원가모형을 선택한 경우에는 모든 투자부동산을 원가모형으
로 측정해야 한다.
• 원가모형에 의하여 측정하는 투자부동산 중 감가상각대상자산은 유형자산과 마찬
가지로 감가상각을 하여야 하고 투자부동산의 공정가치는 주석으로 공시해야 한다.

(2) 공정가치모형

투자부동산에 대하여 공정가치모형을 선택한 경우에는 최초 인식 후 모든 투자부동
산을 공정가치로 측정한다.
① 투자부동산의 공정가치변동으로 발생하는 손익은 발생한 기간의 당기손익에 반영

한다.

② 투자부동산을 공정가치로 측정해 온 경우라면 비교할 만한 시장의 거래가 줄어들거나 시장가격정보를 쉽게 얻을 수 없게 되더라도 당해 부동산을 처분할 때까지 또는 유형자산으로 계정대체하거나 정상영업활동의 일환으로 판매하기 위하여 개발을 시작하기 전까지는 계속하여 공정가치로 측정한다.

③ 공정가치 모형에 의하여 측정하는 투자부동산은 감가상각을 하지 않는다.

✅ **회계처리**

1. 투자부동산 취득시

차) 투자부동산	×××	대) 현 금	×××

2. 투자부동산 평가시

차) 투자부동산	×××	대) 투자부동산평가이익	×××
(투자부동산 평가손실)			

제3절
투자부동산의 사용목적 변경에 따른 계정재분류

투자부동산의 계정대체로서 투자부동산의 사용목적이 변경된 경우에는 계정과목을 재분류해야 한다.

① 투자부동산을 재고자산으로 대체   ② 재고자산을 투자부동산으로 대체
③ 투자부동산을 유형자산으로 대체   ④ 유형자산을 투자부동산으로 대체
⑤ 건설중인자산을 투자부동산으로 대체

부동산의 사용목적 변경이 다음과 같은 사실로 입증되는 경우에는 투자부동산의 대체가 발생한다.

✅ 투자부동산의 계정대체

상 황	대체의 회계처리
자가사용의 개시	투자부동산을 자가사용부동산(유형자산)으로 대체
자가사용의 종료	자가사용부동산을 투자부동산으로 대체
정상적인 영업과정에서 판매하기 위한 개발의 시작	투자부동산을 재고자산으로 대체
제3자에게 운용리스 제공	재고자산을 투자부동산으로 대체
건설이나 개발의 완료	건설중인자산(유형자산)을 투자부동산으로 대체

1. 원가모형을 적용하는 경우의 분류 변경

투자부동산을 원가모형으로 평가하는 경우에는 투자부동산, 자가사용부동산, 재고자산 사이에 대체가 발생할 때에 전 자산의 장부금액을 승계하며 측정이나 주석공시 목적으로 자산의 원가를 변경하지 않는다.

2. 공정가치모형을 적용하는 경우의 분류 변경

투자부동산에 대해 공정가치모형을 적용하는 경우 사용목적 변경시점의 공정가치로 분류변경한다.

제4절
투자부동산의 처분

① 투자부동산의 처분, 사용의 영구적 중지, 더 이상의 경제적효익을 기대할 수 없을 때 재무상태표에서 제거한다.
② 장부금액과 순처분금액의 차이는 당기손익으로 인식한다.
③ 처분대가는 공정가치로 인식한다.

지급이 이연되는 경우 수취하는 대가의 현금등가액으로 인식하고, 명목금액과 현금등가액의 차이는 대금회수기간 동안 이자수익으로 인식한다.

01 투자부동산에서 투자부동산으로 분류할 수 없는 것은?

　① 시세차익 목적의 토지

　② 본사 사옥으로 이용할 목적의 토지

　③ 운용리스로 제공한 건물

　④ 사용목적이 미결정한 채로 보유하고 있는 토지

　해설 본사 사옥 목적으로 취득한 토지는 유형자산으로 분류한다.

02 투자부동산에서 투자부동산으로 분류할 수 없는 것은?

　① 장기 시세차익을 얻기 위하여 보유하고 있는 토지

　② 장래 사용목적을 결정하지 못한 채로 보유하고 있는 토지

　③ 직접 소유(또는 금융리스를 통해 보유)하고 운용리스로 제공하고 있는 건물

　④ 금융리스로 제공한 부동산

　해설 금융리스로 제공한 자산은 투자부동산으로 분류할 수 없다.

03 투자부동산으로 분류할 수 있는 것은?

　① 부품을 생산하기 위한 공장 신축

　② 장기투자목적으로 취득한 토지

　③ 발주처로부터 도급받은 공장 건설

　④ 금융리스로 제공한 건물

　해설 장기투자목적은 시세차익을 얻으려는 성격이 강하므로 투자부동산으로 분류할 수 있다.

정답　　01 ②　　02 ④　　03 ②

04 투자부동산으로 분류할 수 있는 것은?

① 운용리스로 제공하기 위하여 보유하고 있는 미사용 건물
② 정상적인 영업과정에서 판매하기 위한 부동산이나 이를 위하여 건설 또는 개발중인 부동산
③ 제3자를 위하여 건설 또는 개발 중인 부동산
④ 재화의 생산이나 용역의 제공 또는 관리목적에 사용하는 자가사용부동산

해설 운용리스로 제공하기 위하여 보유하고 있는 미사용 건물은 투자부동산으로 분류할 수 있다.

05 투자부동산의 원가에 포함되는 항목은?

① 부동산을 의도된 목적에 이르게 하는 데 직접 관련이 없는 초기원가
② 계획된 사용수준에 도달하기 전에 발생하는 부동산의 운영손실
③ 건설이나 개발과정에서 발생한 비정상인 원재료, 인력 및 기타 자원의 낭비금액
④ 취득과 관련한 직접원가

해설 취득과 관련한 직접원가는 관련부대비용으로 자산의 원가를 구성한다.

06 교환으로 취득한 투자부동산의 경우 상업적 실질이 결여되고, 공정가치를 신뢰성 있게 측정할 수 없다면 경우 투자부동산의 취득원가 결정방법은?

① 제공한 자산의 공정가치로 측정
② 제공받을 자산의 공정가치로 측정
③ 제공한 자산의 장부가액으로 측정
④ 감정평가에 의해 자산의 가액측정

해설 비화폐성 자산의 교환을 준용하여 투자부동산의 경우에도 교환거래에 상업적 실질이 결여되어 있거나 취득한 자산과 제공한 자산 중 어느 자산에 대해서도 공정가치를 신뢰성 있게 측정할 수 없다면 제공한 자산의 장부금액으로 원가를 측정한다.

정답   04 ①   05 ④   06 ③

07 K-IFRS 제1040호 '투자부동산'에 규정된 평가방법에 관한 설명 중 옳지 않은 것은?

① 투자부동산은 공정가치모형과 원가모형 중 선택하여 적용한다.

② 투자부동산의 원가모형은 감가상각비를 인식한다.

③ 투자부동산의 공정가치모형은 감가상각비를 인식한다.

④ 투자부동산의 공정가치모형에서 공정가치 변동은 당기손익으로 처리한다.

해설 투자부동산의 공정가치모형에서 감가상각비에 대한 규정이 없다. 공정가치모형에서 감가상각비를 인식여부와 관계없이 공정가치변동분을 당기손익에 반영하면 동일한 결과가 나타난다.

08 K-IFRS 제1040호 '투자부동산'에 규정된 내용들이다. 기준서의 내용과 다른 것은?

① 부동산 소유자가 부동산을 사용하는 리스이용자에게 경미한 보안과 관리용역을 제공하는 경우에는 당해 부동산은 투자부동산으로 분류한다.

② 지배기업이 보유하고 있는 부동산을 종속기업에게 리스하여 종속기업이 이용하는 경우 그 부동산은 지배기업의 연결재무제표상에서 투자부동산으로 분류할 수 없다.

③ 부동산의 일부분은 임대수익 목적, 일부분은 재화의 생산에 사용하기 위해 보유하고 있으나, 이를 부분별로 나누어 매각할 수 없다면, 재화의 생산에 사용하기 위하여 보유하는 부분이 중요하다고 하더라도 전체 부동산을 투자부동산으로 분류한다.

④ 부동산 소유자가 부동산 사용자에게 부수적인 용역을 제공하는 경우 전체 계약에서 용역의 비중이 경미하다면 부동산 사용자는 당해 부동산을 투자부동산으로 분류한다.

해설 부동산의 일부분은 임대수익 목적, 일부분은 재화의 생산에 사용하기 위해 보유하고 있으나, 이를 부분별로 나누어 매각할 수 없다면, 재화의 생산에 사용하기 위하여 보유하는 부분이 경미한 경우에만 전체 부동산을 투자부동산으로 분류한다.

09 K-IFRS 제1040호 '투자부동산'에 규정된 내용들이다. 틀린 설명은 어느 것인가?

① 투자부동산은 공정가치모형과 원가모형 중 하나를 선택하여 모든 투자부동산에 적용한다.

② 투자부동산의 공정가치 변동으로 발생하는 손익은 이익의 경우 기타포괄손익으로, 손실의 경우 당기손익으로 인식한다.

③ 운용리스에서 리스이용자가 보유하는 부동산에 대한 권리를 투자부동산으로 분류하는 경우에는 공정가치모형만 적용한다.

④ 투자부동산에 대하여 공정가치모형을 선택한 경우에는 최초 인식 후 모든 투자부동산을 공정가치로 측정한다.

[해설] 투자부동산의 공정가치 변동으로 발생하는 손익은 발생한 기간의 당기손익에 반영한다.

10 부동산의 사용목적이 다른 경우에는 투자부동산의 대체가 발생할 수 있다. 다음은 이와 관련된 K-IFRS 제1040호 '투자부동산'의 내용들이다. 틀린 설명은 어느 것인가?

① 자가사용부동산을 공정가치로 평가하는 투자부동산으로 대체하는 경우 부동산의 장부금액과 공정가치의 차액은 당기손익으로 인식한다.

② 자가사용부동산을 공정가치로 평가하는 투자부동산으로 대체하는 경우, 재고자산의 장부금액과 대체시점의 공정가치의 차액은 당기손익으로 인식한다.

③ 건설이나 개발이 완료되어 건설중인자산을 공정가치로 평가하는 투자부동산으로 대체하는 경우에 부동산의 장부금액과 대체시점의 공정가치의 차액은 당기손익으로 인식한다.

④ 공정가치로 평가한 투자부동산을 자가사용부동산으로 대체하는 경우의 원가는 사용목적 변경시점의 공정가치로 한다.

[해설] 자가사용부동산을 공정가치로 평가하는 투자부동산으로 대체하는 경우 부동산의 장부금액과 공정가치의 차액은 재평가회계처리와 동일한 방법으로 회계처리한다.

11 투자부동산으로 분류할 수 없는 자산은 무엇인가?

① 직접소유하고 운용리스로 제공하고 있는 건물
② 직접소유하고 금융리스로 제공한 건물
③ 장래 사용목적을 결정하지 못한 채로 보유하고 있는 토지
④ 투자부동산의 공정가치모형에서 공정가치 변동은 당기손익으로 처리한다.

[해설] 금융리스로 부동산을 제공하면 당해 부동산은 리스제공자의 자산이 아니다.

12 '투자부동산'에 따라 투자부동산에 관한 설명으로 옳지 않은 것은?

① 임대부동산은 업종과 무관하게 투자부동산으로 분류한다.
② 투자부동산은 공정가치모형 또는 원가모형으로 개별적으로 적용한다.
③ 리스이용자도 운용리스 부동산에 대한 권리를 투자부동산으로 분류할 수 있다.
④ 원가모형을 적용한 투자부동산에 대하여 공정가치를 주석으로 공시해야 한다.

[해설] 원가모형 또는 공정가치모형 중 투자부동산 모두 동일한 방법으로 평가한다.

기타비유동자산

제1절
기타비유동자산의 개념과 종류

기타비유동자산이란 투자자산, 유형자산, 무형자산이 속하지 않는 비유동자산으로서 투자수익이 없고 다른 자산으로 분류하기 어려운 자산으로 이연법인세자산(유동자산으로 분류한 부분 제외), 임차보증금, 장기매출채권, 장기미수금 등이 포함된다.

1. 이연법인세자산

차감할 일시적 차이로 인하여 미래에 경감될 법인세부담액으로서 유동자산으로 분류되는 이연법인세자산을 제외한 부분을 말한다.

2. 장기매출채권

주된 영업활동에서 발생한 1년 이내 또는 정상적인 영업주기 이내에 회수가 어려운 채권으로 유동자산에 속하지 아니하는 상거래에서 발생한 채권을 말한다.

3. 임차 보증금

전세권, 회원권, 임차보증금, 영업보증금을 말한다. 영업보증금의 예로는 대리점계약을 체결하고 임차보증금을 지급한 경우 등이 있다.

4. 기타 비유동자산

장기선급금, 장기미수금, 장기선급비용, 처분 또는 폐기예정인 유형자산 등을 말한다.

제2절
광물자원의 탐사와 평가

탐사평가자산이란 광물자원의 탐사와 평가관련 지출액을 말한다.

이러한 탐사평가자산을 인식하는 기업은 해당자산에 대해 회계정책을 정하여 이를 계속적으로 적용해야 한다.

01 | 탐사평가자산의 측정

✅ 탐사평가자산으로 인식하는 지출

1. 탐사권리의 취득
2. 지형학적, 지질학적, 지구화학적 및 지구물리학적 연구
3. 탐사를 위한 시추, 굴착, 표본추출
4. 광물자산 추출의 기술적 실현가능성과 상업화 가능성에 대한 평가와 관련된 활동

탐사평가자산은 원가로 측정한다.

※ 광물자원의 개발활동과 관련된 지출은 탐사평가자산으로 인식하지 않는다.

1. 인식후 측정

- 탐사평가자산을 인식한 후에는 원가모형이나 재평가모형을 적용한다.
- 재평가모형을 적용하는 경우에는 자산의 분류와 일관하게 무형자산의 재평가모형을 적용한다.
- 한편 무형자산으로 분류된 자산의 경우에는 활성시장이 존재할 경우에만 재평가 모형을 적용한다.

✅ **유형자산으로 분류시**

원가모형	장부금액 = 원가 – 감가상각누계액 – 손상차손누계액
재평가모형	장부금액 = 재평가일의 공정가치 – 감가상각누계액 – 손상차손누계액

✅ **무형자산으로 분류시**

원가모형	장부금액 = 취득원가 – 감가상각누계액 – 손상차손누계액
재평가모형	장부금액 = 재평가일의 공정가치 – 상각누계액 – 손상차손누계액

2. 표시

탐사평가자산은 그 성격에 따라 유형자산이나 무형자산으로 분류하고 그 분류를 일관하게 적용한다.

탐사평가자산은 무형자산(시추권)이나 유형자산(차량운반구, 시추장비)으로 처리된다.

3. 탐사평가자산의 회계처리

✅ **무형자산으로 분류시**

1. 사전 탐사비용지출시

차) 탐사관련비용	×××	대) 현　금	×××
(기타비용)			

2. 임야임차비용지출시

차) 탐사관련자산	×××	대) 현　금	×××
(시추권)			

3. 탐사평가 비용지출시

차) 탐사관련자산	×××	대) 현　금	×××
(시추권)			

4. 탐사관련 장비구입시

차) 탐사관련자산	×××	대) 현　금	×××
(시추장비, 차량운반구)			

제3절

매각예정 비유동자산과 중단영업

- 매각예정 비유동자산이란 비유동자산의 장부금액이 계속사용을 하는 것이 아니고 차기에 매각거래를 통하여 회수될 것으로 예상되는 자산이다.
- 이러한 자산을 다른 자산과 구분하여 재무상태표에 표시해야 한다.

01 ┃ 매각예정 분류기준

매각예정 비유동자산으로 분류하기 위해서는 당해자산은 현재의 상태에서 통상적 또는 관행적인 거래 조건만으로 즉시 매각가능해야 하며 매각될 가능성이 높아야 한다.

예를 들어 적절한 지위의 경영진이 매각계획을 확약하고 있으며 매수자를 물색하고 매각계획을 이행하기 위한 적극적인 업무수행을 이미 시작하였어야 한다.

또한 당해 자산의 현행 공정가치에 비추어 볼 때 합리적인 가격수준으로 적극적으로 매각을 추진하여야 한다.

분류시점에서 1년 이내 매각완료조건이 충족될 것으로 예상되면 계획을 이행하기 위하여 필요한 조치로 보아 그 계획이 중요하게 변경되거나 철회될 가능성이 낮아야 된다.

02 ㅣ 매각예정자산 처분 목적으로 취득한 비유동자산

처분목적으로 취득한 비유동자산이 1년기준만을 충족하고 다른 기준을 충족하지 못하였으나 그 이후 충족할 가능성이 높은 경우에는 비유동자산을 취득일에 매각예정자산으로 분류한다.

03 ㅣ 매각예정자산 측정에 관한 규정의 경우

매각예정자산으로 분류된 비유동자산은 순공정가치와 장부금액 중 적은 금액으로 측정한다. 다만 다음 자산은 측정규정을 적용하지 않는다.
① 이연법인세 자산
② 종업원급여에서 발생하는 자산
③ 금융자산
④ 공정가치모형으로 측정하는 투자부동산
⑤ 보험계약의 계약상권리
⑥ 농림어업에 따라 순공정가치로 측정되는 비유동자산

04 ㅣ 처분 자산 집단

단일거래를 통해 매각이나 다른 방법으로 함께 처분될 예정인 자산의 집합과 당해 자산에 직접관련되어 이전될 부채를 말한다.

05 ㅣ 현금창출단위

다른 자산이나 자산집단에서의 현금유입과는 거의 독립적인 현금유입을 창출하는 식별가능한 최소 자산집단을 말한다.

06 | 중단영업

기업은 특정사업부문의 재무성과가 악화되는 경우 해당사업을 중단하기로 하며 특정 지역에서 손실이 발생되면 해당지역에서의 영업을 중단하기로 한다. 이와 같이 기업이 영업을 중단하는 경우에는 중단영업과 계속영업을 구분하여 보고해야 한다.

1. 중단영업의 표시

- 기업의 구분단위는 재무보고목적 뿐만 아니라 영업상으로도 기업의 나머지 부분과 영업 및 현금흐름이 명확이 구별된다.
- 즉, 기업의 구분단위는 계속 사용을 목적으로 보유중인 경우 하나의 현금창출단위 또는 현금창출단위 집단이 될 것이다. 중단영업은 이미 처분되었거나 매각예정으로 분류되고 다음 중 하나에 해당하는 기업의 구분단위이다.

- 별도의 주요사업 계열이나 영업지역이다.
- 별도의 주요사업 계열이나 영업지역을 처분하려는 단일 계획의 일부이다.
- 매각만을 목적으로 취득한 종속기업이다.

중단영업손익이 있는 경우	
법인세비용차감전손익	×××
(법인세비용)	×××
계속영업손익	×××
중단영업손익	×××
당기순손익	×××

따라서 중간영업의 표시는 ① 세후 중단영업손익과 ② 중단영업에 포함된 자산이나 처분집단을 순공정가치로 측정하거나 처분함에 따른 세후순이익의 합계를 포괄손익계산서에 단일 금액으로 표시된다.

01 투자부동산에서 투자부동산으로 분류할 수 없는 것은?

① 시세차익 목적의 토지

② 본사 사옥으로 이용할 목적의 토지

③ 운용리스로 제공한 건물

④ 사용목적이 미결정한 채로 보유하고 있는 토지

해설 ② 본사사옥목적으로 취득한 토지는 유형자산으로 분류한다.

02 투자부동산에서 투자부동산으로 분류할 수 없는 것은?

① 장기 시세차익을 얻기 위하여 보유하고 있는 토지

② 장래 사용목적을 결정하지 못한 채로 보유하고 있는 토지

③ 직접 소유(또는 금융리스를 통해 보유)하고 운용리스로 제공하고 있는 건물

④ 금융리스로 제공한 부동산

해설 ④ 금융리스로 제공한 자산은 투자부동산으로 분류할 수 없다.

03 투자부동산으로 분류할 수 있는 것은?

① 부품을 생산하기 위한 공장 신축

② 장기투자목적 취득한 토지

③ 발주처로부터 도급받은 공장 건설

④ 금융리스로 제공한 건물

해설 ② 장기투자목적은 시세차익을 얻으려는 성격이 강하므로 투자부동산으로 분류할 수 있다.

정답   01 ②   02 ④   03 ②

04 투자부동산으로 분류할 수 있는 것은?

① 운용리스로 제공하기 위하여 보유하고 있는 미사용 건물
② 정상적인 영업과정에서 판매하기 위한 부동산이나 이를 위하여 건설 또는 개발중인 부동산
③ 제3자를 위하여 건설 또는 개발 중인 부동산
④ 재화의 생산이나 용역의 제공 또는 관리목적에 사용하는 자가사용부동산

해설 ① 운용리스로 제공하기 위하여 보유하고 있는 미사용 건물은 투자부동산으로 분류할 수 있다.

05 투자부동산의 원가에 포함되는 항목은?

① 부동산을 의도된 목적에 이르게 하는데 직접 관련이 없는 초기원가
② 계획된 사용수준에 도달하기 전에 발생하는 부동산의 운영손실
③ 건설이나 개발과정에서 발생한 비정상인 원재료, 인력 및 기타 자원의 낭비금액
④ 취득과 관련한 직접원가

해설 ④ 취득과 관련한 직접원가는 관련부대비용으로 자산의 원가를 구성한다.

06 교환으로 취득한 투자부동산의 경우 상업적 실질이 결여되고, 공정가치를 신뢰성 있게 측정할 수 없다면 경우 투자부동산의 취득원가 결정방법은?

① 제공한 자산의 공정가치로 측정
② 제공받을 자산의 공정가치로 측정
③ 제공한 자산의 장부가액으로 측정
④ 감정평가에 의해 자산의 가액측정

해설 ③ 비화폐성자산의 교환을 준용하여 투자부동산의 경우에도 교환거래에 상업적 실질이 결여되어 있거나 취득한 자산과 제공한 자산 중 어느 자산에 대해서도 공정가치를 신뢰성 있게 측정할 수 없다면 제공한 자산의 장부금액으로 원가를 측정한다.

07 K-IFRS 제1040호 '투자부동산'에 규정된 평가방법에 관한 설명중 옳지 않은 것은?

① 투자부동산은 공정가치모형과 원가모형 중 선택하여 적용한다.

② 투자부동산의 원가모형은 감가상각비를 인식한다.

③ 투자부동산의 공정가치모형은 감가상각비를 인식한다.

④ 투자부동산의 공정가치모형에서 공정가치 변동은 당기손익으로 처리한다.

해설 ③ 투자부동산의 공정가치모형에서 감가상각비에 대한 규정이 없다. 공정가치모형에서 감가상각비를 인식여부와 관계없이 공정가치변동분을 당기손익에 반영하면 동일한 결과가 나타난다.

08 K-IFRS 제1040호 '투자부동산'에 규정된 내용들이다. 기준서의 내용과 다른 것은?

① 부동산 소유자가 부동산을 사용하는 리스이용자에게 경미한 보안과 관리용역을 제공하는 경우에는 당해 부동산은 투자부동산으로 분류한다.

② 지배기업이 보유하고 있는 부동산을 종속기업에게 리스하여 종속기업이 이용하는 경우 그 부동산은 지배기업의 연결재무제표상에서 투자부동산으로 분류할 수 없다.

③ 부동산의 일부분은 임대수익 목적, 일부분은 재화의 생산에 사용하기 위해 보유하고 있으나, 이를 부분별로 나누어 매각할 수 없다면, 재화의 생산에 사용하기 위하여 보유하는 부분이 중요하다고 하더라도 전체 부동산을 투자부동산으로 분류한다.

④ 부동산 소유자가 부동산 사용자에게 부수적인 용역을 제공하는 경우 전체 계약에서 용역의 비중이 경미하다면 부동산 사용자는 당해 부동산을 투자부동산으로 분류한다.

해설 ③ 부동산의 일부분은 임대수익 목적, 일부분은 재화의 생산에 사용하기 위해 보유하고 있으나, 이를 부분별로 나누어 매각할 수 없다면, 재화의 생산에 사용하기 위하여 보유하는 부분이 경미한 경우에만 전체 부동산을 투자부동산으로 분류한다.

09 K-IFRS 제1040호 '투자부동산'에 규정된 내용들이다. 틀린 설명은 어느 것인가?

① 투자부동산은 공정가치모형과 원가모형 중 하나를 선택하여 모든 투자부동산에 적용한다.

② 투자부동산의 공정가치 변동으로 발생하는 손익은 이익의 경우 기타포괄손익으로, 손실의 경우 당기손익으로 인식한다.

③ 운용리스에서 리스이용자가 보유하는 부동산에 대한 권리를 투자부동산으로 분류하는 경우에는 공정가치모형만 적용한다.

④ 투자부동산에 대하여 공정가치모형을 선택한 경우에는 최초 인식 후 모든 투자부동산을 공정가치로 측정한다.

해설 ② 투자부동산의 공정가치 변동으로 발생하는 손익은 발생한 기간의 당기손익에 반영한다.

10 부동산의 사용목적이 다른 경우에는 투자부동산의 대체가 발생할 수 있다. 다음은 이와 관련된 K-IFRS 제1040호 '투자부동산'의 내용들이다. 틀린 설명은 어느 것인가?

① 자가사용부동산을 공정가치로 평가하는 투자부동산으로 대체하는 경우 부동산의 장부금액과 공정가치의 차액은 당기손익으로 인식한다.

② 자가사용부동산을 공정가치로 평가하는 투자부동산으로 대체하는 경우, 재고자산의 장부금액과 대체시점의 공정가치의 차액은 당기손익으로 인식한다.

③ 건설이나 개발이 완료되어 건설중인자산을 공정가치로 평가하는 투자부동산으로 대체하는 경우에 부동산의 장부금액과 대체시점의 공정가치의 차액은 당기손익으로 인식한다.

④ 공정가치로 평가한 투자부동산을 자가사용부동산으로 대체하는 경우의 원가는 사용목적 변경시점의 공정가치로 한다.

해설 ① 자가사용부동산을 공정가치로 평가하는 투자부동산으로 대체하는 경우 부동산의 장부금액과 공정가치의 차액은 재평가회계처리와 동일한 방법으로 회계처리한다.

정답   09 ② 10 ①

11 투자부동산으로 분류할 수 없는 자산은 무엇인가?

① 직접소유하고 운용리스로 제공하고 있는 건물

② 직접소유하고 금융리스로 제공한 건물

③ 장래 사용목적을 결정하지 못한 채로 보유하고 있는 토지

④ 투자부동산의 공정가치모형에서 공정가치 변동은 당기손익으로 처리한다.

해설 ② 금융리스로 부동산을 제공하면 당해 부동산은 리스제공자의 자산이 아니다.

12 '투자부동산'에 따라 투자부동산에 관한 설명으로 옳지 않은 것은?

① 임대부동산은 업종과 무관하게 투자부동산으로 분류한다.

② 투자부동산은 공정가치모형 또는 원가모형으로 개별적으로 적용한다.

③ 리스이용자도 운용리스 부동산에 대한 권리를 투자부동산으로 분류할 수 있다.

④ 원가모형을 적용한 투자부동산에 대하여 공정가치를 주석으로 공시해야 한다.

해설 ② 원가모형 또는 공정가치모형 중 투자부동산 모두 동일한 방법으로 평가한다.

부채와
사채회계

제1절
부채의 분류

부채(Liabilities)란 과거의 거래나 사건의 결과로서 특정 기업이 미래에 다른 기업에게 자산을 이전하거나 용역을 제공해야 하는 현재의 의무로부터 발생하는 미래의 가능한 경제적 효익의 희생을 말한다.

- 부채의 분류는 상환기간, 성격, 금액의 불확실성에 따라 유동부채와 비유동부채
- 확정부채와 충당부채, 금융부채와 비금융부채로 분류된다.

부채는 아래와 같은 세 가지의 특성을 지닌 것으로 볼 수 있다.

① 과거사건(past event)의 결과: 부채를 발생시킨 사건이 이미 발생한 것이어야 한다.
② 현재의 의무(present obligation): 미래에 현금 등을 양도하거나 사용하여 결제해야 하는 현재의 의무여야 한다.
③ 미래에 자원의 유출로써 이행(future sacrifice of economic resources): 이의 이행을 위하여 미래에 현금, 상품, 서비스 등과 같은 경제적 효익을 가진 자원의 유출이 기대된다.

01 ㅣ 유동부채와 비유동부채의 분류조건

① 정상영업주기 내에 결제될 것으로 예상하고 있다.
② 단기지급 목적으로 보유하고 있다.
③ 보고기간 후 12개월 이내에 결제하기로 되어 있다.
④ 보고기간 후 12개월 이상 부채의 결제를 연기할 수 있는 무조건의 권리를 가지고 있지 않다.

매입채무, 영업원가에 대한 미지급비용과 같은 유동부채는 기업의 정상영업주기 내에 사용되는 운전자본의 일부이므로, 이 항목들의 결제일이 보고기간 12개월 후에 도래한다 하더라도 유동부채로 분류한다. 정상영업주기란 영업활동을 위한 자산의 취득시점부터 그 자산이 현금이나 현금성자산으로 실현되는 시점까지의 소요되는 기간이다. 정상영업주기를 명확하게 식별할 수 없는 경우에는 그 기간이 12개월인 것으로 가정한다.

02 ㅣ 유동부채의 분류

① 매입채무 : 일반적 상거래에서 발생한 외상매입금과 지급어음으로 한다.
② 단기차입금 : 금융기관으로부터의 당좌차월액과 1년 내에 상환될 차입금으로 한다.
③ 미지급금 : 일반적 상거래 이외에서 발생한 채무(미지급비용을 제외한다)로 한다.
④ 선수금 : 수주공사 · 수주품 및 기타 일반적 상거래에서 발생한 선수액으로 한다.
⑤ 예수금 : 일반적 상거래 이외에서 발생한 일시적 제예수액으로 한다.
⑥ 미지급비용 : 발생된 비용으로서 지급되지 아니한 것으로 한다.
⑦ 당기법인세부채 : 법인세 등의 미지급액으로 한다.
⑧ 유동성장기부채
  • 비유동부채 중 1년 내에 상환될 것 등으로 한다.
  • 비유동부채 중 기간의 경과로 인하여 재무상태표일로부터 1년 내에 상환일이 도래하는 금액은 유동부채로 표시하여야 하는데 이때 유동성장기부채라는 계정과목이 사용된다.
⑨ 선수수익 : 받은 수익 중 차기 이후에 속하는 금액으로 한다.

실습예제

01 (주)서울은 2018년 7월 1일에 ₩10,000,000의 자금을 은행으로부터 현금으로 차입하였는데 이 차입금의 만기일은 2020년 7월 1일이다.

(차)	(대)

풀이

(차) 현금   10,000,000   (대) 장기차입금   10,000,000

02 시간이 경과하여 2019년 12월 31일에 결산을 할 경우 동 차입금은 2019년 12월 31일부터 1년 이내에 상환일이 도래하므로 비유동부채로 재무상태표에 표시되어서는 안된다. 이를 조정하기 위하여 (주)서울은 다음의 분개를 하여 비유동부채에서 유동부채로 계정을 재분류해 주어야 한다.

(차)	(대)

풀이

장기차입금   10,000,000   유동성장기차입금   10,000,000
                                                  (or 유동성장기부채)

03 ㅣ 비유동부채

비유동부채는 재무상태표 작성기준의 1년 또는 정상적인 영업순환주기 기준에 의하여 재무상태표일로부터 1년 후에 지급되리라고 기대되는 채무를 말한다.
비유동부채의 분류는 다음과 같다.

1. 사채

1년 후에 상환되는 사채의 가액으로 하되, 사채의 종류별로 구분하고 그 내용을 주석으로 기재한다.

2. 장기차입금

1년 후에 상환되는 차입금으로 하며 차입처별 차입액, 차입용도, 이자율, 상환방법 등을 주석으로 기재한다.

3. 장기성매입채무

유동부채에 속하지 아니하는 일반적 상거래에서 발생한 장기의 외상매입금 및 지급 어음으로 한다.

4. 장기성충당부채

1년 후에 사용되는 충당금으로서 그 사용목적을 표시하는 과목으로 기재한다.

5. 이연법인세부채

일시적 차이로 인하여 법인세비용이 법인세법 등의 법령에 의하여 납부하여야 할 금 액을 초과하는 경우 그 초과하는 금액으로 한다.

04 ▮ 확정부채와 충당부채

1. 확정부채

부채의 금액을 확정적으로 결정할 수 있고 부채의 지급시기를 비교적 정확히 알 수 있는 부채이다.

2. 충당부채

충당부채란 재무상태표일 현재 부채의 존재가 불확실하거나 지출의 시기 또는 금액 이 불확실한 부채를 말한다.

05 ㅣ 금융부채와 비금융부채

1. 계약상 의무

① 거래 상대방에게 현금 등 금융자산을 인도하기로 한 계약상 의무이다.
② 잠재적으로 불리한 조건으로 거래상대방과 금융자산이나 금융부채를 교환하기로 한 계약상 의무이다.

2. 자기지분상품관련 계약

① 인도할 자기 지분상품의 수량이 변동가능한 비파생상품이다.
② 확정수량의 자기지분상품에 대하여 확정금액의 현금 등 금융자산을 교환하여 결제하는 방법이 아닌 방법으로 결제되거나 결제될 수 있는 파생상품이다.

3. 금융부채의 분류

당기손익인식금융부채는 공정가치로 측정하며 공정가치 변동분을 당기손익에 반영한다. 당기손익인식금융부채에는 당기손익 인식지정금융부채와 단기매매금융부채로 분류된다.

4. 금융부채의 측정

금융부채는 최초 인식시점에 공정가치로 측정한다.

5. 금융부채의 후속 측정

당기손익인식 금융부채는 공정가치로 측정하고 공정가치 변동분은 당기손익에 반영한다. 기타의 금융부채는 유효이자율법을 적용하여 상각 후 원가로 측정한다.

실습예제 : 원천징수예수금

(주)서울은 9월 총급여액 ₩22,850 중에서 ₩1,850을 원천공제한 후 급여일인 9월 17일에 종업원에게 ₩21,000을 현금으로 지급하였다. 원천공제내역은 다음과 같다.

근로소득세	₩1,100	국민복지연금	₩460
건강보험료	120	사원공제회	170

01 (주)서울이 10월 1일에 9월 급여의 원천징수금을 관할세무서와 해당기관에 지급하였다. (주)계림의 ① 9월 17일과 ② 10월 1일 거래를 분개하라.

풀이

① 9월 17일(급여지급일)

(차) 급여	22,850	(대) 현금	21,000
		소득세예수금	1,100
		연금예수금	460
		보험료예수금	120
		공제회예수금	170

② 10월 10일(원천징수금 납부일)

(차) 소득세예수금	1,100	(대) 현금	1,850
연금예수금	460		
보험료예수금	120		
공제회예수금	170		

'화폐의 시간가치(time value of money)'란 동일한 금액의 화폐라고 하더라도 시간에 따라 가치가 달라진다는 것을 말한다. 현재의 현금이 가지고 있는 가치는 미래의 동일한 액수보다 크다는 것을 말한다. 시간적 가치란 인플레이션을 뜻하는 것이 아니다. 인플레이션이 없는 불변가(효용가치)를 기준으로 하여 이자율(또는 할인율)을 i 라고 하면 현재 P원은 1년 후의 $P \times (1+i)$원과 동일한 가치를 가졌다고 생각하게 된다. 이와 같이 시간에 따른 현금의 가치가 변하는 것을 현금의 시간적 가치라고 한다. 또한 화폐의 시간가치에 영향을 주는 것이 바로 이자요소와 이자율이라는 것을 알 수 있다.₩

✅ 화폐의 시간가치를 생각하여야 하는 이유

> ① 인플레이션 : 자본주의 경제는 거의 필연적으로 인플레이션이 나타난다. 경제가 성장함에 따라 물가가 오르기 때문에 시간이 흐를수록 화폐가치가 상대적으로 더 떨어지는 경우가 많다.
> ② 재화의 생산성 : 오늘의 1,000만원을 받아서 다른 이윤을 남겨줄 수 있는 투자처에 투자할 수 있다. 내년에 1,000만원을 택한다는 것은 투자할 기회를 포기한다는 측면에서 전혀 합리적이지 않기 때문이다.
> ③ 불확실성으로 인한 위험의 존재 : 인플레이션도 없고, 생산기회도 없다 하더라도 내년에 1,000만원을 받기 전에 일어날 수 있는 여러 가지 불확실한 요소가 있다.

어떤 시점에서의 금액을 다른 시점에서의 금액으로 고치는 것을 시간 환산이라 한다. 또한, 기준 시점에서의 환산가치가 동일한 것들은 시간적 가치(價値)면에서 등가라고 한다. 이러한 가치는 어느 시점에서 보느냐에 따라 미래가치와 현재가치로 나눌 수 있다.

예를 들어, 오늘 ₩10,000의 현금을 연이자율 10%의 예금을 넣어 둘 수 있다면 1년 후에는 원금 ₩10,000과 이자 ₩1,000을 수령할 수 있으므로 현재의 ₩10,000과 1년 후의 ₩11,000이 가치가 같으며 현재의 ₩10,000이 1년 후의 ₩10,000보다 가치가 크다.

이처럼 화폐는 시간에 따라 가치가 달라지며 동일한 금액이라면 현재 시점의 가치가 미래시점의 가치보다 크다. 화폐의 시간가치는 할인율과 기간이라는 요소에 영향을 받는다. 이 중에서 할인율은 이자(interest)에 해당하는 것으로 시간과 관련되는 비용에 해당한다. 즉, 대금을 빌려주는 입장에서 이자는 시간가치를 포기하는 것에 대한 수익에 해당하고, 대금을 차입하는 입장에서 이자는 시간가치를 사용하는 것에 대한 비용에 해당한다. 시간가치의 보상에 해당하는 이자를 계산하는 방법에는 단리와 복리가 있다.

01 ㅣ 미래가치와 현재가치

1. 미래가치

'일시금의 미래가치(future value : FV)'란 현재 일시금으로 지급한 금액에 복리를 적용한 이자를 합한, 미래에 받을 원리금 합계액을 말한다.

예를 들어, ₩100,000의 현금을 5%의 정기예금에 가입하면 1년 후의 미래가치는 원금인 ₩100,000에 이자 ₩5,000(₩100,000 × 5%)을 합한 금액이 된다. 그러면 이자율 5%인 정기예금 2년 후의 미래가치는 어떻게 될까? 2년 후의 미래가치는 다음과 같이 계산된다.

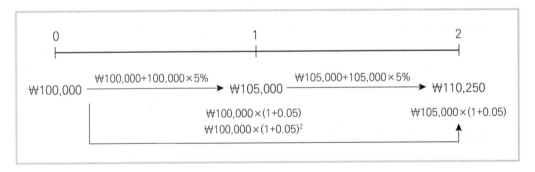

이와 같이 2년 후의 미래가치는 원금 ₩100,000에 (1+0.05)를 두 번 곱해서 계산한다. 즉, ₩100,000 × (1−0.05)^{2}을 계산한 ₩110,250이 된다.

$$FV_n = PV \times (1+r)^n$$

미래가치를 계산하는 공식에 기초해서 원금(PV) ₩1에 대하여 다양한 기간과 이자율을 적용해서 일일이 미래가치를 계산해서 표로 만들어 놓은 것을 '₩1의 복리이자표'라고 하며 다음의 표를 복리이자표의 일부를 발췌해서 표시한 것이다.

● **1의 복리이자표(미래가치)**

기간(n) \ 이자율(r)	5%	6%	7%	8%	9%	10%
1	1.05000	1.06000	1.07000	1.08000	1.09000	1.10000
2	1.10250	1.12360	1.14490	1.16640	1.18810	1.21000
3	1.15762	1.19102	1.22504	1.25971	1.29503	1.33100
4	1.21551	1.26248	1.31080	1.36049	1.41158	1.46410
5	1.27628	1.33823	1.40255	1.46933	1.53862	1.61051

이와 같은 복리표를 이용하면 특정금액의 미래가치를 쉽게 계산할 수 있다. 예를 들어 ₩100,000의 원금을 연이자율 8%, 만기 5년의 정기예금에 가입했다면 미래가치는 다음과 같이 계산한다.

5년, 8%, 미래가치
- 미래가치(FV_5) = 100,000 × $(1 + 0.08)^5$ = ₩146,933

또는 • 미래가치(FV_5) = 100,000 × 1.46933 = ₩146,933

이와 같이 미래가치를 계산할 때 복리이자표에서 ₩1의 8%, 5년 만기 복리이자인 1.46933에 원금 ₩100,000을 곱해서 미래가치를 계산하면 간편하다.

2. 현재가치

일시금의 현재가치(present value : PV)란 미래가치에 대한 반대개념으로 미래 일시에 받을 금액에서 복리를 적용한 이자를 차감해서 현시점의 가치로 환산한 금액을 말한다. 예를 들어 5%의 이자율에서 2년 후에 받을 ₩110,250의 현재시점의 가치는 미래가치를 계산하는 과정을 반대로 다음과 같이 적용하면 된다.

📌 정보수요와 정보이용자의 단순화

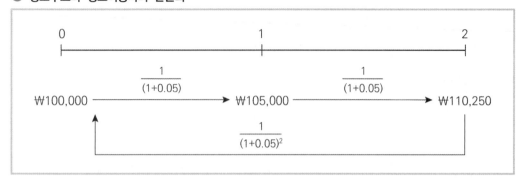

이와 같이 2년 후에 수령하는 ₩110,250의 현재가치는 미래수령액 ₩110,250을 $(1+0.05)^2$으로 나누어 계산한 ₩100,000이 된다. 2년 후의 미래가치가 $(1+0.05)^2$을 곱하는 것과 반대로 2년 후 금액의 현재가치는 $(1+0.05)^2$으로 나누어 계산하는 것이다. 이를 일반화하면 미래에 수령하는 n기간 말의 일정금액 FV_n을 복리이자율 r로 계산한 현재가치 PV는 다음과 같은 공식으로 표시할 수 있다.

$$\text{현재가치}: PV = FV_n \times \frac{1}{(1+r)^n}$$

현재가치를 공식에 기초해서 미래일시금(FV_n) ₩1에 대하여 다양한 기간과 이자율을 적용해서 일일이 현재가치를 계산해서 표로 만들어 놓은 것을 '₩1의 현가표'라고 하며 다음의 표는 '₩1의 현가표'의 일부를 발췌해서 표시한 것이다.

📌 1의 현가표(현재가치)

이자율(r) 기간(n)	5%	6%	7%	8%	9%	10%
1	0.95238	0.94340	0.93458	0.92593	0.91743	0.90909
2	0.90703	0.89000	0.87344	0.85734	0.84168	0.82645
3	0.86384	0.83962	0.81630	0.79383	0.77218	0.75131
4	0.82270	0.79209	0.76290	0.73503	0.70843	0.68301
5	0.78353	0.74726	0.71299	0.68058	0.64993	0.62092

이와 같은 '₩1의 현가표'를 이용하면 미래 특정금액의 현재가치를 쉽게 계산할 수 있다. 예를 들어 8% 이자율하에서 5년 후에 수령하는 ₩100,000의 현재가치는 다음과 같이 계산한다.

5년, 8%, 현재가치

- 현재가치(PV) = $100,000 \times \dfrac{1}{(1+0.08)^5}$ = ₩146,933

또는 • 현재가치(PV) = $100,000 \times 0.68058$ = ₩146,933

이와 같이 현재가치를 계산할 때 '₩1의 8%, 5년의 현재가치인 0.68058에 미래수령액 ₩100,000을 곱해서 현재가치를 계산하면 간편하다.

✎ 실습예제 : 장기대여금의 현재가치 평가

(주)서울은 2019년 초에 (주)대구에게 ₩1,000,000을 장기대여하였다. 동 장기대여금의 만기는 2013년 말이고 매년 말에 10%의 이자를 수령하기로 하였다. 2019년 초의 시장이자율을 10%이다.

---

01 2019년 초 장기대여금의 현재가치를 계산하시오.

02 2019년부터 2021년말까지 (주)서울의 회계처리를 하시오. 단, 유동성대체는 생략한다.

03 (주)대구의 입장에서 물음에 답하시오.

풀이

1. 장기대여금의 현재가치

원　금 : ₩1,000,000 × 0.75131(3년, 10%, 현가계수) =	₩751,320
이　자 : ₩100,000 × 2.48685(3년, 10%, 연금현가계수) =	248,690[*]
계　₩	1,000,000

* 현재가치 금액은 ₩1,000,000에 맞추기 위해 단수차이 조정하였음.

2. (주)서울의 회계처리

2019. 1. 1 (차) 장기대여금	1,000,000	(대) 현 금	1,000,000
2019.12.31 (차) 현 금	100,000	(대) 이자수익	100,000
2020.12.31 (차) 현 금	100,000	(대) 이자수익	100,000
2021.12.31 (차) 현 금	1,000,000	(대) 장기대여금	1,000,000

3. (주)대구의 회계처리

2019. 1. 1 (차) 현 금	1,000,000	(대) 장기차입금	1,000,000
2019.12.31 (차) 이자비용	100,000	(대) 현 금	100,000
2020.12.31 (차) 이자비용	100,000	(대) 현 금	100,000
2021.12.31 (차) 이자비용	100,000	(대) 현 금	100,000
(차) 장기차입금	1,000,000	(대) 현 금	1,000,000

(주)서울은 (주)대구에게 대여 당시 적정한 시장이자율에 근거하여 액면이자를 수령하고 있다. 이와 같이 시장이자율과 액면이자율이 동일하면 장기대여금의 현재가치 금액이 대여금액(명목상의 금액)과 동일하게 된다. 그리고 (주)서울은 액면이자금액만 이자수익으로 인식한다.

제3절
사채(bonds)

01 ㅣ 사채의 의의

기업이 일반 대중으로부터 자금을 조달할 목적으로 집단적·대량적으로 부담하는 회사채무로서 사채증서를 발행하여 지정된 만기일에 정해진 금액(액면금액)을 지급하고 액면금액에 일정한 이자율을 곱한 이자를 정기적으로 지급할 것을 약속한 채무로서 만기가 장기간인 것을 말한다.

1. 사채의 종류

사채는 발행하는 목적에 따라 일반사채와 전환사채로 구분할 수 있다.

일반사채	기업이 자금을 확보할 목적으로 발행하는 사채이다.
전환사채	사채로 발행되나 일정 기간이 지나면 채권 보유자의 청구가 있을 때 미리 결정된 조건대로 발행회사의 주식으로 전환할 수 있는 특약이 있는 사채를 말한다.

사채는 권면에 표시된 사채의 상환일, 즉 만기일에 사채권면에 표시된 액면가액을 지급하며, 동시에 정기적으로 권면에 표시된 이자율에 따라 일정이자를 지급하겠다고 약정한 증서를 말한다.

상법상 사채의 총액은 자본과 자본금(순자산액)의 2배를 초과하지 못하는 범위 내에서 이사회의 결의에 의하여 주식회사만이 발행할 수 있으며, 사채권상에는 사채에 대한 이자지급액에 관한 사항, 원금상환에 관한 사항, 사채상환에 대한 담보 유무 등을 기재한다.

사채는 회사가 회사의 채무임을 표시하는 증서를 발행해 주고 증권시장의 일반투자자들로부터 거액의 장기자금을 조달하는 방법을 말한다.

02 ┃ 사채의 발행

사채의 발행방법에는 액면발행, 할인발행, 할증발행의 세 가지가 있으나 일반적으로 할인시장이자율 발행이 많이 이용된다.

사채의 발행입장에서 액면이자율과 시장이자율과의 차이만큼 사채의 액면가액에서 할인 또는 할증하여 발행하여야 된다. 그러므로 시장이자율은 결국 사채발행자가 실질적으로 부담하게 되는 이자율이므로 이를 유효이자율(effective interest rate)이라 한다.

사채는 액면이자율과 시장이자율의 관계에 따라 다음과 같이 발행된다.

---

1) 액면발행 : 액면이자율 = 시장이자율   ⟶ 액면가 = 발행가
2) 할인발행 : 액면이자율 < 시장이자율   ⟶ 액면가 > 발행가
3) 할증발행 : 액면이자율 > 시장이자율   ⟶ 액면가 < 발행가

시장이자율은 수시로 변하는데 여기서 말하는 시장이자율은 발행일의 시장이자율이다. 사채발행자(채무자)의 입장에서 할인액과 할증액을 지칭하는 "기업회계기준"의 용어는 각각 사채할인발행차금과 사채할증발행차금이다.

사채의 발행가격은 일반 사채매입자가 회사로부터 받게 될 미래의 현금유입액을 현재가치로 환산한 금액으로 결정된다.

사채의 발행가격 = 만기 원금의 현재가치 + 정기적으로 받게 될 이자액들의 현재가치

---

1. 액면발행(at par issue)

사채의 액면이자율과 시장이자율이 같은 경우, 사채를 액면가액과 같은 가액으로 발행하는 것을 액면발행이라고 한다. 사채에 대한 이자를 지급하면, 이자비용(영업외비용)계정 차변에 기입한다.

(차) 당좌예금	×××	(대) 사 채	×××

2. 할인발행(discount issue)

　　사채의 액면이자율이 시장이자율보다 낮은 경우, 즉 사채를 액면가액보다 낮은 가액으로 발행하는 것을 할인발행이라 한다. 사채할인발행차금은 사채상환기간에 시장이자율법을 적용하며, 상각액은 이자비용계정에 가산한다. 사채할인발행차금의 잔액은 재무상태표에 사채의 액면가액에서 차감하는 형식(차감적 평가계정)으로 기재한다.

(차) 당좌예금	×××	(대) 사 채	×××
사채할인발행차금	×××		

3. 할증발행(premium issue)

　　사채의 액면이자율이 시장이자율보다 높은 경우, 사채를 액면가액보다 높은 가액으로 발행하는 것을 할증발행이라 한다. 그것은 사채의 부가적 성격(부가적 평가계정)이므로 재무상태표에는 사채에 가산하는 형식으로 기재하여야 한다.

　　사채의 액면가액과 발행가액과의 차액은 사채할증발행차금계정이 발생→사채에 가산하는 형식으로 기재 대변에 기입한다. 사채할증발행차금은 사채상환기간에 유효이자율법을 적용하여 환입하며, 환입액은 이자비용계정에서 차감한다.

(차) 당좌예금	×××	(대) 사 채	×××
		사채할증발행차금	×××

✅ 재무상태표상의 표시

① 할증발행의 경우
사   채   ×××
사채할증발행차금   ×××   ×××

② 할인발행의 경우
사   채   ×××
사채할인발행차금   (×××)   ×××

　　사채할인발행차금은 사채의 평가계정으로 사채로부터 차감하여 표시된다. 그리고 선급이자의 성격을 갖고 있어 사채를 상환할 때까지 매 기간에 걸쳐 상각한다. 상각방법으로는 정액법과 유효이자율법이 있는데 기업회계기준은 유효이자율법을 사용하도록 하고 있다.

03 ┃ 사채이자(interest expense on bonds)

　　사채를 발행한 회사가 사채권자에게 사채액면에서 사채이율을 곱하여 사채이자를 계산 지급하였을 때에는 보통의 이자와 구별하여 사채이자계정 차변에 기입한다.
　　사채이자지급이 결산일 때에는 사채할인발행차금, 사채할증발행차금, 전환권조정계정 및 신주인수권조정계정은 사채발행시부터 최종상환시까지의 기간에 유효이자율법 등을 적용하여 상각 또는 환입하고 동 상각 또는 환입액은 사채이자에 가감하여 처리한다.

04 ┃ 사채할인발행차금의 상각과 사채이자의 계상

1. 정액법

　　사채할인발행차금을 매기 균등액을 상각하는 방법이다. 이 방법에 의할 경우 매기 사채이자와 사채할인발행차금상각은 각각 균등액이 계상된다. 비유동부채인 사채의 장부가액(사채에서 사채할인발행차금을 차감한 후의 가액)은 매기 일정액의 사채할인발행차금 상각이 추가됨으로써 점차 증가하게 된다.

2. 유효이자율법

사채의 장부가액이 유효이자율을 적용하여 사채할인발행차금을 상각하는 방법이다. 이 방법에 의할 경우 매기의 사채이자는 균등액이나 사채할인발행차금상각은 유효이자율이 일정률이지만 장부가액의 증가에 따라 매기 증가한다.

여기서 유효이자율은 사채를 발행할 당시의 시장이자율이다. 이 방법에 의해서도 비유동부채인 사채의 장부가액은 매기 사채할인발행차금이 감소함으로써 오히려 증가하게 된다. 유효이자율법의 장단점은 정액법의 반대이다(기업회계기준에서는 유효이자율법을 사용해야 한다고 규정).

 실습예제 : 사채할인발행차금 회계처리

(주)한양은 2018년 1월 1일에 액면 ₩1,000,000, 표시이자율 10%, 3년만기의 사채를 ₩962,000에 발행하고, 사채발행비는 ₩10,000이 발생하였다. 사채발행시 유효이자율은 12%이고 이자지급일은 매년 12월 31일이다.

01 유효이자율법에 의해 사채할인발행차금을 상각할 경우 필요한 회계처리를 하라.

1. 사채발행시
2. 결산정리분개(2018년 12월 31일) 및 재무상태표 표시

풀이

1. 사채발행시

(차) 현　　　금	952,000	(대) 사　　　채	1,000,000
사채할인발행차금	48,000		

사채발행가액은 사채발행 회사가 수령하는 금액에서 사채발행수수료와 사채발행과 관련하여 발생한 기타 비용, 즉 사채발행비를 차감한 후의 금액을 말하므로 ₩962,000에서 사채발행비 ₩10,000을 차감한 금액인 ₩952,000이 사채의 발행

가액이 되고, 액면가액인 ₩1,000,000에서 ₩952,000을 차감한 ₩48,000이 사채할인발행차금이 된다.

📌 사채할인발행차금상각표

일 자	유효이자(이자비용) (기초장부가액 × 12%)	액면이자 (액면가액 × 10%)	사채할인발행 차금상각액	미상각 할인발행차금	사채의 장부가액
2018. 1. 1.				48,000	952,000
2018.12.31.	114,240	100,000	14,240	33,760	966,240
2019.12.31.	115,949	100,000	15,949	17,811	982,189
2020.12.31.	117,811	100,000	17,811	0	1,000,000
계	348,000	300,000	48,000		

2. 결산일(2018.12.31.)

(차) 이자비용   114,240   (대) 현   금   100,000
                                                사채할인발행차금상각   14,240*

    * ₩114,240 − ₩100,000 = ₩14,240

재무상태표

비유동부채		
사 채	1,000,000	
사채할인발행차금	(33,760)	966,240

---

05 | 사채발행비(bond issue expense)

사채발행비는 사채발행을 위하여 직접적으로 발행한 비용을 말하는데, 금융기관이나 증권회사에 대한 모집광고비, 모집위탁수수료, 인수수수료, 사채등기의 등록세, 사채청약서나 사채권의 인쇄비 등이다. 사채발행비는 사채에서 차감하도록 한다.

06 ┃ 사채상환(retirement or redemption of bonds)

- 사채의 상환이란 발행된 사채를 회수하기 위하여 대금을 지급하고 발행된 사채권을 회수하여 소각하는 절차를 말한다.
- 즉, 금융부채를 상환하여 부채를 감소시키는 절차인 것이다.

구분	차변과목		대변과목	
① 사채를 상환하면 (할인발행차금잔액)	사 채 (액 면 금 액) (사 채 상 환 손 실)	×× ×	당 좌 예 금 사 채 할 인 발 행 차 금 사 채 상 환 이 익	×× ×
② 사채를 상환하면 (할증발행차금잔액)	사 채(액 면 금 액) 사 채 할 증 발 행 차 금	×× ×	당 좌 예 금 사 채 상 환 이 익	×× ×

사채의 상환에는 만기상환과 수시상환의 두 가지가 있다.

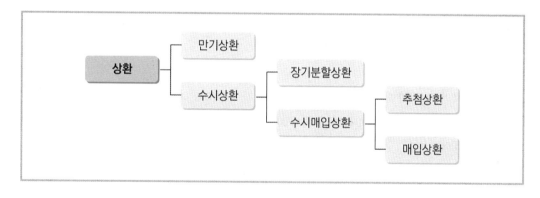

제3절 사채(bonds) 317

✏️ 실습예제 : 사채상황

한강회사는 2011년 1월 1일에 다음과 같은 조건의 사채를 발행하였다.

- 액면금액 : ₩1,000,000
- 이자지급 : 매년 12월 31일에 액면금액의 연 7% 지급
- 상환 : 2014년 12월 31일에 일시 상환
- 사채발행일의 유효이자율 : 연 10%

01 사채의 발행가액은 얼마인가?

02 한강회사가 사채 전체기간 동안 인식할 이자비용은 얼마인가?

03 한강회사가 2011년도에 인식해야 할 사채이자비용은 얼마인가?

04 한강회사가 2012년 초에 사채를 ₩930,000에 모두 조기상환하였을 경우 갑회사가 인식해 야 할 사채상환손익은 얼마인가?

> 풀이

1. 사채의 발행가액 = 70,000 × 3.16987(기간 4, 10%, 연금현가계수, 부록참조)
   + 1,000,000 × 0.68301(기간 4, 10%, ₩1의 현가계수, 부록참조)
   = ₩904,901

2. 전체 이자비용 = 표시이자 총액 + 사채할인발행차금
   = 70,000 × 4 + (1,000,000 − 904,901)
   = ₩375,099

3. 이자비용 = 사채의 기초장부금액 × 유효이자율
   = 904,901 × 10% = ₩90,490

4. 2012년초 사채 장부금액 = 904,901 + 90,490 − 70,000
   = ₩925,391

   사채상환손익 = 상환시 사채의 장부금액 − 상환금액 = 925,391 − 930,000
   = ₩4,609(상환손실)

07 ㅣ 감채기금과 감채적립금

회사가 발행한 사채를 상환함에는 일시에 거액의 자금을 지출하면 경영에 지장을 초래하므로 매기 일정액을 결산기마다 장래의 상환에 대비해서 자금을 적립해 두는 것을 감채기금(sinking fund)이라 한다.

감채기금을 설정하는 방법에는

① 감채의 목적으로 특정자금을 정기예금, 금전신탁 및 유가증권 형태로 기업의 외부에 감채기금을 설정하는 방법

② 사채의 상환에 대비하여 이익의 일부를 감채적립금으로 사내에 유보하는 방법

③ 위의 '①과 ②'를 병용하는 것으로 이익의 일부를 감채적립금으로 적립함과 동시에 동액의 감채기금을 사외에 설정하는 방법 등이 있다.

제4절

장기충당부채

01 ㅣ 장기충당부채의 의의

충당부채는 추정부채로 지출의 시기 또는 금액이 불확실한 부채를 말한다. 즉, 과거 사건이나 거래의 결과에 의하여 재무상태표일 현재 부담하는 의무를 이행하기 위해 자원 이 유출될 가능성이 높고 그 금액을 신뢰성 있게 추정할 수 있는 의무를 비유동부채로 인 식한 것으로서 퇴직급여충당부채, 장기제품보증충당부채 등을 포함한다.

02 ㅣ 장기충당부채의 설정 요건

① 장래에 지출될 것이 확실하고
② 당해 지출의 원인이 당기에 있으며,
③ 당해 지출금액을 합리적으로 추정할 수 있어야 한다.

충당부채	퇴직급여충당부채	퇴직급여로 계상한 금액에서 지급한 금액을 차감한 금액
	장기제품보증충당부채	보증해 주기로 하고 제품을 판매한 경우 보증채무 추정액
	기타	미래에 지출될 것으로 추정되는 비용이나 손실에 대비하여 설정한 장기충당부채로서 별도로 표시되지 않는 부채

03 I 장기충당부채의 종류

1. 퇴직급여충당부채

퇴직급여충당부채는 회계연도말 현재 전 임직원이 일시에 퇴직할 경우 지급하여야 할 퇴직금에 상당하는 금액으로 한다.

회계 연도 말 현재 전임직원의 퇴직금 소요액과 퇴직급여충당부채의 설정잔액 및 기중의 퇴직금지급액과 임원퇴직금의 처리방법 등을 주석으로 기재한다.

회계연도의 재무상태표에 계상되는 퇴직급여충당부채는 전종업원이 일시에 퇴직할 경우에 지급하여야 할 퇴직금에 미달하는 경우에는 그 미달하는 금액을 이 기준시행일이 속하는 회계연도의 다음 연도부터 5년 이내의 매 결산기에 균등액 이상을 추가로 계상하여야 한다.

세법에 의하면 퇴직급여충당부채전입 한도액은 종업원에게 지급한 연간 총급여액의 10분의 1에 상당하는 금액을 한도로 하고 있으며, 퇴직급여충당부채의 누계총액은 전원이 퇴직할 경우에 퇴직급여로 지급되어야 할 금액의 50%를 한도로 한다.

퇴직급여충당부채전입액 (당기분 설정액) =
　　당기말 퇴직금추계액 – (전기말 퇴직금추계액 – 당기중 퇴직금 지급액)

[결산정리분개]
　(차) 퇴직급여　　　　　　　×××　　(대) 퇴직급여충당부채　　　　×××
[퇴직금 지급시]
　(차) 퇴직급여충당부채　　×××　　(대) 현　　금　　　　　　　×××

확정기여제도(defined contribution plan)는 기업이 별개의 실체인 퇴직기금에 고정 기여금을 납부하는 퇴직급여제도이다. 확정기여제도에서는 근로자가 퇴직연금 운용방법에 대하여 책임을 지게 되어, 적립금의 운용방법을 잘못 선택하는 경우에는 근로자가 손실을 볼 수도 있다. 그리고 이 제도에서는 퇴직기금이 종업원의 퇴직급여를 지급해야 하는 충분한 자산을 보유하지 못하더라도 기업이 추가로 기여금을 납부해야 하는 의무가 없다.

확정급여제도(defined benefit plan)는 확정기여제도 이외의 모든 퇴직급여제도를 말하는데, 이 제도하에서는 근로자가 받을 퇴직급여의 규모와 내용이 기업과 사전에 약정된다. 그리고 기업이 퇴직급여와 관련된 기금의 운용을 책임지기 때문에 기금의 운용실적에 따라 기업이 부담해야 하는 기여금은 변하게 된다. 기금의 운용실적이 양호하면 기업의 기여금이 줄어들지만 운용실적이 저조하면 기여금이 증가한다.

퇴직급여충당부채	퇴직일시금	퇴직 전	기말퇴직급여충당부채 – 기초퇴직급여충당부채 + 당기 퇴직금지급액 = 퇴직급여 　(차) 퇴직급여　　　×××／(대) 퇴직급여충당부채　×× ×
		퇴직시점	(차) 퇴직급여충당부채　×××／(대) 현　　금　　　×× ×
		퇴직보험	퇴직보험료납입 　(차) 퇴직보험예치금　×××／(대) 현　　금　　　×× × 　(차) 지급수수료(사업비)××× 이자수익 발생 　(차) 퇴직보험예치금　×××／(대) 이자수익　　　×× × 퇴직보험으로 전환 　(차) 퇴직보험예치금　×××／(대) 단체퇴직보험예치금　×× ×
	퇴직연금제도	확정급여형 (DB)	종업원 수령액 확정, 회사 부담금 불확정 부채로 인식하여 회계처리
		확정기여형 (DC)	종업원수령액 불확정, 회사부담금 확정 기여금 납입시 비용으로 회계처리

 실습예제 : 퇴직급여충당부채

01　당기에 설정할 퇴직급여충당부채를 산정한 후 분개하라.

> 당기말 현재 전 임직원 퇴직시 지급할 금액이 ₩20,000,000이고 당기 중 실제로 지급한 퇴직금은 ₩6,000,000이다. 전기말 현재 퇴직금 총추계액은 ₩15,000,000이다.

1. 당기에 전입해야 할 퇴직급여충당부채 전입액

   ₩20,000,000 − (₩15,000,000 − ₩6,000,000) = ₩11,000,000

2. 12월 31일

   (차) 퇴직급여   11,000,000   (대) 퇴직급여충당부채   11,000,000

2. 장기제품보증충당부채

장기제품보증충당부채란 제품의 판매 후에 일정기간 동안 보수를 무상으로 실시하는 기업에서는 특정기의 제품판매액에 대한 비용이 차기 이후에 발생한다. 판매보증충당부채는 품질보증의무를 나타내는 충당부채이다. 그러나 법인세법에서는 장기제품보증충당부채를 손금으로 인정하지 않고 있다.

✎ 실습예제 : 장기제품보증충당부채

2019년 5월 1일에 상품 ₩1,000,000을 보증판매하다. 과거의 경험에 비추어 3%의 무료수리비가 발생될 것으로 예상된다. 2020년 6월 1일에 상품 ₩20,000의 무료수리를 해주다.

01   2019년 12월 31일(결산일)의 분개를 하라.

02   2020년 6월 1일의 분개를 하라.

풀이

1. 2019년 12월 31일

   (차) 제품보증비   30,000   (대) 장기제품보증충당부채   30,000

2. 2020년 6월 1일

   (차) 장기제품보증충당부채   20,000   (대) 현   금   20,000

✎ 실습예제 : 충당부채의 측정

01 ㈜서울은 공사완료 후 12개월 이내에 납품한 공사에서 발생하는 하자에 대하여
하자보수보증을 실시하고 있다. 만약 2019년도에 납품한 공사에서 중요하지 않은 하자가
발견된다면 ₩12,000의 하자보수비용이 발생하고, 중요한 하자가 발생하면 ₩50,000의
하자보수비용이 발생할 것으로 예상된다. 기업의 과거 경험에 비추어 납품된 공사의
80%에는 하자가 없을 것으로 예상되고 15%는 중요하지 않은 하자가 발생될 것으로
예상되며, 5%는 중요한 하자가 발생할 것으로 예상된다. ㈜평화가 2019년말에
하자보수충당부채로 기록해야 할 금액은 얼마인가?

[풀이]

하자보수충당부채 = 80% × ₩0 + 15% × ₩12,000 + 5% × ₩50,000 = ₩4,300

01 기업회계기준에서 규정하고 있는 부채성충당금이 아닌 것은?

① 퇴직급여충당부채 ② 대손충당금
③ 수선충당부채 ④ 판매보증충당부채

해설 대손충당금은 평가성충당금이다.

02 사채 발행시점에서 사채의 발행가액을 현재가치로 계산하는 방법으로 옳은 것은?

① 만기가액의 현재가치 + 이자지급액의 현재가치
② 만기가액 + 이자지급액의 현재가치
③ 만기가액의 현재가치 + 이자지급액
④ 만기가액 + 이자

해설 사채발행가액 = 만기의 현재가치 + 이자지급액의 현재가치

03 비유동부채가 어떠한 경우에 유동부채로 분류되는가?

① 화폐성부채로 전환되는 경우
② 부채가 자본으로 전환되는 경우
③ 장기부채를 현금상환하게 되는 경우
④ 유동부채로 분류되는 부분이 1년 이내에 상환되는 경우

해설 비유동부채란 재무상태표일로부터 1년 이상이 경과한 후에 만기가 도래하는 부채를 말한다. 여기에는 사채, 장기차입금 등이 있다. 그러나 비유동부채 중 재무상태표일로부터 1년 이내에 지급하여야 할 부분에 대해서는 유동부채(유동성 장기부채)로 분류하여야 하며, 비유동부채는 유동부채와는 달리 미래에 지급하게 될 재화나 용역의 현재가치로 평가하는 것이 원칙이다.

정답 01 ② 02 ① 03 ④

04 사채의 가격결정에 직접적으로 영향을 미치는 요소가 아닌 것은?

① 액면가액
② 액면이자율
③ 사채의 만기
④ 정부정책의 영향

해설 사채가격은 회사가 액면이자율을 통하여 결정하므로 정부정책의 영향은 사채의 발행가격에 직접적인 영향을 미치지는 않는다.

05 사채에 대한 설명 중 올바른 것은?

① 유효이자율법하에서 할증발행차금상각액은 매기 감소한다.
② 할인발행된 경우 유효이자율법하에서의 이자비용은 매기 감소한다.
③ 정액법 적용시 장부가액에 대한 이자비용의 비율이 매년 변동한다.
④ 유효이자율법 적용시 할인발행차금상각액은 매기 감소한다.

해설 ① 유효이자율법 적용시 할증발행차금상각액은 매기 증가한다.
② 할인발행된 경우 유효이자율법하에서의 이자비용은 매기 증가한다.
④ 유효이자율법 적용시 할인발행차금상각액은 매기 증가한다.

06 사채발행비에 대한 설명 중 틀린 것은?

① 사채를 발행할 때 발생한 인쇄비, 인수수수료, 광고비 등의 비용을 말한다.
② 미래의 이자비용을 감소시키는 효과가 있다.
③ 사채발행비의 회계처리방법은 비용으로 처리하는 방법, 사채발행가액에서 직접 차감하는 방법, 자산으로 처리하는 방법이 있다.
④ 액면발행의 경우, 사채할인발행차금으로 처리하여야 한다.

해설 사채발행비는 미래의 이자비용을 증가시키는 효과가 있다.

정답   04 ④   05 ③   06 ②

07 부채의 특성이 아닌 것은?

① 부채 인식시점에서 상환금액이 구체적으로 확정되어야 한다.

② 미래에 자산을 이전하거나 용역을 제공하여야 한다.

③ 의무가 특정기업에 속하는 것이어야 한다.

④ 부채를 발생시킨 거래 혹은 사건이 이미 발생했어야 한다.

[해설] 부채의 특징
- 부채인식시점에서 지급금액 및 지급시기 또는 채권자가 반드시 확정될 필요는 없다.
- 부채는 반드시 기업 자체의 채무여야 한다.
- 미래에 자산을 이전하거나 용역을 제공해야 한다.
- 부채란 과거의 거래나 경제적 사건의 결과로서 관련의무가 현재의 시점에서 존재하는 것이어야 한다.

08 사채할인발행차금에 대한 설명 중 맞는 것은?

① 사채발행시 이익잉여금에서 차감

② 사채발행시 자본잉여금에서 차감

③ 사채발행 기초의 비용

④ 사채발행으로 차입한 자금이용기간의 비용

[해설] 사채할인발행차금은 사채이자의 선급분으로 볼 수 있다.
따라서 발행일로부터 상환일까지의 회계기간에 걸쳐서 상각한다.

09 다음 중 부채성충당금이 아닌 것은?

① 대손충당금   ② 수선충당부채

③ 판매보증충당부채   ④ 퇴직급여충당부채

[해설] 충당금
(1) 평가성충당금 : 감가상각누계액, 대손충당금
(2) 부채성충당금 : 수선충당금, 퇴직급여충당금, 판매보증충당금, 공사보증충당금

| 정답 | 07 ① | 08 ④ | 09 ① |

10 유동부채에 속하지 않는 것은?

① 매입채무   ② 단기차입금

③ 장기차입금   ④ 미지급법인세

해설 위의 항목 중 장기차입금은 비유동부채에 속하는 것이므로 유동부채에는 포함될 수 없다.

11 상품 ₩2,200,000을 판매하기로 하고, 계약금으로 ₩600,000을 현금으로 받았다. 맞는 분개는?

① (차) 현 금	2,200,000	(대) 가 수 금	2,200,000
② (차) 현 금	600,000	(대) 가 수 금	600,000
③ (차) 현 금	2,200,000	(대) 외상매출금	2,200,000
④ (차) 현 금	600,000	(대) 선 수 금	600,000

해설 선수금은 상품을 주문받고 계약금을 미리 받는 단기채무를 말한다. 즉, 수주품, 수주공사 및 기타 일반적 상거래에서 발생한 금액인 착수금, 선수금액을 말한다.
착수금(상품대금)을 미리 받았을 때 분개

자본회계

제1절
자본의 분류

- 자본은 자산총액에서 부채총액을 차감한 잔액이며 순자산 또는 잔여지분 기업의 소유 주인 주주에게 귀속될 자산으로서 소유주지분 또는 주주지분의 성격을 가지고 있다.
- 따라서 자본은 회계주체이론에 의한 자본주이론(순자산)과 기업실체이론(주주지분) 의 개념적인 차이가 있다.
- 자본은 크게 발생원천과 법적 개념에 따라 분류할 수 있다.
- 발생원천에 따른 분류는 주주의 투자에 의한 조달과 기업의 영업활동에 의한 조달 로 구분할 수 있다. 투자에 의한 조달을 투자자본 또는 납입자본이라고 하며 자본 금과 자본잉여금으로 구성되며 영업활동에 의한 조달을 이익잉여금이라 한다.
- 법적 개념에 따른 분류는 법정자본과 법정자본을 초과하는 자본잉여금, 이익잉여금 으로 분류된다.

✔ 자본분류

계정구분	비고
I. 자본금	
1. 보통주 자본금	• 발행주식수 × 액면금액 = 보통주 자본금
2. 우선주자본금	• 발생주식수 × 액면금액 = 우선주 자본금
II. 자본잉여금	
1. 주식발행초과금	• 발행금액*이 액면금액을 초과하는 금액
2. 기타자본잉여금	• 감자차익, 자기주식처분이익 등
* 신주발행을 위하여 직접 발생한 비용(신주발행수수료 등)을 차감한 후의 금액	
III. 자본조정	
1. 자기주식	• 자기주식의 취득원가
2. 기타자본조정	• 주식할인발행차금(이익잉여금처분으로 상각)
	• 미교부주식배당금(발행될 주식의 액면금액)
	• 감자차손, 자기주식처분손실 등

계정구분	비고
Ⅳ. 기타포괄손익누계액	
1. 해외사업환손익	
2. 재평가잉여금	
Ⅴ. 이익잉여금	
(1) 적립금	
1) 법정적립금	
1.이익준비금	• 상법에 의거 적립
2) 각종 임의 적립금	• 정관 또는 주주총회의 결의에 의거 임의 적립
(2) 미처분이익잉여금	
(미처리결손금)	

01 ㅣ K-IFRS 1032호에 따른 자본분류

자본은 납입자본과 이익잉여금, 기타자본요소로 분류한다. 납입자본은 자본금과 자본 잉여금, 자본조정으로 구성된다.

1. 자본금

- 자본금은 주주가 회사에 실제로 납입한 주식금액 중에서 액면가액에 해당되는 부분을 말한다.
- 자본금은 보통주 자본금과 우선주 자본금으로 구분되는데, 다음과 같이 계산된다.

자본금 = 발행주식수 × 1주당 액면금액

(1) 보통주 자본금

보통주는 우선주에 대한 상대적인 의미에서 표준이 되는 주식을 말한다.

(2) 우선주 자본금

우선주는 특정상황에 관해서는 보통주에 대하여 우선적인 권리가 부여된 주식을 말하며 그 우선권의 내용에 따라 다음과 같이 분류된다.

① 이익배당우선주

　　㉠ 참가적·비참가적 우선주

　　　• 참가적 우선주는 일단 소정의 배당을 우선적으로 받고, 잔여배당에도 보통주와 함께 참여할 수 있는 우선주이다.

　　　• 비참가적 우선주는 일단 소정의 배당을 우선적으로 받고 나머지는 모두 보통주에게 귀속되는 우선주이다.

　　㉡ 누적적·비누적적 우선주

　　　• 누적적 우선주는 특정연도의 배당액이 우선주 배당률에 미달하는 경우에 그 부족배당액을 다음연도에 누적하여 배당을 받을 수 있는 우선주를 말한다.

　　　• 비누적적 우선주는 부족배당액을 다음 연도에 누적하여 배당을 받을 수 없는 주식을 말한다.

② 상환우선주

• 상환우선주는 발행회사가 미래의 특정시점에 약정된 가격으로 상환할 수 있는 우선주를 말한다.

• K-IFRS에서는 계약상 의무가 있는 상환우선주는 자본이 아닌 금융부채로 분류하도록 규정하고 있다. 따라서 상환우선주에 대한 배당금도 이익의 처분이 아닌 비용으로 처리해야 한다.

(3) 전환우선주

일정기일이 경과한 후 우선주의 의사에 의하여 보통주로 전환될 수 있는 권리가 부여된 우선주를 말한다.

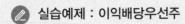

01 2019년 12월 31일 (주)지리산의 주주지분은 다음과 같다.

자본금	₩18,000,000
보통주(액면 10,000, 1,200주)	12,000,000
우선주(6%, 액면 10,000, 600주)	6,000,000
이익잉여금	6,000,000
미처분이익잉여금	6,000,000
	24,000,000

풀이

주주총회에서 총액 3,000,000의 배당금지급을 결의하였다. 다음의 각 상황에서 각 주식에 대한 배당금지급액을 계산하시오. 단, 우선주에 대해서 1년분의 배당금이 누적되어 있다.

① 비누적적·비참가적 우선주 → 당기분 배당
② 비누적적·완전참가적 우선주 → 당기분, 잔여분
③ 누적적·비참가적 우선주 → 1년분 누락, 당기분 배당
④ 누적적·완전참가적 우선주 → 1년분 누락, 당기분 배당, 잔여분 배당

02 ㅣ 수권자본제도

　　수권자본제도는 주식회사의 설립에 있어서 미리 정관에 회사가 발행할 수 있는 주식의 총수를 정하고, 그 중 1/4 이상의 주식을 발행하여야 한다. 나머지 미발행주식은 회사설립 후 이사회의 결의에 의하여 주식을 발행하는 자본제도이다.

　　회사가 발행할 주식의 총수를 수권주식수라고 하며, 회사가 발행한 주식의 총수는 발행주식수라고 한다. 따라서 수권주식수에서 발행주식수를 차감하면 미발행주식수가 산정된다.

1. 주식의 발행

- 주식발행도 사채발행과 마찬가지로 주식의 액면금액 이상 또는 이하로 발행되는 경우가 있는데 그 액면가액을 기준으로 하여 액면발행, 할증발행, 할인발행이 있다.
- 이 경우에 주식발행시에 발행하는 신주발행비는 주식의 발행가액에서 차감하도록 규정하고 있다.

(1) 액면발행

액면발행은 주식의 액면금액으로 주식을 발행하는 것으로 발행주식의 액면가액을 자본금계정으로 처리한다.

차) 현금및현금성자산(발행가액) ××× 대) 자 본 금(액면가액) ×××

(2) 할증발행

할증발행은 액면금액 이상으로 주식을 발행하는 것으로 발행주식의 액면가액을 자본금계정에 기록하고, 발행주식의 액면가액을 초과하는 금액은 주식발행초과금으로 자본잉여금계정으로 처리한다.

차) 현금및현금성자산(발행가액) ××× 대) 자 본 금(액면가액) ×××
주식발행초과금 ×××

(3) 할인발행

- 할인발행은 주식을 액면금액 이하로 발행하는 것으로 발행주식의 액면가액을 자본금계정에 기록하고, 주식의 액면가액 미달액은 주식할인발행차금으로 이는 재무상태표의 자본조정항목으로 분류하여 자본에서 차감하는 형식으로 표시한다.
- 원칙적으로 주식의 할인발행은 상법상의 자본충실의 원칙에 위배되는 것이므로 특별한 경우에만 제한적으로 할 수 있도록 상법에서 규정하고 있다.

차) 현금및현금성자산(발행가액) ××× 대) 자 본 금(액면가액) ×××
주식할인발행차금 ×××

01 (주)서울은 액면가액이 ₩5,000인 보통주식 300주를 다음과 같이 현금발행하였다. 주식발행과 관련하여 (주)서울이 해야할 회계처리는?

　　1. 1주당 발행가액은 ₩5,000이다.

(차)	(대)

　　2. 1주당 발행가액은 ₩8,000이다.

(차)	(대)

　　3. 1주당 발행가액은 ₩4,000이다.

(차)	(대)

풀이

1. (차)현　　금	1,500,000	(대)자 본 금	1,500,000
2. (차)현　　금	2,400,000	(대)자 본 금	1,500,000
		주식발행초과금	900,000
3. (차)현　　금	1,200,000	(대)자 본 금	1,500,000
주식할인발행차금	300,000		

(4) 청약에 의한 주식발행

주식을 발행하기 전에 투자자들은 매입대금의 일부를 계약금으로 지급하고 잔액은 미래의 일정시점에 지급하겠다고 약정하는 것을 주식의 청약이라고 한다.

주식청약에 대한 회계처리방법에는 회계상으로 보는 견해와 미이행계약으로 보는 견해가 있다.

K-IFRS에서는 미이행계약으로 보는 견해로서 계약금으로 받은 현금은 신주청약증거금계정으로 처리한다.

2. 증자와 감자

(1) 증자

증자는 수권자본제도에서의 미발행주식을 추가로 발행하여 자본금을 증가시키는 것으로 실질적 증자와 형식적 증자가 있다.

① 실질적 증자 (유상증자)

실질적 증자는 자본금 증가(주식의 발행)로 회사의 자산(현금)이 증가하는 것이다. 실질적 증자에 대한 회계처리는 앞에서 설명한 주식의 발행을 참고하면 된다.

② 형식적 증자 (무상증자)

형식적 증자는 자본금 증가(주식의 발행)로 회사의 자산(현금)이 증가하지 않고 형식적으로만 자본금이 증가하는 것이다. 형식적 증자는 다음과 같이 특수한 경우에 나타난다.

㉠ 잉여금(법정적립금)의 자본전입
㉡ 주식배당
㉢ 전환사채의 전환
㉣ 전환우선주의 전환

✎ **실습예제 : 무상증가**

01 (주)서울은 이사회의 결의에 따라 기말 현재를 기준일로 하여 보통주주에게 1주당 0.2주씩의 신주를 무상으로 발행하기로 하였다. 보통주의 총발행주식수는 80주이며, 액면금액은 주당 ₩5,000이다. 무상증자의 재원은 주식발행초과금에서 충당하기로 하였다. (주)서울이 필요한 분개를 하라.

풀이

(차) 주식발행초과금　　　　80,000*　　(대) 보통주자본금　　　　80,000*
*80주×0.2×₩5,000 = ₩80,000

(2) 감자

감자는 회사의 결손보전이나 사업을 축소하기 위하여 자본금을 감소시키는 것으로 실질적 감자와 형식적 감자가 있다.

① 실질적 감자 (유상감자)

실질적 감자는 자본금의 감소로 회사의 자산이 감소하는 것이다. 실질적인 감자는 주금액의 환급, 주식의 매입소각을 통해서 이루어진다.

액면가액보다 낮은 가액으로 감자하는 경우에는 감자차익이 발생한다. 이 경우 감자차익은 자본잉여금으로 계상한다.

차)	자 본 금(액면가액)	×××	대)	현금및현금성자산(매입가액)	×××
				감 자 차 익	×××

액면가액보다 높은 가액으로 감자하는 경우에는 감자차손이 발생한다. 이 경우 감자차손은 감자차익에서 우선 상계하고, 나머지는 자본조정으로 계상하고, 결손금처리순서에 따라 처리한다.

차)	자 본 금(액면가액)	×××	대)	현금및현금성자산(매입가액)	×××
	감 자 차 익	×××			
	감 자 차 손	×××			

② 형식적인 감자 (무상감자)

회사의 누적된 결손금을 보전하기 위하여 자본금을 감소시키는 것을 형식적 감자라 한다.

형식적 감자는 순자산의 변화가 없기 때문에 무상감자라고 한다.

✎ 실습예제 : 현물출자

01 (주)서울은 특허권과의 교환으로 액면금액 ₩5,000인 보통주 100주를 발행하였다. 다음 각 경우의 분개를 하라.

[사례 1] 특허권의 공정가치는 알 수 없으나 서울(주) 보통주이 시가는 주당 ₩9,000 으로 알려졌다.

[사례 2] (주)서울이 비상장회사여서 주식의 시가는 알 수 없으나 특허권의 공정가치가 ₩1,000,000으로 알려졌다.

[사례 3] (주)서울의 주식의 시가와 특허권의 공정가치를 모두 알 수 없으나 전문가의 감정결과 특허권이 ₩950,00의 가치가 있는 것으로 평가된다.

풀이

	[사례 1]	[사례 2]	[사례 3]
특허권	900,000	1,000,000	950,000
자본금 – 보통주	500,000	500,000	500,000
주식발행초과금	400,000	500,000	450,000

3. 자본잉여금

자본잉여금에는 주식발행초과금과 감자차익, 자기주식처분이익 및 전환권대가, 신주인수권대가 등으로 구성된다.

자본잉여금은 자본거래로부터 발생하는 잉여금이다. 따라서 자본잉여금은 이익배당의 재원으로는 사용할 수 없고 결손보전이나 자본전입의 목적으로만 사용할 수 있다.

(1) 주식발행초과금

주식발행초과금은 회사의 설립시 또는 증자시에 주식의 액면금액을 초과하여 납입된 금액을 말한다.

(2) 감자차익

감자차익은 자본을 감소하는 과정에서 발생하는 이익으로 자본감소액이 자본을 감소하는 데 소요된다.

4. 자본조정

• 자본조정은 자본거래에서 발생한 것으로서 자본에 속하는 항목이지만 자본금이나 자본잉여금 및 이익잉여금으로 구분하기가 어려운 것들을 그 내용이 확실해 질 때까지 임시적으로 유보한 성격의 항목들이다.

• 자본조정에는 자기주식처분손실, 배당건설이자, 전환권대가, 감자차손, 자기주식, 주식할인발행차금, 주식선택권, 출자전환채무 등이 있다.

(1) 주식할인발행차금

주식할인발행차금은 주식발행가액이 액면가액에 미달하는 경우 그 미달하는 금액을 주식할인발행차금이라 한다.

① 주식할인발행차금의 상각

주식할인발행차금은 주식 발행연도부터 3년 이내의 기간에 매기 균등액을 상각하고 동상각액은 이익잉여금의 처분항목으로 규정하고 있다.

(2) 배당건설이자

배당건설이자는 철도·전력·항만 등과 같이 정상적인 영업활동을 수행하는 데 장기간이 소요되는 경우에는 그 기간 동안에 이익이 발생되지 않으므로 배당을 하지 못하는 것이 원칙이지만

정관에 기재하고 법원의 인가를 얻은 후에 납입한 자본액 중에서 일부를 배당의 형식으로 주주에게 지급하는 배당액을 말한다.

배당건설이자를 개업 후 6% 초과 배당시에 그 금액을 초과하는 금액과 동액 이상을 상각하고 동상각액은 이익잉여금 처분항목으로 규정하고 있다.

(3) 자기주식

자기주식은 기업이 이미 발행하여 사외에서 유통되고 있는 주식을 발행회사가 매입소각하거나 재발행할 목적으로 유상 또는 무상으로 취득한 주식을 말한다.

자기주식은 상법상의 자본충실의 원칙에 위배되므로 특별한 경우에만 허용된다.

`자기주식은 자본조정항목으로 자본의 차감항목이다. 자기주식은 다른 주식과 달리 의결권 등의 권리가 상실되고 기업이 자기주식을 보유하게 되면 유통주식수는 감소하게 된다.

① 자기주식의 취득

자기주식을 취득하였을 경우에는 취득원가를 자기주식계정으로 처리한다.

차) 자기주식(취득원가)	×××	대) 현금및현금성자산(취득원가)	×××

② 자기주식의 처분(재발행)

자기주식을 처분(재발행)하였을 경우에는 취득원가와 처분가액을 비교하여 자기주식처분손익을 인식한다.

처분가액 > 취득원가 : 취득원가 초과액은 자기주식처분이익으로 자본잉여금으로 처리한다.

차)	현금및현금성자산(처분가액)	×××	대)	자기주식(취득원가)	×××
				자기주식처분이익	×××

5. 기타포괄손익 누계액

(1) 매도가능금융자산평가이익(손실)

매도가능금융자산을 공정가액으로 측정할 경우의 평가이익(또는 평가손실)이다.

(2) 해외사업환산이익(손실)

해외지점 또는 해외사업소의 재무제표를 현행환율법을 적용하여 환산하는 경우에 발생하는 환산손익은 이를 상계하여 그 차액을 해외사업환산이익 또는 해외사업환산손실의 과목으로 한다.

6. 이익잉여금

기업이 벌어들인 이익 중 자본조정과 상계되거나 배당금 및 일반적립금으로 처분되지 않고 남아있는 이익

기업의 이익창출활동에 의해 획득된 이익으로서, 사외에 유출되거나 또는 불입자본계정에 대체되지 않고 사내에 유보된 부분을 말한다.

재무상태표상 이익잉여금의 구성항목은 다음과 같다.

① 상법 및 기타 법의 규정에 의해 적립된 이익준비금, 기타법정적립금
② 정관의 규정 또는 주주총회의 결의로 적립된 임의적립금
③ 미처분이익잉여금(또는 처리전결손금)

이익잉여금은 배당의 형식으로 주주에게 분배되거나 사내에 유보시킨 후 결손보전, 사업확장 등의 목적에 사용된다.

(1) 일반적립금

일반적립금이란 기업이 법적 또는 임의적으로 적립한 이익잉여금을 말한다. 이익준비금 및 법정적립금과 임의적립금이 있다.

① 이익준비금

이익준비금은 상법규정에 따라 적립한 법정적립금이다.

이익준비금은 상법규정에 의해 자본금의 1/2에 달할 때까지 매결산시에 금전배당에 1/10 이상을 적립하도록 하고 있다.

이익준비금은 결손금을 보전하거나 자본금으로 전입할 수 있다.

② 임의적립금

법률이 아닌 회사임의로 일정한 목적을 위하여 정관의 규정이나 주주총회의 결의에 따라 적립하는 것을 말한다.

✅ 이익잉여금 처분

구분		활동
① 이익준비금적립		(상법)이익배당(주식배당 제외)의 1/10 이상을 자본금의 1/2까지 적립
② 기타 법정적립금적립		재무구조개선 적립금 등과 같이 상법 이외의 법령에 의하여 의무적으로 적립하여야 할 적립금
③ 이익잉여금처분에 의한 상각		주식할인발행차금, 배당건설이자, 자기주식처분손실 잔액, 감자차손잔액

④ 배당금	현금배당	• 배당기준일
		  회계처리 없음
		• 배당결의일-이사회 승인일
		  (차) 미처분이익잉여금　×××　(대) 미지급금배당금　×××
		• 배당금지급일
		  (차) 미지급배당금　×××　(대) 현　금　×××

	주식배당	주식배당금액은 이익배당총액의 1/2 이하
		• 배당기준일
		  회계처리 없음
		• 배당결의일－이사회 승인일
		  (차) 미처분이익잉여금　×××　(대) 미교부주식배당금　×××
		  배당금지급일
		  (차) 미교부주식배당금　×××　(대) 현금　×××

7. 배당금

배당금이란 기업이 영업활동으로 인하여 획득한 이익을 주주들에게 분배하는 것이다.

(1) 배당기준일

배당을 받을 권리를 갖는 주주를 확정짓기 위하여 주주명부를 폐쇄하는 날로 배당기준일은 보고기간말이다.

(2) 배당선언일

주주총회에서 배당의사를 공식적으로 선언한 날이다.

(3) 배당지급일

배당기준일 현재 주주명부에 기재된 주주들에게 배당금을 지급하는 날이다.

(4) 현금배당

기업이 순이익이 발생시 주주들에게 금전으로 배당하는 것을 말한다.

차) 이익잉여금	$\times \times \times$	대) 미지급배당금	$\times \times \times$

(5) 주식배당금

기업이 순이익 발생시 주주들에게 주식으로 교부하는 것을 말한다.

차) 이익잉여금 $\times \times \times$	대) 미교부주식배당금	$\times \times \times$

(6) 주식분할

주식분할이란 하나의 주식을 여러 개의 동일주식으로 분할하는 것을 말한다.
주식분할은 유통보통주식수를 증가시킨다.
주식분할은 주당액면금액은 감소하며 자본금총액에는 변동이 없다.

✅ 배당과 회계처리시점

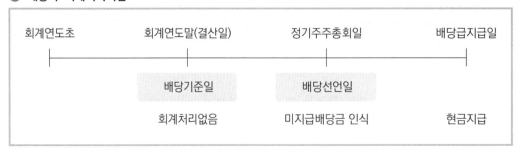

(7) 무상증자

자본잉여금이나 법정적립금을 자본금에 전입하고 주주들에게 신주를 교부한 것을 말한다.

(8) 중간배당

중간배당이란 보고기간중에 배당금을 지급하는 것을 말한다.

중간배당은 주식으로 배당을 하지 못하며 연차배당과 동일하게 중간배당액에 상당하는 이익준비금을 적립하여야 한다.

중간배당은 직전보고기간말에 결손금이 있는 경우에는 중간배당을 할 수 없다.

✏️ 실습예제 : 이익준비금의 자본전입(무상증자)

01   (주)서울은 이사회의 의결을 거쳐 무상증자를 실시하기로 하였다. 무상증자율은 20%이고 현재의 발행주식수는 10,000주이며, 주권의 액면금액은 ₩5,000이다. 무상증자의 원천은 주식발행초과금 ₩8,000,000을 우선적으로 이용하고, 잔액은 이익준비금에서 충당하기로 하였다. 이익준비금잔액은 충분하다고 가정하고 무상증가에 대한 분개를 하라.

풀이

(차) 주식발행초과금   8,000,000   (대) 자 본 금   10,000,000*
      이익준비금   2,000,000
*10,000주×20%×₩5,000/주=₩10,000,000

제2절
자본변동표

자본변동표란 납입자본, 이익잉여금, 자본조정, 기타포괄손익누계액 및 일반적립금의 각 항목별로 기초잔액, 변동사항, 기말잔액을 일목요연하게 나타낸 재무제표이다.

따라서 기업은 회계정보이용자에게 회계기간 동안에 발생한 자본의 변동에 관한 정보를 포괄적으로 제공함으로써 재무정보의 유용성을 높이기 위한 것이다.

자 본 변 동 표

구　분	납입자본			이익잉여금	기타자본요소		합　계
	자본금	자본잉여금	자본조정		기타포괄손익누계액	일반적립금	
2019.1.1.	×××	×××	×××	×××	×××	×××	×××
회계정책변경누적효과				×××			×××
전기오류수정손익				×××			×××
수정후기초잔액	×××	×××	×××	×××	×××	×××	×××
전기이익처분							
임의적립금이입				×××		(×××)	
연차배당				(×××)			(×××)
기타이익잉여금처분			×××	(×××)		×××	
기타변동				(×××)			(×××)
중간배당	×××	×××					×××
유상증자	×××	×××					(×××)
자기주식취득			(×××)				(×××)
기타포괄손익대체				×××	(×××)		
총포괄손익				×××	×××		×××
2019.12.31.	×××	×××	×××	×××	×××	×××	×××

연습문제

01 다음 중 자본에 부가하는 자본조정 항목이 아닌 것은?

① 자기주식   ② 미교부 주식 배당금

③ 이익준비금   ④ 배당건설이자

해설 이익준비금은 이익잉여금이다.

02 다음은 기업회계기준상 자본조정항목을 나타낸 것이다. 틀린 것은?

① 주식할인발행차금   ② 배당건설이자

③ 비교부주식배당금   ④ 주식발행초과금

해설 주식발행초과금은 자본잉여금에 해당한다.

03 회계변경은 크게 회계정책의 변경과 회계추정의 변경으로 구분할 수 있다. 회계추정의 변경에 대한 기업회계기준상의 처리방법은?

① 소급법   ② 당기일괄처리법

③ 전진법   ④ 정답 없음

해설 회계추정의 변경은 전진법이다.

04 다음 중 자본잉여금 항목이 아닌 것은?

① 주식발행초과금   ② 감자차익

③ 자기주식처분이익   ④ 해외사업환산손익

해설 해외사업환산손익은 기타포괄손익누계액이다.

05 주식배당에 관한 설명 중 옳지 않은 것은?

① 이익잉여금을 현금으로 배당하지 않고 주식을 교부한 것이다.
② 배당 후에도 자본(순자산)은 불변이다.
③ 배당금만큼 주주의 이익은 커진다.
④ 배당 후 자본금은 증가한다.

06 기업회계기준상 자본의 분류에 해당하지 않는 것은?

① 자본금   ② 자본잉여금
③ 이익잉여금   ④ 유동부채

해설 자본은 자본금, 자본잉여금, 이익잉여금, 자본조정으로 구분된다. 유동부채는 부채에 속한다.

07 이익잉여금에 대한 설명 중 옳은 것은?

① 주식발행초과금 중 일부분이다.
② 주주에 대한 배당금 지급에 의해서만 감소될 수 있다.
③ 현금으로 이용가능한 기업의 유보자금을 의미한다.
④ 대차대조표 자본부분에 나타나며, 이익 중 배당하고 남은 부분을 의미한다.

해설 이익잉여금이란 회사설립 이후에 발생한 당기순이익에서 배당을 제외하고 회사 내부에 유보된 잉여금의 누적액을 의미한다. 이익잉여금은 주주총회의 결의에 의하여 처분된다.

08 이익잉여금에 해당하는 항목은?

① 주식발행초과금   ② 자기주식처분이익
③ 임의적립금   ④ 국고보조금

해설 자본의 분류
   (1) 자본금
   (2) 자본잉여금 : ① 주식발행초과금, ② 감차차익, ③ 기타자본잉여금
   (3) 이익잉여금
       ① 이익준비금
       ② 기타법정적립금 : 재무구조개선적립금. 기업합리화적립금 등

정답   05 ④   06 ④   07 ④   08 ③

③ 임의적립금 : 사업확장적립금, 감채적립금, 결손보전적립금 등

④ 차기이월 이익잉여금

(4) 자본조정

① 차감항목 : 주식할인발행차금, 배당건설이자, 자기주식, 투자유가증권평가손실

② 가산항목 : 미교부주식배당금, 투자유가증권평가이익, 해외사업환산대

09 다음 설명 중 틀린 것은?

① 이익준비금은 상법규정에 의하여 자본금의 1/2에 달할 때까지 매 결산기 금전에 의한 이익배당액의 1/10 이상의 금액을 사내에 유보하여야 하는 강제적립금이다.

② 임의적립금은 회사의 정관 또는 주주총회의 의결에 따라 결정하는 적립금이다.

③ 기업합리화적립금은 법인세법에 의하여 기업의 결손에 대비한 자금마련을 위하여 설정하는 적립금이다.

④ 재무구조개선적립금은 상장법인 재무관리 규정에 의하여 자기자본이 100/30에 달할 때에 일정액 이상을 적립하는 것이다.

[해설] ③은 결손보전적립금에 관한 설명이다

10 주식배당액은 어떻게 평가하는가?

① 주식액면가액으로 한다.　　　　② 주식의 시가로 한다.

③ 주식의 발행가액으로 한다.　　　④ 현금지급액으로 한다.

[해설] 주식배당액의 평가는 발행가액에 의한다.

11 자본에서 직접 차감 형식으로 표시되는 항목은?

① 주식할인발행차금과 배당건설이자

② 해외사업환산차익

③ 투자주식평가손실

④ 미교부주식배당금

[해설] 자본에서 차감항목 : 배당건설이자와 주식할인발행차금

| 정답 | 09 ③　　10 ③　　11 ① |

12 주식할인발행차금에 대한 설명 중 틀린 것은?

① 주식을 액면가액에 미달하는 금액으로 발행할 때 발행가액과 액면가액과의 차이를 말한다.

② 주식발행연도부터 3년 이내의 기간 동안 매기 균등액 이상을 상각하는 것을 원칙으로한다.

③ 자본의 차감적 평가계정이다.

④ 일종의 선급이자라고 할 수 있다.

해설 주식을 액면이하로 할인발행하였을 때 발행가액이 액면가액에 미달하는 금액을 말한다. 이는 일종의 선급배당금이라 할 수 있다.

13 주식배당에 대한 설명이다. 틀린 것은?

① 현금의 유출없이 이익배당의 효과가 있다.

② 주식수가 증가하여 주식의 시장성이 높아진다.

③ 이익배당을 하지 않음으로써 그만큼 자금을 기업운영에 사용될 수 있다.

④ 주식수가 늘어나지만, 배당압력을 점차 소멸된다.

해설 주식배당이란 주식발행회사가 이익잉여금을 현금으로 배당하지 않고 주식을 교부한 것을 말한다.
- 분개 : 배당기준일(회계연도말)
    (차) 이월이익잉여금　　×××　　(대) 미교부주식배당금　　×××
    배당지급일(다음 회계연도)
    (차) 미교부주식배당금　×××　　(대) 자본금　　　　　　　×××
- 장점 : 주식의 시장성을 높인다. 회사재산을 유출하지 않으며, 이익배당을 하는 효과가 있다. 주주들에게 이익배당을 하고도, 지급되지 않는 현금으로 자금을 기업운영에 사용할 수 있다.
- 단점 : 기업에 배당재원이 없음에도 주식으로 배당하여 자본잠식으로 이끌 우려가 있다. 주식수가 늘어남으로써 장래 배당압력을 받는다. (우리나라 상법에서는 주식배당은 현금배당의 1/2까지 할 수 있다고 규정하고 있다.)

14 이익잉여금에 속하지 않는 것은?

① 이익준비금　　　　　　　　　② 기타법정적립금

③ 차기이월이익잉여금　　　　　④ 투자유가증권평가이익

해설 이익잉여금의 구성항목에는 이익준비금, 기타법정적립금, 임의적립금, 차기이월이익잉여금 등이 포함된다.

정답　　12 ③　　13 ④　　14 ④

15 주식배당이 있었을 때 어떤 변화가 발생하는가?

① 총자산가액의 불변   ② 운전자본의 감소

③ 주당순이익의 증가   ④ 자본금의 감소

> 해설 주식배당의 효과 : 운전자본은 불변, 주당순이익의 감소, 주당순자산가액의 감소

16 자본등식으로 맞는 것은?

① 자산 + 부채 = 자본   ② 자본 = 자산 − 부채

③ 자본 = 자본금 + 자본잉여금   ④ 자본금 + 이익잉여금 = 자본

> 해설 자본은 기업의 자산에서 부채를 차감한 금액을 말한다.

17 자본금 30,000,000원인 회사가 현금배당과 주식배당을 각각 10% 실시하는 경우, 이 회사가 적립하여야 할 이익준비금의 최소한도액은 얼마인가?

① 150,000   ② 700,000

③ 400,000   ④ 300,000

> 해설 이익준비금 = 현금배당액(30,000,000 × 10% = 3,000,000)의 10% 이상임

18 현금 10,000,000원과 비품 10,000,000원을 출자하여 주식회사를 설립하였을 때 맞는 분개는?

① (차) 현 금	10,000,000	(대) 자본금	10,000,000	
② (차) 현 금	10,000,000	(대) 자본금	20,000,000	
비 품	10,000,000			
③ (차) 현 금	20,000,000	(대) 자본금	20,000,000	
④ (차) 현 금	10,000,000	(대) 갑 개인	10,000,000	
비 품	10,000,000	을 개인	10,000,000	

19 자본잉여금은 얼마인가?

• 감자차익	₩1,500,000
• 이익준비금	₩1,000,000
• 배당건설이자	₩2,500,000
• 미교부주식배당금	₩3,000,000
• 주식발행초과금	₩1,200,000

① ₩2,200,000　　　　　　　② ₩2,700,000

③ ₩2,500,000　　　　　　　④ ₩3,500,000

해설 감자차익과 주식발행초과금의 합계인 ₩2,700,000이다.
이익준비금은 이익잉여금이고, 배당건설이자와 미교부주식배당금은 자본조정이다.

20 보통주의 액면초과발행은 어느 계정에 보고되는가?

① 자본금　　　　　　　　② 자본조정

③ 이익잉여금　　　　　　④ 자본잉여금

21 기업회계기준상 자본의 분류에 해당하지 않는 것은?

① 자본금　　　　　　　　② 자본잉여금

③ 이익잉여금　　　　　　④ 유동부채

해설 자본은 자본금, 자본잉여금, 이익잉여금, 자본조정으로 구분된다. 유동부채는 부채에 속한다.

22 이익잉여금에 속하지 않는 것은?

① 이익준비금　　　　　　② 기타법정적립금

③ 차기이월이익잉여금　　④ 투자유가증권평가이익

해설 이익잉여금의 구성항목에는 이익준비금, 기타법정적립금, 임의적립금, 차기이월이익잉여금 등이 포함된다.

재무제표
분석

- 재무제표분석(financial statements analysis)이란 재무분석(business analysis)이라고 한다.
- 기업의 과거 재무성과와 현재 재무상태를 평가하고 미래 수익잠재력과 관련위험을 예측하기 위하여 기업이 작성·공표하는 재무제표를 기초로 여러 가지 회계적 분석을 수행하는 것을 말한다.
- 재무제표분석은 재무제표에 대해서 분석하는 것이므로 재무상태표, 포괄손익계산서, 자본변동표, 현금흐름표가 분석대상이 되지만, 이 중에서도 재무상태표와 포괄손익계산서가 가장 중요하므로 재무제표분석은 주로 이들을 중심으로 하여 이루어진다.

1. 재무제표 분석의 의의

재무제표분석은 처음에 미국에서 은행업자가 여신자로서 거래처의 신용능력, 즉 채무상환능력을 조사하기 위해 재무상태표를 분석하게 된 것이 동기가 되어 발달된 이른바 신용분석(credit analysis)으로부터 출발되었다. 그러나 이 방법은 점차 경영자가 재무관리를 위해서도 이용하게 됨으로써 상당히 발전하게 되었다.

분석 주체가 기업의 외부정보이용자인 여신자(은행)로부터 내부자인 경영자로 옮겨짐에 따라 분석목적도 채무지급능력의 지표인 재무유동성으로부터 경영활동능력의 지표인 이익률 측정문제로 옮겨지게 되었고, 이에 따라 분석자료도 종래의 재무상태표보다는 포괄손익계산서가 주로 이용되고 있다.

기업의 재무자료를 중심으로 기업의 가치를 평가하는 것을 재무분석이라고 하며, 이 중에서 특히 재무제표를 중심으로 기업의 가치를 평가하는 것을 재무제표분석이라고 한다.

기업의 재무제표는 자본시장을 원활하게 기능하게 하는 역할을 한다. 재무제표는 기업의 다양한 경제적 활동을 재무정보의 형태로 요약한 회계보고서로서 기업의 경영자가 투자자들에게 기업의 경영활동에 관한 정보를 제공하는 주된 수단이다. 기업의 경영자는 경영활동에 필요한 자금을 공급받기 위하여 투자자들에게 정보를 제공할 책임이 있으며, 투자자들은 기업에 대한 투자기회를 평가하기 위한 정보를 필요로 한다. 이러한 정보는 주로 재무제표를 통해서 정기적으로 공급되며, 따라서 재무제표는 자본의 수요와 공급을 연결시켜 주는 중요한 역할을 한다.

재무제표분석은 재무제표에 대한 체계적 분석을 통해 정보이용자가 의사결정을 하는데(기업의 재무상태, 경영성과, 현금흐름 등과 같은) 필요한 정보를 제공해 준다.

2. 재무제표분석 목적

기업의 재무제표를 분석하는 목적을 구체적으로 살펴보면 다음과 같다.

① 채권자는 다른 회사가 발행한 채권의 가치를 평가하여 현재의 채권의 가격과 비교함으로써 채권의 매입, 매각, 보유 등의 의사결정을 하게 된다. 채권자는 채권발행 기업의 미래 채무상환능력이나 신용위험을 평가하기 위해 재무제표분석을 통해 채권발행기업의 재무상태와 수익성을 파악할 필요가 있을 것이다.
② 투자자는 기업의 내재적 가치(intrinsic value)를 평가하여 현재의 주가(market value)와 비교함으로써 주식의 매입, 매각, 보유 등의 의사결정을 하게 된다.
③ 자본시장에는 외부감사인, 증권분석가(analyst), 신용평가기관 등과 같은 정보중개기관(information intermediaries)이 있는 데, 이들이 기업의 재무제표분석을 통해서 투자자에게 기업의 관한 정보를 제공해 준다.

재무제표분석 목적은 재무제표분석을 통해 기업의 재무상태와 경영성과를 파악해서 궁극적으로는 기업의 미래 재무상태와 경영성과를 예측하여 기업의 가치를 평가하는 데 있다.

재무제표분석은 비교분석, 구성비율분석, 재무비율분석 등으로 실시된다. 비교분석은 다른 기업과의 비교나 다른 기간과의 비교를 통해 이루어지기도 하고 업계의 평균치와의 비교를 통해서 이루어지기도 한다.

3. 재무제표의 비교 분석

투자자들은 기업의 성과를 다른 기업과 비교하기도 하고, 기업내에서 다른 기간과 비교하기도 하며, 업계평균치와 비교하기도 한다.

(1) 기업내의 비교

기업내에서의 비교는 재무관계와 중요한 추세의 변화를 확인하는 데 유용하다. 예를 들면, 어떤 기업의 당기 매출액을 전기의 매출액과 비교해 보면 증감을 알 수 있다.

(2) 기업간의 비교

다른 기업과의 비교를 통해 기업의 경쟁상태에 관해서 알 수 있다. 예를 들면, 어떤 기업의 기중 영업이익합계를 경쟁업체의 영업이익합계와 비교할 수 있을 것이다.

(3) 업계평균과의 비교

업계평균치와의 비교를 통해 업계내에서 기업의 상대적인 상태에 관한 정보를 알 수 있을 것이다. 예를 들면, 기업의 재무자료는 한국은행의 공시하는 산업평균치와 비교할 수 있을 것이다.

재무제표자료의 의미를 살펴보기 위해서 재무제표분석에 수평분석, 수직분석, 비율분석 등과 같은 세 가지 기본수단이 이용된다.

제2절
재무제표분석 방법

- 재무제표분석 방법으로서 중요한 것을 들면 실수법(實數法), 비율법, 추세법, 손익분기점분석법 등 여러 가지가 있는데,
- 재무제표에 대해 사용되는 가장 보편적인 분석방법은 재무비율(ratio) 또는 백분율(percentage)로 표시하는 방법이다. 예를 들면 3 : 2 또는 120% 등으로 표시하는 방법을 주로 이용한다.

01 ㅣ 백분율 및 비율에 의한 재무제표의 분석

재무비율(financial ratios)이란 재무제표에 나타난 두 개 이상 항목들간의 상관관계를 수학적으로 표현한 것을 말한다. 재무비율은 재무제표상의 두 개 이상의 항목을 이용하여 계산할 수 있지만, 유용한 비율이 되기 위해서는 재무정보이용자들이 기업의 수익성과 위험 등을 판단하는 데 필요한 경제적인 의미를 지녀야 한다.

재무비율을 이용함으로써 상호 관련된 많은 항목들을 경제적인 의미가 있는 몇몇 지표로 축소할 수 있다고 보고 보다 쉽게 이해할 수 있게 된다. 즉 재무비율은 기업의 이해관계자들에게 기업의 수익성과 위험 등을 종합적으로 판단할 수 있는 정보를 제공한다. 그러나 재무비율은 재무제표분석을 위해 폭넓게 요구되고 있는 건전한 사고를 대체할 수는 없다.

- 전체 재무제표의 어느 한 구성부분을 백분율로 표시하여 기업의 여러 상황을 분석하는 것을 백분율분석법이라 한다.
- 또한 재무제표에 나타난 두 항목의 실수(實數)를 가지고 양자가 어떤 상관관계에 있는가를 비율로 표시하여 기업의 수익성과 유동성 또는 안전성을 분석하는 방법을 비율분석법이라고 한다.
- 백분율과 비율분석법은 재무제표를 분석하는 데 가장 널리 이용되는 방법이다.

1. 수평적 분석

비교재무제표의 대응항목 증가 또는 감소를 백분율로 표시하여 분석하는 것을 수평적 분석(horizontal analysis) 또는 추세분석(trend analysis)이라고 한다.

수평적 분석은 전기의 회계보고서 대응항목과 비교하는 형식으로 이루어지는데, 이때 비교하는 항목금액의 증감이 증감의 백분율과 함께 표시하는 것이 보통이다.

수평적 분석은 기업의 상태가 개선되고 있는지 혹은 악화되고 있는지를 판단할 수 있을 뿐만 아니라, 미래에 대한 예측에도 도움이 된다. 수평적 분석의 한계점은 절대적인 평가를 할 수 없다는 것이다. 예를 들어, 순이익이 작년에는 매출액의 2%이었는데 금년에는 매출액의 3%라면 순이익률이 향상되고 있음을 시사한다. 그러나 만일 매출액순이익률이 적어도 7%가 되는 것이 정상이라고 한다면, 작년과 마찬가지로 금년도의 순이익도 양호하다고 볼 수 없을 것이다. 또한 변화의 방향은 언제든지 바뀔 수 있으므로 과거의 추세를 이용하여 미래를 예측하는 것에는 항상 불확실성이 내포되어 있다.

비교 재무상태표

과 목	2020년(당기)	2019년(전기)	증가 또는 감소	
			금액	백분율
유동자산	550,000	533,000	17,000	3.2
투자자산	95,000	177,500	(82,500)	(46.5)
유형자산	444,500	470,000	(25,500)	(5.4)
무형자산	50,000	50,000	–	–
자산합계	1,139,500	1,230,500	91,000	(7.4)
유동부채	210,000	243,000	(33,000)	(13.6)
비유동부채	100,000	200,000	(100,000)	(50.0)
부채합계	310,000	443,000	(133,000)	(30.0)
자본금	650,000	650,000	–	–
이익잉여금	179,500	137,500	42,000	30.5
자본합계	829,500	787,500	42,000	5.3
부채및자본합계	1,139,500	1,230,500	(91,000)	(7.4)

2. 수직적 분석

재무제표의 어느 한 보고서 전체에 대한 구성부분을 백분율로 나타내는 경우가 있는데, 이를 구성비율분석법(component ratio analysis method) 또는 수직적 분석법(vertical analysis)이라 한다.

예를 들면, 재무상태표의 차변 또는 대변의 합계금액을 100으로 하고, 자산 또는 부채 및 자본의 각 구성항목 금액을 합계금액에 대한 백분율로 표시하는 경우가 그것이다.

구성 비율에 의해 표시된 재무상태표(포괄손익계산서)를 백분율 재무상태표 또는 공통형 재무상태표(포괄손익계산서)라고 한다.

비교재무상태표

과　　목	2020년(당기)		2019년(전기)	
	금액	백분율	금액	백분율
유동자산	550,000	48.3	533,000	43.3
투자자산	95,000	8.3	177,500	14.4
유형자산	444,500	39.0	470,000	38.2
무형자산	50,000	4.4	50,000	4.1
자산합계	1,139,500	100.0	1,230,500	100.0
유동부채	210,000	18.4	243,000	19.7
비유동부채	100,000	8.8	200,000	16.3
부채합계	310,000	27.2	443,000	36.0
자본금	650,000	57.1	650,000	52.8
이익잉여금	179,500	15.7	137,500	11.2
자본합계	829,500	72.8	787,500	64.0
부채및자본합계	1,139,500	100.0	1,230,500	100.0

3. 특수비율법

특수비율법(salient ratio method)은 관계비율법이라고도 한다. 이는 재무제표의 한 항목과 다른 항목관계를 비율로 표시하여 기업의 수익성과 유동성 또는 안전성을 분석하는 방법이다. 특수비율에는 동태비율(dynamic ratio)과 정태비율(static ratio)이 있다.

4. 표준비율

한 기업의 여러 비율을 알고 있다 하더라도 그 비율이 결과적으로 양호한가, 그렇지 못한가의 판단기준이 없는 한 기업내용이 좋다든가 나쁘다는 결론을 내릴 수 없다. 그리하여 실제의 비율과 비교하여 기업의 양부를 판단할 표준비율(기준비율)이 필요하게 된다.

표준비율로서는 중앙은행과 같은 금융기관에서 발표하고 있는 동종 기업의 제 비율이나 과거 경험에 따라 비교기준을 설정한 경험적 비율 등이 있을 수 있다.

(1) 이상적 표준비율

이상적 표준비율(ideal benchmark)이란 업종이나 기업규모에 관계없이 기업의 재무상태를 판단하는 데 이용할 수 있는 절대적인 비율을 말한다. 예를 들면, "유동비율은 200%를, 그리고 당좌비율은 100%를 넘어야 한다"는 전통적인 비교기준인데, 이러한 기준은 오랜 경험적 근거로 확립된 것이다. 특정 기업이 소속된 산업이나 경제 전반에 관한 특성을 고려하지 않고 있으며, 재무제표분석을 수행하는 목적상의 차이도 무시하고 있다는 점이다.

(2) 당해 기업의 과거수치

특정 기간의 분석자료를 과거 일정 기간의 비슷한 자료와 비교함으로써 기업의 상태가 개선되고 있는지 혹은 악화되고 있는지를 판단할 수있다.

(3) 산업평균(동종산업에 속하는 다른 기업들의 산업평균수치)

5. 지수법

표준비율을 판단기준으로 하여 개개 기업의 실제비율의 양부를 판단할 수 있음은 위에서 설명하였다. 그러나 어떤 하나의 실제비율은 표준비율보다 좋으나 다른 비율은 불량하다고 할 경우에 그 경영내용에 대한 종합적인 판단을 내린다는 것은 아주 어려운 일이다. 이와 같은 경우에 종합적인 판단을 하기 위해서 월(A. Wall)의 지수법(index method)이 개발되었다.

지수법에 의한 분석은 다음과 같은 순서로 이루어진다.

㉠ 분석목적에 따라 중요한 비율을 선정하고, 각각에 상대적 중요도를 부여한다. 이 중요도의 합계는 항상 100으로 한다. 예를 들어 기업의 건전성을 판단하려고 할 때 이와 관계가 깊은 비율로서 ㉠ 유동비율 ㉡ 부채비율 ㉢ 고정비율 ㉣ 매출채권회전율 ㉤ 상품제품회전율 ㉥ 유동부채회전율 등이 중요하므로 이 중요한 비율들에 대해 중요도가 100이 되도록 비율의 중요성에 따라 각각 중요도를 부여한다.

㉡ 각 비율에 대해 표준비율을 구하고, 실제비율을 표준비율에 대한 백분율로 표시하는 관계비율을 산출한다.

㉢ 이 관계비율에 중요도를 곱하여 각 비율의 평점을 구하고, 이 평점을 합계하여 기업의 종합평점을 산출하게 된다. 그리하여 이 종합평점이 꼭 100점이 되었다고 하면 그 기업의 표준에 일치하고, 100점 이상이 되었다고 하면 그 기업은 표준 이상이 된다.

이 지수법에서 문제가 되는 것은 비율의 중요도를 어떻게 부여하느냐 하는 것이다. 각 비율의 중요성은 간단히 평가할 수 없는 문제이기 때문에 여러 비율 상호간의 관계를 고려하여 결정하여야 할 것이다.

비 율 (a)	중요도 (b)	표준비율 (c)	실제비율 (d)	관계비율 (e) = (d) ÷ (c)	평 점 (f) = (e) × (b)
유 동 비 율	25	200	120	60	15
부 채 비 율	20	110	85	77	15
매 출 채 권 회 전 율	15	650	748	115	17
상 품 제 품 회 전 율	15	900	1,000	111	17
유 동 부 채 회 전 율	15	300	400	133	20
고 정 비 율	10	130	105	81	8
지 수	100	−			92

제3절
재무비율분석

기업의 성과와 재무적 건전성을 평가하기 위해서 많은 비율이 이용되고 있다.

01 ㅣ 유동성 분석

유동성비율(liquidity ratios)은 기업이 만기가 도래하는 단기채무를 상환하고 예상치 못한 현금수요에 응할 수 있는 단기간의 능력을 측정한다. 은행, 납품업자 등과 같은 단기채권자들이 특히 유동성을 평가하는 데 관심이 있다. 유동성비율에는 다음과 같은 것들이 있다.

1. 유동비율

유동비율(current ratio)은 일반적으로 유동성이나 지불능력(solvency)을 검정하는데 이용된다. 유동비율이 높을수록 단기지급능력이 양호한 것으로 평가된다. 이 비율의 공식은 다음과 같다.

$$\text{유동비율} = \frac{\text{유동자산}}{\text{유동부채}} \times 100$$

기업이 유지할 필요가 있는 유동비율의 크기는 현금유입과 현금유출의 필요성 간의 관계에 달려있다. 지속적으로 현금이나 기타 유동자산의 유입을 가지는 도·소매업 기업은 유동비율이 작더라도 단기 채무를 쉽게 상환할 수 있을 것이다. 그러나 제품개발과 제조과정이 장기간인 제조기업의 경우에는 유동비율이 다른 업종에 비해서는 높아야 할 것이다.

2. 당좌비율

당좌자산은 현금화가 상대적으로 어렵고 매각에 따른 손실의 위험이 있는 재고자산을 유동자산에서 차감한 것이다. 당좌비율(quick ratio)은 이러한 당좌자산(유동자산 – 재고자산)의 합계를 유동부채로 나누어 계산된다. 당좌비율은 기업의 단기지급능력을 평가하기 위해 측정하게 된다.

$$당좌비율 = \frac{유동자산 - 재고자산}{유동부채} = \frac{당좌자산}{유동부채} \times 100$$

02 ∣ 안전성 비율

안전성 비율(solvency ratios)은 장기지급능력비율이라고도 하는데, 기업이 장기 지급능력을 측정한다. 장기간의 채권자와 주주들은 기업의 장기적인 지불능력, 특히 만기에 부채를 상환하고 이자를 제때에 지불할 수 있는 능력에 관심이 있다.

1. 부채비율

부채비율(debt ratio)은 재무구조의 안정성을 나타낸다. 부채의 경우에는 경영성과에 관계없이 원금과 이자를 반드시 지불해야 하기 때문에, 부채의 의존도가 높은 기업일수록 미래의 지급불능위험(default risk)이 높아진다. 따라서 부채비율은 기업의 장기적인 부채지급능력을 평가하는 지표가 될 수 있다. 부채비율이 높을수록 안정성은 하락하지만 기업의 수익성은 높아질 수 있다. 부채비율은 부채총액을 자기자본으로 나누어 계산된다.

$$부채비율 = \frac{부채}{자기자본(자본)} \times 100$$

2. 이자보상비율

이자보상비율(time interest earned ratio)은 기업이 타인자본을 사용하면 사용대가로 이자를 지불해야 하는데, 이자지급능력을 나타낸다.

$$이자보상률 = \frac{영업이익}{이자비용}$$

3. 비유동장기적합률

기업의 비유동자산에는 자금이 장기간 묶이게 된다. 따라서 비유동자산은 자기자본이나 비유동부채로 조달하는 것이 바람직하다. 비유동장기적합률은 비유동자산에 투자된 자본의 범위를 비유동부채까지 확대하여 자본배분의 안정성을 평가하는데, 비유동자산을 자기자본과 비유동부채의 합계로 나누어 계산한다.

$$비유동장기적합률 = \frac{비유동자산}{(자기자본 + 비유동부채)} \times 100$$

03 | 수익성 비율

수익성 비율(profitability ratios)은 기업이 일정한 기간동안 이익이나 운영결과를 이용한 자원과 관련시켜서 측정하고자 한다. 이것은 효율성 개념과도 통하는데, 기업은 적은 자원을 이용하여 가능한 한 많은 이익을 산출하고자 한다. 기업의 이익이나 결손은 기업이 부채와 자본을 조달할 수 있는 능력, 기업의 유동성상태, 성장능력 등에 영향을 준다.

1. 주당이익

주식회사에는 많은 소유자가 있고 이들이 전부 동일한 수의 주식을 가지고 있는 것은 아니기 때문에, 기업의 이익을 주식수에 비례해서 계산하기를 원하는 사람들에게 주당 기준으로 표시하는 것이 매우 일반적이다. 주당이익(Earnings Per Share, EPS)의 계산은 기업의 이익에 대해 상이한 청구권을 가지는 두 종류 이상의 주식이 있을 때는 복잡해질 수 있다. 주당이익은 기본주당이익, 희석주당이익으로 나누어 계산되기도 한다. 단순하게 공식을 나타내면 다음과 같다.

$$주당이익 = \frac{순이익 - 우선주배당금}{유통보통주\ 주식수}$$

2. 주가이익률

주식시가의 기업이익에 대한 관계는 투자자에게 매우 흥미로운 것이다. 주가이익률 (Price Earnings Ratio, PER)은

$$주가이익률 = \frac{주식시가}{주당이익}$$

주식의 시가는 변동이 심하기 때문에, 이 비율은 가끔 일정한 기간동안 평균시가를 이용하여 계산된다.

3. 매출총이익률

매출총이익률(gross profit ratio)은 기업의 생산 및 매출의 효율성을 평가하는데, 매출총이익을 매출액으로 나누어 계산된다. 매출총이익율이 높을수록 좋은 성과를 의미한다.

$$매출총이익률 = \frac{매출총이익}{매출액} \times 100$$

4. 매출순이익률

매출순이익율(Profit margin ratio)은 경영성과 전체의 효율성을 평가하는데, 당기순이익을 매출액으로 나누어 계산된다.

$$\text{매출순이익률} = \frac{\text{순이익}}{\text{매출액}} \times 100$$

5. 투자이익률(총자산이익률)

투자이익률(Return on Investment, ROI)은 순이익을 투자금액으로 나눈 것으로 경제적 효율성을 표시하는 것이다. 총자산이익률(ROA), 자기자본이익률(ROE) 등은 자산이 어느 정도 효율적으로 이용되었는가에 관한 효율성의 척도로써 재무분석에서 이용되고 있다.

① 총자산이익률 : 총자산이익률(Return on assets, ROA)은 자산을 어떻게 조달하였는가에 관계없이 자산이용의 효율성에 관한 척도로서 유용하다.

$$\text{총자산이익율률} \frac{\text{당기순이익}}{\text{총자산}} \times 100$$

② 자기자본이익률 : 자기자본이익률(Return on equity, ROE)은 주주가 투자한 금액을 순이익과 관련시킨다. 이것은 주주가 불입한 자본과 기업에 적립된 이익잉여금을 통해 주주의 투자가 어떻게 효율적으로 이용되어 왔는지에 관한 효율성의 척도이다.

$$\text{자기자본이익률} = \frac{\text{당기순이익}}{\text{자기자본}} \times 100$$

6. 배당지급률

배당지급률(dividend payout ratio)은 배당성향이라고도 하는데, 배당금으로 지급된 순이익의 비율을 보여준다. 배당수익률과 배당지급률은 기업의 보통주식에 투자한 투자자에 대한 미래배당흐름을 예측하는데 유용하다.

$$배당지급률 = \frac{보통주주의\ 배당금}{(보통주주에\ 귀속하는)\ 순이익}$$

7. 배당수익률

보통주주에 대한 배당수익률(dividend yield ratio)은 주식에 대해 원래 매입한 시가에 의존하며 주식에 대해 원래 매입한 시가로 지급한 배당금을 나눔으로써 계산된다.

$$배당수익률 = \frac{주당배당금}{주식의\ 시가}$$

04 ㅣ 활동성 비율

활동성 비율은 기업이 그 자산을 효율적으로 이용하고 있는지의 여부를 측정하고자 하는 비율이다.

1. 매출채권회전율

매출채권회전율(account receivable turnover)은 매출액을 매출채권으로 나누어 계산되는데, 매출채권의 현금화 속도를 측정한다. 매출채권회전율이 높을수록 매출채권의 관리가 효율적이라는 것을 의미한다.

$$매출채권회전율 = \frac{매출액}{매출채권}$$

매출채권회전율의 역수에 365일을 곱하여 계산한 것은 매출채권의 평균회수기간을 의미한다. 매출채권 평균회수기간(average collection period)은 매출채권이 매출액으로 실현되는 데 소요되는 기간을 의미하며, 매출채권 평균회수기간이 적을수록 효율적이다.

$$\text{매출채권 평균회수기간} = \frac{365}{\text{매출채권회전율}}$$

2. 재고자산회전율

재고자산회전율(inventory turnover)은 재고자산의 회전속도를 측정하는데 매출액을 재고자산으로 나누어 계산한다. 재고자산회전율이 높을수록 매출활동이 효율적이다.

$$\text{재고자산회전율} = \frac{\text{매출액}}{\text{재고자산}}$$

재고자산회전율의 역수에 365일을 곱하면 재고자산회전기간(days in inventory)이 계산된다. 재고자산회전기간은 보유하고 있는 재고자산이 매출액으로 실현되는 데 소요되는 기간을 의미하며, 재고자산회전기간이 적을수록 효율적이다.

$$\text{재고자산회전기간} = \frac{365}{\text{재고자산회전율}}$$

3. 총자산회전율

총자산회전율은 총자산의 활용도를 나타낸다. 이것은 순매출액을 총자산으로 나누어 계산된다. 총자산회전율이 클수록 효율적이다.

$$\text{총자산회전율} = \frac{\text{순매출액}}{\text{총자산}}$$

총자산회전율의 역수에 365일을 곱하면 총자산회전기간이 계산된다. 총자산회전기간은 적을수록 효율적이다.

$$총자산회전기간 = \frac{365}{총자산회전율}$$

4. 자기자본회전율

자기자본회전율은 자기자본의 활용도를 나타낸다. 이것은 순매출액을 자기자본으로 나누어 계산된다. 자기자본회전율이 클수록 효율적이다.

$$자기자본회전율 = \frac{순매출액}{자기자본}$$

자기자본회전율의 역수에 365일을 곱하면 자기자본회전기간이 계산된다. 자기자본회전기간은 적을수록 효율적이다.

$$자기자본회전기간 = \frac{365}{자기자본회전율}$$

재무제표분석의 한계점

재무제표를 분석하는 것은 한계점을 가지고 있으므로 기업을 평가하거나 분석하기 위해서는 재무제표이외에 다양한 정보를 입수해서 분석해야 할 것이다.

첫째, 재무제표분석은 재무제표의 회계자료에 근거하여 실시되므로, 재무제표가 가지고 있는 한계점을 그대로 가진다. 예를 들면, 역사적 원가에 의해 자산을 평가하고 있기 때문에 재무상태표일 현재의 기업의 재무상태를 제대로 반영하고 있지 않다.

둘째, 과거자료인 재무제표에 기초하여 비율분석이 실시되므로 기업의 미래예측에 한계가 있다.

셋째, 다양한 회계처리방법이 일반적으로 인정되고 있기 때문에, 회계처리방법이 기업간에 상이한 경우, 두 기업의 비교는 무의미하며, 한 기업의 경우도 회계처리방법이 변경되었다면 기간간 비율의 비교분석도 무의미하게 된다.

넷째, 회사의 비율과 비교를 하기 위한 표준비율을 무엇으로 할 것인가에 대한 기준이 없다.

다섯째, 재무상태표의 수치는 계절적 변동 및 물가변동에 따른 영향이 반영되어 있지 않다.

리스

리스계약의 의의

리스란 리스제공자가 자산의 사용권을 합의된 기간 동안 리스이용자에게 이전하고 리스이용자는 그 대가로 사용료를 리스제공자에게 지급하는 계약을 말한다.

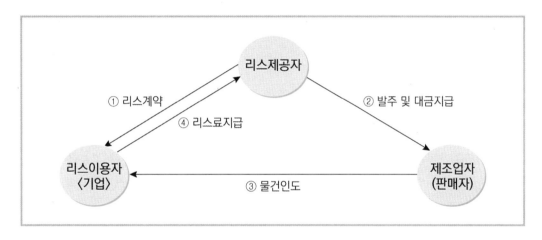

01 ㅣ 리스 제외 물품

- 광물, 석유, 천연가스 및 유사한 비재생천연자원의 탐사나 사용을 위한 리스
- 영화필름, 희곡, 원고, 비디오 녹화물 저작권, 라이선스 계약

02 ┃ 리스용어의 정리

① 리스약정일

리스체결한 날을 말하며 리스계약일과 계약당사자들의 합의일 중 빠른 날을 말한다.

② 리스기간개시일

리스자산의 사용권을 행사할 수 있게 된 날

③ 리스기간

투자기간

④ 최소리스료

리스기간에 리스이용자가 리스제공자에게 지급해야 하는 금액

⑤ 보증잔존가치와 무보증잔존가치

보증잔존가치는 리스이용자가 리스자산의 잔존가치에 대하여 보증한 부분을 말하며 무보증잔존가치는 리스제공자가 실현할 수 있을지 확실하지 않거나 리스제공자의 특수관계자만이 보증하는 리스 자산의 잔존가치 부분을 말한다.

⑥ 조정리스료

금액이 확정되지는 않았지만 기간경과 이외의 변동요소의 미래 발생분을 기초로 결정되는 리스료이다.

⑦ 내재이자율

리스약정일 현재 최소리스료와 무보증잔존가치의 현재가치합계액을 리스자산의 공정가치와 리스제공자의 리스개설 직접원가의 합계액과 일치시키는 할인률이다.

⑧ 리스개설직접원가

리스의 협상 및 계약에 직접 관련하여 발생하는 증분원가이다.

⑨ **전대리스**

리스이용자가 제공받고 있는 리스자산을 다른 리스이용자에게 다시 리스하는 계약이다.

⑩ **리스총투자와 리스순투자**

리스총투자는 금융리스에서 리스제공자가 수령하는 최소리스료와 무보증잔존가치의 합계액을 말하며 리스순투자는 리스총투자를 내재이자율로 할인한 금액이다.

리스총투자와 리스순투자의 차이를 미실현이자수익이라 한다.

리스의 분류

리스는 금융리스와 운용리스로 분류한다.

금융리스란 소유에 따른 위험과 보상의 대부분을 이전하는 리스이다.

운용리스란 위험과 보상의 대부분을 이전하지 않는 리스를 말한다.

1. 운용리스

리스자산의 소유에 따른 위험과 보상이 리스제공자로부터 리스이용자에게 이전되지 않은 리스를 말한다.

따라서 리스제공자와 리스이용자는 리스료 수취 및 지급시에 수익과 비용으로 처리하고 리스제공자는 다른 자산과 마찬가지로 내용연수 동안 감가상각을 말한다.

✔ 회계처리

1. 리스자산 취득시

차) 선급리스자산	×××	대) 현 금	×××

2. 리스약정일

차) 운용리스자산	×××	대) 선급리스자산	×××

3. 리스료 회수시

차) 현 금	×××	대) 운용리스료수익	×××
감가상각비	×××	감가상각누계액	×××

2. 금융리스

리스자산의 소유에 따른 위험과 보상의 대부분이 리스제공자로부터 리스이용자에게 이전되는 리스이다.

따라서 금융리스를 리스제공자가 리스이용자에게 할부판매한 것처럼 회계처리하고 리스이용자도 할부 구입한 동일한 거래로 보아 매기 지급할 리스의 현재가치를 자본화하여 그에 따른 감가상각비로 인식하여야 한다.

✔ 회계처리

1. 리스자산 취득시

차) 선급리스자산	×××	대) 현　　금	×××

2. 리스개설직접원가

차) 선급리스자산	×××	대) 현　　금	×××

3. 리스자산 공급시

차) 금융리스채권	×××	대) 선급리스자산	×××

4. 리스료 회수시

차) 현　　금	×××	대) 금융리스채권	×××
		이자수익	×××

(1) 금융리스 분류 조건 사례

- 리스기간 종료시점까지 리스자산의 소유권이 리스이용자에게 이전되는 경우이다.
- 리스이용자가 선택권을 행사할 수 있는 시점의 공정가치보다 충분하게 낮을 것으로 예상되는 가격으로 리스자산을 매수할 수 있는 선택권을 가지고 있으며, 그 선택권을 행사할 것이 리스약정일 현재 확실한 경우이다.
- 리스자산의 소유권이 이전되지 않더라도 리스기간이 리스자산의 경제적 내용연수의 상당부분을 차지하는 경우이다.
- 리스이용자만이 중요한 변경 없이 사용할 수 있는 특수한 성격의 리스자산인 경우이다.

3. 운용리스 부동산에 대한 권리를 투자부동산으로 분류

구 분	회계처리
리스이용자가 당해 부동산을 직접 사용하는 경우	리스이용자는 투자부동산을 자가사용부동산으로 변경하며, 사용목적 변경일의 공정가치를 간주원가로 인식
리스이용자가 당해 부동산에 대한 권리에 따른 위험과 보상의 대부분을 이전하는 전대리스(sublease)를 특수관계가 없는 제3자에게 제공하는 경우	당해 제3자가 그 전대리스를 운용리스로 회계처리하더라도 리스이용

4. 운용리스자산의 취득 및 리스개시

구 분	리스제공자			
리스개설 직접원가 발생	(차) 운용리스자산	×××	(대) 현 금	×××
리스자산취득	(차) 선급리스자산	×××	(대) 현금, 미지급금	×××
리스기간개시일	(차) 운용리스자산	×××	(대) 선급리스자산	×××

5. 수익과 비용 인식

구 분	리스제공자		리스이용자	
리스료 수익과 비용의 인식	(차) 현금(or 미수수익) (대) 수입리스료	××× ×××	(차) 지급리스료 (대) 현금(or 미지급비용)	××× ×××
감가상각비 인식	(차) 감가상각비 (대) 감가상각누계액	××× ×××	회계처리 없음	

01 리스회계기준이 적용되는 경우는 어느 것인가?

① 광물, 석유, 천연가스 및 유사한 비재생 천연자원의 탐사나 사용을 위한 리스

② 영화필름, 비디오 녹화물, 희곡, 원고, 특허권 및 저작권에 대한 라이선스 계약

③ 투자부동산으로 회계처리되는 리스이용자 보유 부동산

④ 토지와 건물을 함께 리스하는 경우

해설 이 기준서는 다음을 제외한 모든 리스의 회계처리에 적용한다.[K-IFRS 1017 문단 1]
① 광물, 석유, 천연가스 및 유사한 비재생 천연자원의 탐사나 사용을 위한 리스
② 영화필름, 비디오 녹화물, 희곡, 원고, 특허권 및 저작권에 대한 라이선스 계약

02 리스에 대한 다음 설명 중 가장 타당하지 않는 것은 어느 것인가?

① 리스의 분류는 리스자산의 소유에 따른 위험과 보상이 리스제공자와 리스이용자에게 귀속되는 정도에 따라 결정된다.

② 리스자산의 소유에 따른 위험과 보상의 대부분을 이전하는 리스는 금융리스로 분류한다.

③ 리스의 분류는 거래의 실질보다 계약의 형식에 따라 결정되어야 한다.

④ 리스자산의 소유에 따른 위험과 보상의 대부분을 이전하지 않는 리스는 운용리스로 분류한다.

해설 리스는 계약의 형식보다는 거래의 실질에 따라 금융리스나 운용리스로 분류한다.[K-IFRS 1017 문단 10]

03 리스회계 중 금융리스에 해당되지 않는 것은 어느 것인가?

① 리스기간 종료시점에 리스자산의 소유권을 그 시점의 공정가치로 이전하거나 조정
리스료가 있는 경우

② 리스기간 종료시점까지 리스자산의 소유권이 리스이용자에게 이전되는 경우

③ 리스이용자가 선택권을 행사할 수 있는 시점의 공정가치보다 충분하게 낮을 것으
로 예상되는 가격으로 리스자산을 매수할 수 있는 선택권을 가지고 있으며, 그 선
택권을 행사할 것이 리스약정일 현재 거의 확실한 경우

④ 리스이용자만이 중요한 변경 없이 사용할 수 있는 특수한 성격의 리스자산인 경우

해설 ① 계약의 다른 특성들을 고려할 때 리스자산의 소유에 따른 위험과 보상의 대부분을 이전하지 않는다는
사실이 명백하다면 그 리스는 운용리스로 분류한다.

주당이익

제1절
주당순이익 개념

주당이익(Earning Per Share: EPS)이란 주식 1주당 이익(또는 손실)이 얼마인가를 나타내는 수치로서 주식 1주에 귀속되는 이익(또는 손실)을 말한다. 이를 보통주만을 발행한 기업을 가정하여 산식으로 표시하면 다음과 같다.

$$\text{주당이익(손실)} = \frac{\text{보통주 당기순이익(손실)}}{\text{가중평균유통보통주식수}}$$

이러한 주당이익은 투자자인 보통주주 입장에서 보면 다음과 같은 유동성을 가지고 있다.

첫째, 특정기업의 경영성과를 기간별로 비교하는 데 유용하다. 즉, 연속적인 두 회계 기간의 주당이익을 비교함으로써 두 기간의 경영성과에 대하여 의미있는 비교를 할 수 있다.

둘째, 특정기업의 주당이익을 주당배당금 지급액과 비교해 봄으로써 당기순이익 중 사외에 유출되는 부분과 사내에 유보되는 부분의 상대적 비율에 관한 정보를 용이하게 얻을 수 있다.

셋째, 주가를 주당이익으로 나눈 수치인 주가수익률(Price Earning Ratio: PER)은 증권시장에서 중요한 투자지표의 하나인데, 주당이익은 수가수익률의 계산에 기초자료가 된다.

$$\cdot\ PER = \frac{\text{주가}}{EPS} \qquad \cdot\ \text{주가} = PER \times EPS$$

01 ㅣ 주당순이익 계산 목적

정보이용자가 기업의 경영성과를 기간별로 비교하고, 동일기간의 경영성과를 다른 기업과 비교하는 데 유용한 정보를 제공한다. 주당이익 정보는 기업의 이익을 결정하는 데 회계정책이 다를 수 있다는 한계가 있지만 주당이익계산상의 분모를 일관성 있게 결정한다면 재무보고의 유용성은 높아진다.

다음 중 하나에 해당하는 기업의 별도재무제표 또는 개별재무제표 및 지배기업이 속한 연결실체의 연결재무제표에 적용한다.

① 보통주나 잠재적보통주가 공개된 시장에서 거래되고 있다.
② 공개된 시장에서 보통주를 발행하기 위해 재무제표를 증권감독기구나 다른 규제기관에 제출하거나 제출하는 과정에 있다.

K-IFRS 제1027호 '연결재무제표와 별도재무제표'에 따라 작성한 연결재무제표와 별도재무제표를 모두 제시하는 경우에는 이 기준서에서 요구하는 공시사항은 연결정보에만 적용한다. 별도재무제표에 기초한 주당이익을 공시하기로 한 기업은 포괄손익계산서에만 주당이익 정보를 표시한다.

- 주당이익이란 한 기간 동안의 주식 1주가 얼마의 회계이익을 벌어들였나 하는 지표이다.
- 주당이익은 기업의 당기이익을 유통보통주식수로 나뉜다.
- 주당이익은 특정기간의 재무성과를 기간별로 비교하는 데 유용하다.
- 주당이익은 기본주당손익과 희석주당손익으로 구분된다.

01 ┃ K-IFRS 1033호 주당이익의 적용범위

1. 연결 및 별도재무제표에 적용

주당 이익은 다음의 재무제표에 적용한다.

보통주나 잠재적 보통주가 공개된 시장에서 거래되고 있다.

공개된 시장에서 보통주를 발행하기 위해 재무제표를 증권감독기구나 다른 규제기관에 제출하거나 제출하는 과정이 있다.

2. 연결재무제표와 별도재무제표를 모두 제시하는 경우

연결재무제표와 별도재무제표를 모두 제시하는 경우에는 K-IFRS 1033호에서 요구하는 공시사항은 연결정보에만 적용한다.

별도재무제표에 기초한 주당이익을 공시하기로 한 기업은 별도포괄손익계산서에만 그러한 주당이익의 정보를 표시하며 연결재무제표에 그러한 주당이익의 정보를 표시하여서는 안된다.

3. 별개의 손익계산서에 주당이익을 표시하는 경우

K-IFRS 1001호 재무제표 표시에 따라 별개의 손익계산서에 당기순손익의 구성요소를 표시하는 경우에는 주당이익은 별개의 손익계산서에만 표시한다.

02 ㅣ 주당순이익 용어설명

① 보통주 : 다른 모든분류의 지분상품보다 후순위인 지분상품이다.
② 보통주 풋옵션 : 일정기간 정해진 가격으로 보통주를 팔 수 있는 권리를 보유자에게 부여하는 계약
③ 잠재적 보통주 : 보통주를 받을 수 있는 권리가 보유자에게 부여된 금융상품이나 계약
④ 조건부발행 보통주 : 조건부주식약정에 명시된 특정조건이 충족된 경우에 현금 등의 대가가 없거나 거의 없이 발행하게 되는 보통주
⑤ 희석효과 : 전환금융상품이 전환되거나 옵션 또는 주식매입권이 행사되거나 또는 특정조건이 충족되어 보통주가 발행된다고 가정하는 경우 주당이익이 감소하거나 주당손실이 증가하는 효과
⑥ 반희석효과 : 전환금융상품이 전환되거나 옵션 또는 주식매입권이 행사되거나 또는 특정조건이 충족되어 보통주가 발행된다고 가정하는 경우 주당이익이 증가되거나 주당손실이 감소되는 효과
⑦ 옵션과 주식매입권 : 보유자가 보통주를 매입할 수 있는 권리를 가지는 금융상품

03 ㅣ 기본주당이익

- 지배기업은 보통주에 귀속되는 특정 회계기간의 계속영업손익이나 당기순이익에 대하여 기본주당이익을 계산한다.
- 기본주당이익은 지배기업의 보통주에 귀속되는 특정 회계기간의 당기순손익을 그 기간에 유통된 보통주식수를 가능 평균한 주식수로 나누어 계산한다.

$$기본주당이익 = \frac{지배기업의\ 보통주\ 당기순이익}{가중평균유통보통주식수}$$

$$기본주당계속영업이익 = \frac{지배기업의\ 보통주계속영업이익}{가중평균유통보통주식수}$$

1. 보통주기본이익

기본주당이익을 계산할 때에는 보통주이익은 당기순손익 또는 계속영업이익에서 우선주 배당금 또는 우선주 상환시 발생한 차액을 조정한 금액이다.

(1) 우선주배당금

당해 보고기간과 관련하여 배당 결의된 비누적적 우선주에 대한 세후 배당금

배당 결의 여부와 관계 없이 당해 회계기간과 관련한 누적적 우선주에 대한 세후 배당금

(2) 할증배당우선주

우선주를 시가보다 할인 발행한 기업에 대한 보상으로 초기에 낮은 배당을 지급하는 우선주이다.

우선주를 시가보다 할증금액으로 매수한 투자자에 대한 보상으로 이후 기간에 시장보다 높은 배당을 지급하는 우선주이다.

할증배당우선주의 당초 할인발행차금이나 할증발행차금은 유효이자율법을 사용하여 상각하여 이익잉여금에 가감하고 주당이익을 계산할 때 우선주배당으로 처리한다.

04 ㅣ 가중평균유통보통주식수

특정회계기간의 가중평균유통보통주식수는 그 기간중에 각 시점의 유통주식수의 변동에 따라 자본금액이 변동할 가능성을 반영한다.

가중평균유통보통주식수는 기초의 유통보통주식수에 회계기간 중 취득한 자기주식 또는 신규발행된 보통주식수를 각각의 유통기간에 따라 가중치를 고려하여 조정한 보통주식수이다.

유통기간에 따른 가중치는 그 회계기간의 총일수에 대한 특정보통주의 유통일수의 비율로 산정한다.

1. 자기주식

자기주식은 취득시점 이후부터 매각시점까지의 기간동안 가중평균 유통보통주식수에 포함하지 아니한다.

2. 유상증자

당기 중에 유상증자가 실시된 경우에는 가중평균보통주식수를 납입일을 기준으로 기간경과에 따라 가중평균하여 조정한다.

3. 무상증자 주식배당 주식분할 주식병합의 처리

자원의 실질적인 변동을 위발시키지 않는다.

그러나 보통주가 새로 발행될 수도 있고 유통보통주식수가 감소될 수도 있다.

무상증자, 주식배당, 주식분할, 주식병합이 실시된 경우에는 최초기간의 개시일에 실시된 것으로 간주하고 가중평균유통보통주식수를 증가 또는 감소시켜 준다.

4. 주주우선배정 신주발행

일반적으로 잠재적 보통주를 행사하거나 전환할 때 발행하는 보통주는 무상증자요소를 수반하지 아니한다.

그러나 주주우선배정 신주발행의 경우는 행사가격이 주식의 공정가치보다 작은 것이 보통이므로 무상증자요소를 수반한다.

다만 기중의 유상증자로 발행된 신주에 대한 무상증자, 주식분할 또는 주식병합은 당해 유상신주의 납입일에 실시된 것으로 간주하여 가중평균유통보통주식수를 조정한다.

(1) 주주우선배정 신주발행 계산방법순서

무상증자비율

㉠ 시가유상증자시 발행가능한 주식수 : (유상증자수×발행금액)÷공정가치

㉡ 무상증자수 : 유상증자수－㉠

㉢ 무상증자비율 : $\dfrac{㉡}{기초유통보통주식수＋㉠}$

5. 희석주당이익

희석주당이익은 희석효과가 있는 잠재적 보통주가 모두 기초에 전환 또는 행사된 것으로 가정한다.

(1) 잠재적 보통주

전환금융상품 : 보통주로 전환할 수 있는 지분상품이나 금융부채

주식선택권과 주식매입권 : 보유자가 보통주를 매입할 수 있는 권리를 가지는 금융상품

조건부발행 보통주 : 사업결합 또는 자산취득과 같이 계약상 합의에 따라 조건이 충족하면 발행하는 보통주

6. 소급수정

유통되는 보통주식수나 잠재적보통주식수가 자본금전입, 무상증자, 주식분할로 증가하였거나 주식병합으로 감소하였다면, 비교표시하는 모든 기본주당이익과 희석주당이익을 소급하여 수정한다. 또한 오류의 수정과 회계정책의 변경을 소급적용하는 경우에는 그 효과를 반영하여 비교표시하는 모든 기본주당이익과 희석주당이익을 수정한다.

제3절
재무제표 표시

이익의 분배에 대해 서로 다른 권리를 가지는 보통주 종류별로 이에 대한 기본주당이익과 희석주당이익을 지배기업의 보통주에 귀속되는 계속영업손익과 당기순손익에 대하여 계산하고 포괄손익계산서에 표시한다. 기본주당이익과 희석주당이익은 제시되는 모든 기간에 대하여 동등한 비중으로 제시한다. 한편, 기본주당이익과 희석주당이익이 부의 금액(즉, 주당손실)인 경우에도 표시한다.

한국거래소의 유가증권시장과 코스닥시장 상장기업과 구체적인 상장절차를 진행하고 있는 기업들만 주당이익 공시를 요구하고 있으며, 비상장기업에 대해서는 일반적으로 공시의무를 면제한다.

아래 표의 공시는 일반기업회계기준을 적용하는 기업 중 법규에 따라 주당이익 공시의무가 있는 기업 또는 주당이익 공시를 선택하는 기업에 적용한다.

✅ 주당이익의 공시

회사명	손익계산서 2020년 1월 1일부터 2020년 12월 31일까지	(단위:원)
	⋮	
법인세비용차감전순손익		×××
법인세비용		(×××)
당기순손익		×××
주당손익		
기본주당순손익		×××

🖉 참고 : 주당이익

구분		내용
주당순이익(손실)(= EPS)		보통주 당기순이익(손실) 가중평균유통보통주식수
보통주 당기순이익(손실)		당기순이익 – 우선주 배당금
가중평균유통 보통주식수	우선주	총주식수에서 공제
	자기주식	자기주식 취득시점부터 매각시점까지의 기간 동안 총주식수에서 공제
	유상증자	납입일을 기준으로 가중평균 조정
	무상증자 주식배당 주식분할(병합)	기초 발행을 가정하여 가중평균
PER		주가 / EPS
주가		PER×EPS

연습문제

01 다음은 K-IFRS 제1033호 '주당이익'에 규정되어 있는 보통주식수의 계산과 관련된 설명들이다. 틀린 내용은 어느 것인가?

① 기본주당이익을 계산하기 위한 보통주식수는 그 기간에 유통된 보통주식수를 가중평균한 주식수로 한다.

② 보통주로 반드시 전환하여야 하는 전환금융상품은 전환권을 행사하는 날부터 기본주당이익을 계산하기 위한 보통주식수에 포함한다.

③ 자본금전입, 무상증자, 주식분할의 경우에는 당해 사건이 있기 전의 유통보통주식수를 비교표시되는 최초기간의 개시일에 그 사건이 일어난 것처럼 비례적으로 조정한다.

④ 조건부발행보통주는 모든 필요조건이 충족(즉, 사건의 발생)된 날에 발행된 것으로 보아 기본주당이익을 계산하기 위한 보통주식수에 포함한다.

> **해설** 보통주로 반드시 전환하여야 하는 전환금융상품은 계약체결시점부터 기본주당이익을 계산하기 위한 보통주식수에 포함한다.

02 다음은 K-IFRS 제1033호 '주당이익'에 규정되어 있는 보통주유통일수의 계산의 기산일의 예이다. 틀린 내용은 어느 것인가?

① 채무상품의 전환으로 인하여 보통주가 발행하는 경우 최종이자발생일의 다음 날

② 채무를 변제하기 위하여 보통주를 발행하는 경우 보통주를 발행한 날

③ 용역의 대가로 보통주를 발행하는 경우 용역제공일

④ 보통주나 우선주 배당금을 자발적으로 재투자하여 보통주가 발행되는 경우 배당금의 재투자일

> **해설** 채무를 변제하기 위하여 보통주를 발행하는 경우 채무변제일

03 다음은 K-IFRS 제1033호 '주당이익'에 규정되어 있는 우선주와 관련된 내용들이다. 틀린 내용은 어느 것인가?

① 당해 회계기간과 관련하여 배당결의된 비누적적 우선주에 대한 세후 배당금은 당기순손익에서 차감한다.

② 배당결의 여부와 관계없이 당해 회계기간과 관련한 누적적 우선주에 대한 세후배당금은 당기순손익에서 차감한다.

③ 우선주의 장부금액이 우선주의 매입을 위하여 지급하는 대가의 공정가치를 초과하는 경우 그 차액은 당기순손익에서 차감한다.

④ 전환우선주 발행기업이 조기 전환 유도시 처음의 전환조건에 따라 발행될 보통주의 공정가치를 초과하여 지급하는 보통주는 당기순손익에서 차감한다.

해설 우선주의 장부금액이 우선주의 매입을 위하여 지급하는 대가의 공정가치를 초과하는 경우 그 차액은 당기순손익에서 가산한다.

04 다음은 K-IFRS 제1033호 '주당이익'에 규정되어 있는 희석주당이익과 관련 내용들이다. 틀린 내용은 어느 것인가?

① 희석주당이익을 계산하기 위한 보통주식수는 가중평균유통보통주식수에 희석성 잠재적 보통주가 모두 전환될 경우에 발행되는 보통주의 가중평균유통보통주식수를 가산하여 산출한다.

② 잠재적보통주는 보통주로 전환된다고 가정할 경우 주당계속영업이익을 감소시키거나 주당계속영업손실을 증가시킬 수 있는 경우에만 희석성 잠재적 보통주로 취급한다.

③ 여러 종류의 잠재적 보통주를 발행한 경우에는 희석효과가 있는 모든 잠재적 보통주를 고려한다.

④ 희석성 잠재적보통주는 회계기간의 기초에 전환된 것으로 보되 당기에 발행된 것은 그 발행일에 전환된 것으로 본다.

해설 여러 종류의 잠재적 보통주를 발행한 경우에는 희석효과가 가장 큰 잠재적 보통주부터 순차적으로 고려한다.

05 '주당이익'에 규정에 따라 희석주당이익을 산정할 때, 잠재적보통주에 해당하지 않는 것은?

① 상환우선주 ② 주식선택권
③ 신주인수권 ④ 전환우선주

해설 잠재적 보통주는 전환우선주, 전환사채, 신주인수권부사채, 주식선택권 등 보통주로 전환가능한 것이다.

06 다음은 '주당이익'에 대한 설명으로 틀린 내용은 어느 것인가?

① 우선주와 자기주식은 주당순이익 계산시 가중평균주식수에서 제외한다.
② 가중평균 유통주식수 산정에 있어서 주식분할과 무상증자는 사실상 동일하게 취급한다.
③ 당기중에 유상증자로 발행된 신주에 대한 무상증자로 증가한 주식은 가중평균유통보통주식수 산정에서 제외한다.
④ 보통주 당기순손익은 손익계산서상 당기순이익에서 우선주배당금을 차감한다.

해설 당기중에 유상증자로 발행된 신주에 대한 무상증자로 증가한 주식수는 유상신주발행일에 증가한 것으로 보고 가중평균시에 포함한다.

07 '주당이익'에서 기본주당순이익의 계산시 발행주식의 가중평균주식수(유통보통주식수)를 계산할 경우에 기초에 발생한 것으로 간주되는 사건은 무엇인가?

① 신주인수권의 행사
② 자기주식의 취득
③ 주식분할
④ 주식선택권(주식결제형)의 행사

해설 자본금전입, 무상증자, 주식분할로 보통주를 발행하는 경우에는 당해 사건이 있기 전의 유통보통주식수를 비교표시되는 최초기간의 개시일에 그 사건이 일어난 것처럼 비례적으로 조정할 수 있다.[K-IFRS 제1033호 문단 28]

08 '주당이익'에서 희석주당순이익의 계산 시 고려사항에 대한 설명 중 옳은 것은?

① 희석주당순이익은 기본주당순이익 산식에 희석성 잠재보통주가 분모에 미치는 효과만을 반영하는 방법으로 계산한다.

② 전환사채는 자기주식법, 신주인수권은 전환가정법을 사용한다.

③ 당기 중 발행된 전환사채는 기초에 전환된 것으로 가정한다.

④ 희석주당순이익의 기본산식은 [보통주당기순이익＋전환우선주로 인한 배당금＋희석성 잠재적 보통주로 인한 비용지출액×(1－한계세율)]/(유통보통주식수＋희석성 잠재보통주의 주식수)이다.

해설 ① 희석주당순이익의 산정시 잠재적 보통주가 분모와 분자에 미치는 영향을 모두 고려한다.
② 전환사채는 전환가정법, 신주인수권은 자기주식법을 적용한다.
③ 희석주당순이익의 계산시 당기중 발행된 전환사채는 발행일에 전환된 것으로 가정한다.

09 '주당이익'에서 주당순이익에 대한 설명으로서 적절하지 않은 것은?

① 우선주와 자기주식은 주당순이익 계산시 제외시킨다.

② 가중평균유통보통주식수 산정에 있어서 전환된 전환사채와 무상증자는 사실상 동일하게 취급한다.

③ 가중평균유통보통주식수 산정에 있어서 신수인수권의 행사와 유상증자는 사실상 동일하게 취급한다.

④ 당기 중에 유상증자로 발행된 신주에 대한 무상증자로 증가한 주식은 당해 유상증자일에 발행된 것으로 간주한다.

해설 무상증자는 기초에 실시된 것으로 간주하나, 전환사채의 전환은 발행조건상의 전환시점에 전환한 것으로 간주한다.

정답   08 ④   09 ②

수익

제1절
수익인식

　'수익인식'에서 규정하고 있는 수익인식에 대한 회계처리는 재화의 판매나 용역의 제공으로 발생하는 수익과 이자·배당금·로얄티와 같이 자산을 타인에게 사용하게 함으로써 발생하는 수익 등의 인식 기준을 제시하고 있다.

　수익은 기업이 종사하는 업종에 따라 다양한 형태와 경로로 획득된다. 예를 들면, 편의점과 슈퍼마켓, 백화점과 같은 도소매업들은 상품의 판매를 통해 수익을 얻고, 제품을 생산하는 제조업들은 생산과정을 거친 제품을 판매하여 수익을 얻는다.

　수익은 ① 재화의 판매(매출수익), ② 용역의 제공(용역수익), 또는 ③ 기업 자산의 타인 사용 허용(이자수익, 임대수익, 로열티수익 등) 등의 활동을 통하여 창출된다.

01 ｜ 수익인식 목적과 기준

　'재무제표의 작성과 표시를 위한 개념체계'에서는 수익을 회계기간 동안 발생하는 경제적 효익의 총유입을 말하며 자산의 증가 또는 부채감소로 나타난다.

　자본참여자로부터의 출자와 관련된 자본의 증가는 수익에 포함되지 아니한다.

　광의의 수익은 수익과 차익을 포괄하는 개념이다. 수익은 기업의 정상적인 활동에서 발생하는 것으로 매출액, 수수료수익, 이자수익, 배당수익, 로열티수익 등 여러 가지 종류가 있다.

✅ **거래형태별 수익인식 문제**

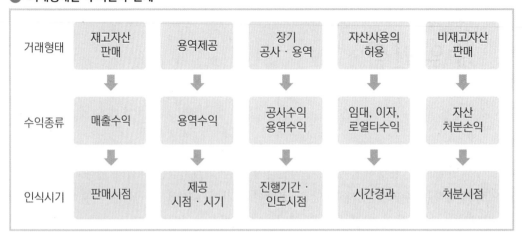

거래형태	재고자산 판매	용역제공	장기 공사 · 용역	자산사용의 허용	비재고자산 판매
수익종류	매출수익	용역수익	공사수익 용역수익	임대, 이자, 로열티수익	자산 처분손익
인식시기	판매시점	제공 시점 · 시기	진행기간 · 인도시점	시간경과	처분시점

02 ┃ 수익적용범위

다음의 거래나 사건에서 발생하는 수익의 회계처리에 적용한다.

① 재화의 판매

② 용역의 제공

③ 이자수익, 로열티수익 및 배당수익을 창출하는 기업자산에 대한 타인의 사용

1. 재화의 판매거래

재화는 판매할 목적으로 생산한 제품과 재판매하기 위하여 매입한 상품(예: 소매상이 매입한 상품, 재판매하기 위해 매입한 토지와 기타자산) 등을 포함한다.

2. 용역의 제공

용역의 제공은 일반적으로 계약상 합의된 과업을 합의한 기간에 수행하는 것을 말한다. 용역은 하나의 회계기간 내에 제공될 수도 있으며, 둘 이상의 회계기간에 걸쳐 제공될 수도 있다.

용역의 제공으로 인한 수익은 원칙적으로 진행기준에 따라 인식한다. 다만, 진행기준을 적용하기 위해서는 용역제공거래의 성과를 신뢰성 있게 추정할 수 있어야 한다.

다음 조건이 모두 충족되는 경우에는 용역제공거래의 성과를 신뢰서 있게 추정할 수 있다고 본다.

---

① 거래 전체의 수익금액을 신뢰성 있게 측정할 수 있다.
② 경제적 효익의 유입 가능성이 매우 높다.
③ 진행률을 신뢰성 있게 측정할 수 있다.
④ 이미 발행한 원가 및 거래의 완료를 위하여 투입하여야 할 원가를 신뢰성 있게 측정할 수 있다.

---

3. 기타거래(이자, 로열티, 배당금)

자산을 타인에게 사용하게 함으로써 발생하는 수익의 유형은 다음과 같다.

(1) 이자수익

현금이나 현금성자산 또는 수취할 금액의 사용대가이다. 이자수익은 원칙적으로 유효이자율을 적용하여 발생기준에 따라 인식한다.

(2) 로열티수익

특허권, 상표권, 저작권 및 컴퓨터 소프트웨어와 같은 장기성 자산의 사용대가이다. 로열티 수익은 관련된 계약의 경제적 실질을 반영하여 발생기준에 따라 인식한다.

(3) 배당금수익

지분상품의 보유자가 특정 종류의 자본의 보유비율에 비례하여 받는 이익의 분배금이다. 배당금수익은 배당금을 받을 권리와 금액이 확정되는 시점에 인식한다.

4. 수익인식 적용배제

다음에서 발생하는 수익에 대하여는 적용하지 아니한다.

---

① 리스계약(기업회계기준서 제1017호 '리스' 참조)
② 지분법으로 회계처리하는 투자자산에서 발생하는 배당(기업회계기준서 제1028호 '관계기업 투자' 참조)

---

③ 기업회계기준서 제1104호 '보험계약'의 적용범위에 해당하는 보험계약

④ 금융자산과 금융부채의 공정가치 변동이나 처분(기업회계기준서 제1039호 '금융상품: 인식과 측정' 참조)

⑤ 기타 유동자산의 가치변동

⑥ 농림어업활동과 관련된 생물자산의 최초인식과 공정가치의 변동(기업회계기준서 제1041호 '농림어업' 참조)

⑦ 수확물의 최초인식(기업회계기준서 제1041호 참조)

⑧ 광석의 추출

 Tips : **수익인식 사례**

구분	수익인식 시기
위탁매출	• 수탁자가 물건을 판매한 시점 • 일반적으로 판매보고서 수령 후
할부판매	재화인도시점에서 명목금액의 현재가치
상품권	• 상품권 판매시 : 선수금 등으로 처리 • 재화 판매시 : 선수금을 매출액으로 대체
설치 및 검사조건부	재화가 인도되어 설치와 검사가 완료되는 시점
반품가능판매	다음 조건을 모두 만족하는 경우 판매가격의 확정 재판매여부와 무관한 구매자의 지급의무 확정 판매자가 재판매에 책임지지 않음 미래 반품금액의 신뢰성 있는 추정
임대업	임차인으로부터 받은 임대료를 발생기간에 따라 인식
대행업	판매수수료 수취 시점
전자쇼핑몰	중개판매하는 경우 중개수수료만을 수익으로 인식

수익측정이란 어떤 대상에 수치를 부여하는 과정이므로 수익의 측정이란 수익금액을 결정하는 것이다. 수익으로 측정할 금액은 재화의 판매, 용역의 제공이나 자산의 사용에 대하여 받았거나 또는 받을 대가로서 계약에 명시된 금액이다.

수익은 판매대가의 공정가치로 측정한다. 즉, 수익은 재화의 판매, 용역의 제공이나 자산의 사용에 대하여 받았거나 또는 판매대가의 공정가치로 측정한다. 이 경우 공정가치란 합리적인 판단력과 거래의사가 있는 독립된 당사자간에 거래될 수 있는 교환가격을 말한다. 한편 매출에누리와 환입 및 할인은 수익에서 차감한다.

01 ㅣ 수익의 범위

수익은 기업이 받았거나 받을 경제적 효익의 총유입만을 포함한다.

판매세, 특정재화나 용역과 관련된 세금, 부가가치세와 같이 제3자를 대신하여 받는 금액은, 기업에 유입되어 자본의 증가를 수반하는 경제적 효익이 아니다. 그러므로 수익에서 제외한다.

02 I 수익의 측정

수익금액은 일반적으로 판매자와 구매자 또는 자산의 사용자 간의 합의에 따라 결정되며, 판매자에 의해 제공된 매매할인 및 수량리베이트를 고려하여 받았거나 받을 대가의 공정가치로 측정한다.[6]

1. 현금이나 현금성자산의 유입이 이연되는 경우

현금 또는 현금성자산의 유입이 이연되는 경우, 대가의 공정가치는 받았거나 받을 현금의 명목금액보다 작을 수 있다.

대금지급약정이 실질적으로 자금대여거래에 해당하는 경우, 그 대가의 공정가치는 미래 총수취액을 내재이자율로 할인하여 결정한다. 이때 내재이자율은 다음 중 더 명확히 결정할 수 있는 것으로 한다.

① 신용도가 비슷한 기업이 발행한 유사 금융상품의 일반적인 이자율
② 명목금액의 현재가치를 제공하는 재화나 용역의 현금판매금액과 일치시키는 할인율 그 판매대가의 공정가치와 명목금액의 차이는 이자수익으로 인식한다.

---

6) 기업회계기준해석서 제2031호 '수익: 광고용역의 교환거래' 참조

제3절
재화의 판매

01 ㅣ 일반적인 수익인식의 기준

1. 인도기준의 적용요건

재화의 판매로 인한 수익은 다음 조건이 모두 충족될 때 인식한다.

① 재화의 소유에 따른 유의적인 위험과 보상이 구매자에게 이전된다.

② 판매자는 판매된 재화의 소유권과 결부된 통상적 수준의 지속적인 관리상 관여를 하지 않을 뿐만 아니라 효과적인 통제를 하지도 아니한다.

③ 수익금액을 신뢰성 있게 측정할 수 있다.

④ 거래와 관련된 경제적효익의 유입가능성이 높다.

⑤ 거래와 관련하여 발생했거나 발생할 원가를 신뢰성 있게 측정할 수 있다.

2. 법적소유권의 이전여부와 위험과 보상의 이전

소유에 따른 유의적인 위험과 보상이 구매자에게 이전되는 시점을 결정하기 위해서는 거래상황을 분석하여야 한다.

3. 위험과 보상이 이전되지 아니한 거래

판매자가 소유에 따른 유의적인 위험을 부담하는 경우에는 당해 거래를 판매로 보지 아니하며, 수익으로 인식하지 않는다.

판매자가 소유에 따른 유의적인 위험을 부담하는 예로 수익으로 인식하지 않는다.
① 인도된 재화의 결함에 대하여 정상적인 품질보증범위를 초과하여 책임을 지는 경우
② 판매대금의 회수가 구매자의 재판매에 의해 결정되는 경우
③ 설치조건부 판매에서 계약의 중요한 부분을 차지하는 설치가 아직 완료되지 않은 경우
④ 구매자가 판매계약에 명시된 사유에 따라 구매를 취소할 권리가 있고, 해당 재화의 반품가능성을 예측하기 어려운 경우

02 ┃ 거래형태별 수익의 인식기준

서로 다른 국가의 법률에 따라 이 기준서의 인식기준이 충족되는 시점이 다를 수도 있다.

1. 미인도청구판매

미인도청구판매('Bill and hold' sales) : 재화의 인도가 구매자의 요청에 따라 지연되고 있으나, 구매자가 소유권을 가지며 대금청구를 수락하는 판매이다.

다음을 충족하면 구매자가 소유권을 가지는 시점에 수익을 인식한다.
① 재화가 인도될 가능성이 높다.
② 판매를 인식하는 시점에 판매자가 해당 재화를 보유하고 있고, 재화가 식별되며, 구매자에게 인도될 준비가 되어 있다.
③ 재화의 인도 연기에 대하여 구매자의 구체적인 확인이 있다.
④ 통상적인 대금지급 조건을 적용한다.

2. 조건부로 선적된 재화

(1) 설치 및 검사 조건부 판매

보통 구매자가 재화의 인도를 수락하고 설치와 검사가 완료된 때 수익을 인식한다. 그러나 다음 각각의 경우에는 구매자가 재화의 인도를 수락한 시점에 즉시 수익을 인식한다.

① 설치과정이 성격상 단순한 경우 : 예를 들어, 공장에서 이미 검사가 완료된 텔레비전 수상기의 설치와 같이 포장의 개봉과 전원 및 안테나의 연결만이 필요한 경우
② 이미 결정된 계약가액을 최종적으로 확정하기 위한 목적만으로 검사가 수행되는 경우 : 예를 들어, 무연탄이나 곡물 등을 인도하는 경우

✏️ 실습예제 : 설치용역 수수료

(주)서울은 20×1년 12월 15일 기계장치를 ₩5,000,000에 (주)대일에 판매하고 기계장치를 사용가능한 상태로 설치해 주기로 하였다.
(주)서울의 회계담당자는 설치용역 수수료에 대한 회계처리에 대하여 다음의 2가지 방안을 고려하고 있다.
① 설치용역이 재화판매에 부수적으로 제공된다.
② 설치용역은 재화판매에 부수적으로 제공되지 않으며, 이 경우 설치용역에 대한 수수료는 ₩500,000, 20×1년 12월 31일 현재 진행률은 40%이다.

01 **[요구사항]** (주)서울이 위의 각 경우에 20×1년도의 수익으로 인식할 금액을 재화의 판매부분과 용역의 제공부분으로 구분하여 계산하시오.

풀이

1. 설치용역이 부수적으로 제공되는 경우

재화판매수익	₩5,000,000
용역제공수익	–
수익인식액	₩5,000,000

2. 설치용역이 부수적으로 제공되지 않는 경우

재화판매수익	5,000,000 − 500,000 =	₩4,500,000
용역제공수익	500,000 × 40% =	200,000
수익인식액		₩4,700,000

(2) 제한적인 반품권이 부여된 판매

반품가능성을 예측하기 어렵다면 구매자가 공식적으로 재화의 선적을 수락한 시점이나 재화를 인도 받은 후 반품기간이 종료된 시점에 수익을 인식한다.

✎ **실습예제**

(주)서울은 거래처인 (주)남산에게 2020년 3월 1일에 재화 ₩15,000,000(원가 ₩12,000,000)을 외상으로 인도하였다. (주)서울온 인도시점에서 (주)남산에게 반품권을 부여하였으며 재화의 인도시점 현재 반품가능성을 합리적으로 추정할 수 없었다.

01 (주)서울이 부여한 반품기간 종료일이 2020년 6월 30일이라고 가정할 경우 (주)서울의 각 시점별 회계처리를 하시오.

풀이

<2020년 3월 1일>

회계처리 없음(반품가능성을 합리적으로 추정할 수 없는 경우에는 인도시점에서 수익을 인식할 수 없음)

<2020년 6월 30일>

(차) 매출채권   15,000,000   (대) 매출   15,000,000

(3) 수탁자(구매자)가 위탁자(판매자)를 대신해 재화를 판매하는 위탁판매

위탁자는 수탁자가 제3자에게 재화를 판매한 시점에 수익을 인식한다.

✎ **실습예제**

01 2020년 5월 3일 (주)서울은 (주)남산에 판매를 위탁하기 위하여 상품 ₩20,000,000을 적송하고, 운임 등 제비용으로 ₩250,000을 현금으로 지급하였다.

02 2020년 6월 1일 (주)서울은 위의 적송품에 대하여 (주)남산으로부터 ₩15,000,000의 선수금을 은행을 통해 송금받았다.

03 2020년 6월 20일 (주)서울은 동 적송품을 매출하였다. 적송품매출에 대한 잔금 ₩14,7000,000(총매출액 ₩30,000,000, 수수료 비용 ₩300,000)은 10일 후에 입금하겠다고 통보해왔다.

04 10일 후에 (주)서울은 통장에 잔액이 입금되었음을 확인하였다.

> **풀이**
>
> | | | | | | |
> |---|---|--:|---|---|--:|
> | 1. (차) | 적 송 품 | 20,250,000 | (대) | 재고자산 | 20,000,000 |
> | | | | | 현   금 | 250,000 |
> | 2. (차) | 당좌예금 | 15,000,000 | (대) | 선 수 금 | 15,000,000 |
> | 3. (차) | 선 수 금 | 15,000,000 | (대) | 적송품매출 | 30,000,000 |
> | | 적송매출채권 | 14,700,000 | | | |
> | | 판매수수료 | 300,000 | | | |
> | (차) | 매출원가 | 20,250,000 | (대) | 적 송 품 | 20,250,000 |
> | 4. (차) | 당좌예금 | 14,700,000 | (대) | 적송매출채권 | 14,700,000 |

(4) 인도결제판매(cash on delivery sales)

인도가 완료되고 판매자나 판매자의 대리인이 현금을 수취할 때 수익을 인식한다.

3. 완납인도 예약판매

구매자가 최종 할부금을 지급한 경우에만 재화가 인도되는 판매는 재화를 인도하는 시점에만 수익을 인식한다. 그러나 경험상 대부분의 그러한 판매가 성사되었다고 보이는 경우, 재화를 보유하고 있고, 재화가 식별되며, 구매자에게 인도할 준비가 되어 있다면 유의적인 금액의 예치금이 수령되었을 때 수익을 인식할 수 있다.

4. 선수금 조건부 판매

현재 재고가 없는 재화를 인도하기 전에 미리 판매대금의 전부 또는 일부를 수취하는 주문으로 예를 들어, 생산중인 재화나 제3자가 고객에게 직접 인도하는 재화의 경우 고객에게 재화를 인도한 시점에 수익을 인식한다.

5. 중간상에 대한 판매

유통업자, 판매자, 또는 재판매를 목적으로 하는 기타상인 등과 같은 중간상에 대한 판매는 소유에 따른 위험과 보상이 구매자에게 이전되는 시점에 인식한다. 그러나 구매자가 실질적으로 대리인 역할만을 한다면 이러한 거래를 위탁판매로 처리한다.

6. 출판물 및 이와 유사한 품목의 구독

해당 품목의 가액이 매기 비슷한 경우에는 발송기간에 걸쳐 정액기준으로 수익을 인식한다. 그러나 품목의 가액이 기간별로 다른 경우에는 발송된 품목의 판매가액이 구독신청을 받은 모든 품목의 추정 총판매가액에서 차지하는 비율에 따라 수익을 인식한다.

7. 대가를 분할하여 수취하는 할부판매

이자부분을 제외한 판매가격에 해당하는 수익을 판매시점에 인식한다. 판매가격은 대가의 현재가치로서 수취할 할부금액을 내재이자율로 할인한 금액이다. 이자부분은 유효이자율법을 사용하여 가득하는 시점에 수익으로 인식한다.

제4절
용역의 제공

01 ┃ 일반적인 수익인식의 기준

1. 진행기준

(1) 진행기준의 적용요건

용역의 제공으로 인한 수익은 용역제공거래의 결과를 신뢰성 있게 추정할 수 있을 때 보고기간말에 그 거래의 진행률에 따라 인식한다.

다음 조건이 모두 충족되는 경우 용역제공거래의 결과를 신뢰성 있게 추정할 수 있다.

① 수익금액을 신뢰성 있게 측정할 수 있다.
② 거래와 관련된 경제적효익의 유입가능성이 높다.
③ 보고기간말에 그 거래의 진행률을 신뢰성 있게 측정할 수 있다.
④ 이미 발생한 원가 및 거래의 완료를 위한 원가를 신뢰성 있게 측정할 수 있다.7)

(2) 진행기준의 정의

거래의 진행률에 따라 수익을 인식하는 방법을 진행기준이라 한다. 진행기준에 따르면 수익은 용역이 제공되는 회계기간에 인식하게 된다. 진행기준으로 인식한 수익은 특정 회계기간의 용역활동과 성과의 정도에 대한 유용한 정보를 제공한다. 기업회계기준서 제1011호에서도 수익을 진행기준으로 인식한다.

---

7) 기업회계기준해석서 제2027호 '법적 형식상의 리스를 포함하는 거래의 실질에 대한 평가' 및 기업회계기준해석서 제2031호 '수익: 광고용역의 교환거래' 참조

(3) 경제적 효익의 유입가능성

수익은 거래와 관련된 경제적 효익의 유입가능성이 높은 경우에만 인식한다. 그러나 이미 수익으로 인식한 금액에 대해서는, 추후에 회수가능성이 불확실해지는 경우에도 이미 인식한 수익금액을 조정하지 아니하고, 회수불가능한 금액이나 더 이상 회수가능성이 높다고 볼 수 없는 금액을 비용으로 인식한다.

(4) 진행률의 계산방법

거래의 진행률은 다양한 방법으로 결정할 수 있다. 기업은 수행된 용역을 신뢰성 있게 측정할 수 있는 방법을 사용하여야 한다. 거래의 성격에 따라 다음과 같은 방법 등으로 진행률을 결정할 수 있다.

① 작업수행정도의 조사
② 총예상용역량 대비 현재까지 수행한 누적용역량의 비율
③ 총추정원가 대비 현재까지 발생한 누적원가의 비율

(5) 진행률계산의 예외

용역제공이 특정 기간 내에 불특정 다수의 활동에 의하여 수행되는 경우, 그 진행률을 더 잘 나타낼 수 있는 다른 방법이 없다면 실무적 편의를 위하여 정액기준으로 특정기간에 걸쳐 수익을 인식할 수 있다.

다만, 특정 활동이 다른 활동에 비해 특히 유의적인 때에는 그 활동이 수행될 때까지 수익의 인식을 연기한다.

예를 들면, 공사진행률은 총공사예정원가에 대한 실제공사비 발생액의 비율로 계산함을 원칙으로 한다. 이 경우 진행기준 하에서는 매 회계기간마다 누적적으로 공사수익과 공사원가를 추정하므로 공사진행률도 당기까지 수행된 누적공사진행률을 산정해야 한다. 그러므로 공사진행률은 다음과 같이 산정된다.

$$\text{공사진행률} = \frac{\text{당기말까지 실제로 발생한 공사원가 누적액}}{\text{당기말 현재 총공사예정원가}}$$

2. 회수가능원가기준의 적용

용역제공거래의 성과를 신뢰성 있게 추정할 수 없는 경우에는 인식된 비용의 회수가 능한 범위 내에서의 금액만을 수익으로 인식한다.

(1) 발생원가의 회수가능성이 높은 경우

거래의 초기단계에서는 용역제공거래의 성과를 신뢰성 있게 추정할 수 없는 경우가 자주 있다. 그러한 경우에도 발생한 원가의 회수가능성은 높을 수 있다. 따라서, 발생원가 의 회수가능한 범위 내에서의 금액만을 수익으로 인식한다. 즉 용역제공거래의 성과를 신 뢰성 있게 추정할 수 없기 때문에 이익은 인식하지 아니한다.

(2) 발생원가의 회수가능성이 낮은 경우

용역제공거래의 성과를 신뢰성 있게 추정할 수 없고 발생한 원가의 회수가능성이 높 지 않은 경우에는 수익은 인식하지 아니하고 발생한 원가를 비용으로 인식한다.

✔ **용역제공거래 관련 수익인식 Flowchart**

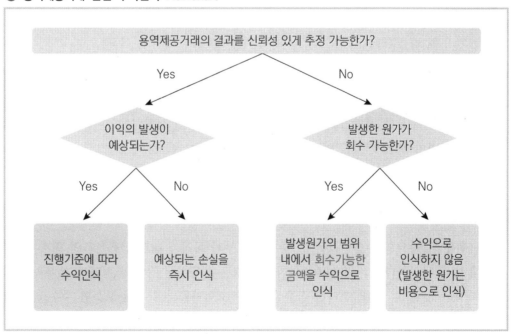

02 ┃ 거래형태별 수익인식기준

1. 설치수수료

설치수수료는 재화가 판매되는 시점에 수익을 인식하는 재화의 판매에 부수되는 설치의 경우를 제외하고는 설치의 진행률에 따라 수익으로 인식한다.

2. 제품판매가격에 포함된 용역수수료

제품판매가격에 판매 후 제공할 용역(소프트웨어 판매의 경우 판매 후 지원 및 제품개선 용역)에 대한 식별가능한 금액이 포함되어 있는 경우에는, 그 금액을 이연하여 용역수행기간에 걸쳐 수익으로 인식한다. 이연되는 금액은 약정에 따라 제공될 용역의 예상원가에 이러한 용역에 대한 합리적인 이윤을 가산한 금액이다.

3. 광고수수료

광고매체수수료는 광고 또는 상업방송이 대중에게 전달될 때 인식하고, 광고제작수수료는 광고 제작의 진행률에 따라 인식한다.

4. 보험대리수수료

보험대리인이 추가로 용역을 제공할 필요가 없는 경우에 보험대리인은 대리인이 받았거나 받을 수수료를 해당 보험의 효과적인 개시일 또는 갱신일에 수익으로 인식한다. 그러나 대리인이 보험계약기간에 추가로 용역을 제공할 가능성이 높은 경우에는 수수료의 일부 또는 전부를 이연하여 보험계약기간에 걸쳐 수익으로 인식한다.

5. 금융용역수수료

금융용역수수료의 수익인식은 그 수수료의 부과 목적과 관련 금융상품의 회계처리의 기준에 따라 달라진다. 금융용역수수료라는 명칭은 제공하는 용역의 성격과 본질을 제대로 나타내지 못할 수 있다. 따라서 금융상품의 유효이자율의 일부인 요소인 수수료, 용역을 제공함으로써 가득되는 수수료 및 유의적인 행위를 수행함으로써 가득되는 수수료로 구분할 필요가 있다.

6. 입장료

예술공연, 축하연, 기타 특별공연 등에서 발생하는 수익은 행사가 개최되는 시점에 인식한다. 하나의 입장권으로 여러 행사에 참여 할 수 있는 경우의 입장료수익은 각각의 행사를 위한 용역의 수행된 정도가 반영된 기준에 따라 각 행사에 배분하여 인식한다.

7. 수강료

강의기간에 걸쳐 수익으로 인식한다.

8. 입회비, 입장료 및 회원가입비

제공되는 용역의 성격에 따라 수익인식이 결정된다. 만일 회비가 회원가입만을 위한 것이고 기타 모든 용역이나 제품의 제공대가가 별도로 수취되거나 별도의 연회비가 있다면, 이러한 회비는 회수에 유의적인 불확실성이 없는 시점에 수익으로 인식한다.

9. 프랜차이즈 수수료

프랜차이즈 수수료는 창업지원용역과 운영지원용역, 설비와 기타 유형자산 및 노하우 제공에 대한 대가를 포함할 수 있다.

(1) 설비와 기타 유형자산의 제공

해당 자산을 인도하거나 소유권을 이전할 때 제공하는 자산의 공정가치에 기초한 금액을 수익으로 인식한다.

(2) 창업지원용역과 운영지원용역의 제공

① 운영지원용역의 제공 : 운영지원용역 제공의 수수료는 창업지원용역 수수료의 일부이거나 별도의 수수료임에 상관없이 용역이 제공됨에 따라 수익으로 인식한다.
② 창업지원용역의 제공 : 창업지원용역 제공의 수수료는 계약에 따라 프랜차이즈 본사는 제3자에게 판매하는 가격보다 저렴한 가격 또는 적정이윤이 보장되지 않는 가격으로 설비, 재고자산, 또는 기타 유형자산을 가맹점에 제공할 수 있다. 이 경우 추정원가를 회수하고 적정 이윤을 보장할 수 있도록 창업지원용역 수수료의

일부를 이연한 후, 설비 등을 가맹점에 판매할 것으로 기대되는 기간에 걸쳐 수익으로 인식한다. 나머지 창업지원용역 수수료는 프랜차이즈 본사가 모든 창업지원용역과 그 밖의 의무(예: 가맹점입지선정, 종업원교육, 자금조달, 광고에 대한 지원)를 실질적으로 이행한 시점에 수익으로 인식한다.

(3) 프랜차이즈 운영지원 수수료

계약에 의한 권리의 계속적인 사용에 부과되는 수수료나 계약기간 동안 제공하는 기타 용역에 대한 수수료는 권리를 사용하는 시점이나 용역을 제공하는 시점에 수익으로 인식한다.

(4) 대리거래

프랜차이즈 본사와 가맹점 간의 거래에서 본사가 실제로는 가맹점의 대리인으로 거래하는 경우가 있을 수 있다. 예를 들어 프랜차이즈 본사가 가맹점에게 공급할 재화를 대신 주문하고 원가로 인도하는 거래가 있을 수 있다. 이러한 거래에서는 수익이 발생하지 않는다.

🖊 **참고 : 재화의 수익인식**

거래구분	수익인식방법
위탁판매	수탁자가 제3자에게 판매한 시점
시용판매	구입자가 매입의사를 표시한 날
할부판매	재화가 인도되는 시점
상품권판매	물품이나 용역을 제공한 시점
설치 및 검사조건부 판매	설치 및 검사가 완료된 때
반품가능판매	구매자가 인수를 수락한 시점 또는 반품기간의 종료시점
임대업, 대행업, 전자쇼핑몰 등	임대료 또는 수수료만을 수익으로 인식
부동산 판매	법적소유권이 이전되는 시점*

*법적소유권이 이전되기 전이라도 소유에 따른 위험과 효익이 구매자에게 실질적으로 이전되는 경우에는 이전시점에 인식하며 이 경우 위험과 효익의 이전 이후에도 판매자가 중요한 행위를 추가로 수행할 의무가 있다면 해당 의무 완료시점에 인식

거래구분		수익인식방법
방송사의 광고수익		광고를 대중에게 전달하는 시점
광고제작 용역수익		제작기간 동안 진행기준 적용
공연입장료		행사가 개최되는 시점
수강료		강의기간 동안 발생기준 적용
재화의 판매금액에 추후 제공될 용역이 포함된 경우		식별 가능한 경우 진행기준에 의하여 수익을 인식
주문 개발하는 소프트웨어		진행기준에 따라 수익인식
연회비 및 입회비	회원자격의 유지	회비의 회수가 확실하게 된 시점
	비회원보다 저가구매	제공될 효익의 시기, 성격, 금액을 반영하는 합리적인 기준에 따라 수익을 인식

01 다음 중 재화의 판매의 인식기준에 해당하지 않은 것은?

① 유의적인 위험과 보상의 이전   ② 수익금액의 신뢰성 있는 측정
③ 경제적 효익의 매우 높은 유입가능성 ④ 관련 원가의 신뢰성 있는 측정

해설 거래와 관련된 경제적 효익의 유입가능성이 높은 경우 재화의 판매로 인식할 수 있다. 한편 지속적인 관
여 및 효과적인 통제의 상실시 재화의 판매로 인식가능하다.

02 재화의 판매시 수익으로 인식가능한 예이다. 틀린 것은?

① 시용판매 : 고객이 매입의사를 표시하는 시점
② 인도결제판매 : 인도가 완료되고 현금을 수취하는 시점
③ 재고가 없는 재화의 주문 : 재화를 인도한 시점
④ 제한된 반품권이 부여된 판매 : 반품가능성 추정과 관계없이 판매시점

해설 제한된 반품권이 부여된 판매시 반품가능성을 예측할 수 있는 경우는 판매시점, 반품가능성을 예측할 수
없는 경우는 구매자가 재화의 선적을 수락한 시점이나 반품기간이 종료된 시점에 인식한다.

03 K-IFRS 제1018호 '수익'에 규정된 내용들이다. 옳지 않은 것은?

① 설치 및 검사 조건부 판매로서 설치과정이 단순한 경우에는 구매자가 재화의 인도
를 수락한 시점에서 수익을 인식한다.
② 설치수수료는 재화가 판매되는 시점에서만 수익으로 인식한다.
③ 대가가 분할되어 수취되는 할부판매의 경우에는 이자부분을 제외한 판매가격을 판
매시점에 수익으로 인식한다.
④ 주문개발하는 소프트웨어의 대가로 수취하는 수수료는 진행기준에 따라 수익을 인
식한다.

해설 설치수수료는 용역의 제공에 해당된다.

정답   01 ③   02 ④   03 ②

04 K-IFRS 제1018호 '수익'에 규정된 내용들이다. 옳은 것은?

① 인도된 재화의 결함에 대해 정상적인 품질보증 범위를 초과하여 책임을 지는 경우
② 상품의 판매대금을 미리 수취하는 경우에는 대가를 수취한 때 수익으로 인식한다.
③ 다른 수익인식 조건을 충족하더라도 반품가능성을 추정하기 어려운 경우에는 구매자가 재화의 인수를 수락한 시점에 수익으로 인식한다.
④ 이미 결정된 계약가격을 최종적으로 결정하기 위한 목적으로만 검사가 수행되는 경우 검사가 완료한 때 수익을 인식한다.

해설 ① 정상적인 품질보증범위를 초과하여 책임을 지는 경우에는 수익으로 인식하지 않는다.
② 상품의 판매대금을 미리 수취하는 경우에는 상품을 인도하는 때 수익으로 인식한다.
④ 이미 결정된 계약가격을 최종적으로 결정하기 위한 목적으로만 검사가 수행되는 경우는 구매자가 재화의 인도를 수락한 시점에 수익으로 인식한다.

05 K-IFRS 제1018호 '수익'에 규정된 내용들이다. 옳은 것은?

① 제과프랜차이즈사업을 하는 (주)고려는 가맹점 운영과 관련하여 계속적으로 용역을 제공한다. (주)고려는 운영지원용역에 대한 수수료를 가맹점으로부터 수령하는 시점에 수익으로 인식한다.
② 구두를 제조하는 (주)제화는 매출향상을 위하여 상품권을 현금으로 판매하지만 수익은 고객이 상품권으로 구두를 구입하는 시점에 인식한다.
③ (주)서울신문사은 의류회사인 (주)어패럴과 지면광고계약을 맺고 광고수수료를 받았다. (주)서울신문사는 동 광고수수료를 신문에 광고가 게재되어 독자에게 전달될 때 수익으로 인식한다.
④ 소프트웨어 개발회사인 (주)소프트는 (주)대성으로부터 급여처리시스템에 대한 소프트웨어 개발을 주문받았다. (주)소프트는 소프트웨어 개발대가로 수취하는 수수료를 진행기준에 따라 수익으로 인식한다.

해설 운영지원용역수수료는 용역을 제공한 시점에 수익으로 인식한다.

06 K-IFRS 제1018호 '수익'에 규정된 내용들이다. 옳은 것은?

① 광고제작수수료는 광고 또는 상업방송이 대중에게 전달될 때 수익으로 인식한다.

② 주문개발하는 소프트웨어의 대가로 수취하는 수수료는 진행기준에 따라 수익으로 인식한다.

③ 수강료는 강의기간에 걸쳐 수익을 인식한다.

④ 입장료는 입장권 판매시점에서 인식한다.

해설 ① 광고제작수수료는 광고제작의 진행률에 따라 인식한다.
③ 수강료는 강의기간 동안 발생기준으로 수익을 인식한다.
④ 입장료는 행사가 개최되는 시점에 수익을 인식한다.

07 K-IFRS 제1018호 '수익'에 규정된 수익의 인식기준들이다. 옳지 못한 설명은?

① 이자수익은 원칙적으로 유효이자율을 적용하여 발생기준에 따라 인식한다.

② 배당금수익은 배당금을 받을 권리와 금액이 확정되는 시점에 인식한다.

③ 로열티수익은 관련된 계약의 경제적 실질을 반영하여 발생기준에 따라 인식한다.

④ 용역의 제공으로 인한 수익은 용역제공거래의 성과를 신뢰성 있게 추정할 수 있을 때 완성기준에 따라 인식한다.

해설 용역의 제공으로 인한 수익은 용역제공거래의 성과를 신뢰성 있게 추정할 수 있을 때 진행기준에 따라 인식한다.

08 K-IFRS 제1018호 '수익'에 규정된 내용이다. 옳지 못한 설명은?

① 소프트웨어 개발회사인 갑회사는 을회사로부터 급여처리시스템에 대한 소프트웨어 개발을 주문받았다. 갑회사는 소프트웨어 개발대가로 수취하는 수수료를 진행기준에 따라 수익으로 인식한다.

② 구두를 제조하는 금강(주)는 매출향상을 위하여 상품권을 현금으로 판매하지만 수익은 고객이 상품권으로 구두를 구입하는 시점에 인식한다.

③ (주)조선신문사는 의류회사인 (주)고려와 지면광고계약을 맺고 광고수수료를 받았다. (주)조선은 신문사는 동 광고수수료를 신문에 광고가 게재되어 독자에게 전달될 때 수익으로 인식하였다.

정답   06 ②   07 ④   08 ④

④ 제고프랜차이즈사업을 하는 (주)파리크라상 가맹점 운영과 관련하여 계속적인 용역을 제공한다. (주)파리크라상는 운영지원용역에 대한 수수료를 가맹점으로부터 수령하는 시점에 수익으로 인식한다.

> [해설] 운영지원용역의 제공에 대한 수수료는 창업지원용역 수수료의 일부이거나 별도의 수수료임에 상관없이 용역이 제공됨에 따라 수익을 인식한다.

09 K-IFRS 제1018호 '수익'에 규정된 내용이다. 옳지 못한 설명은?

① 주문개발하는 소프트웨어의 대가로 수취하는 수수료는 진행기준에 따라 수익을 인식한다. 이때 진행률은 소프트웨어의 개발과 소프트웨어 인도 후 제공하는 지원용역을 모두 포함하여 결정한다.

② 소유에 따른 유의적인 위험과 보상의 이전은 항상 법적 소유권의 이전이나 재화의 물리적 이전과 동시에 이루어진다.

③ 로열티수익은 관련된 계약의 경제적 실질을 반영하여 현금기준에 따라 수익을 인식한다.

④ 용역제공거래에서 이미 발생한 원가와 그 거래를 완료하기 위해 추가로 발생할 것으로 추정되는 원가의 합계액이 해당 용역거래의 총수익을 초과하는 경우에는 그 초과액에서 이미 인식한 이익을 차감한 잔액을 당기손실로 인식한다.

> [해설] ② 소유에 따른 유의적인 위험과 보상의 이전은 항상 법적 소유권의 이전이나 재화의 물리적 이전과 동시에 이루어진다. 하지만 경우에 따라서는 다를 수 있다.
> ③ 로열티수익은 관련된 약정의 실질에 따라 발생기준 인식한다.
> ④ 용역제공거래에서 이미 발생한 원가와 그 거래를 완료하기 위해 추가로 발생할 것으로 추정되는 원가의 합계액이 해당 용역거래의 총수익을 초과하는 경우에는 그 초과액에서 이미 인식한 이익을 가산한 잔액을 당기손실로 인식한다.

정답	09 ①

16

현금흐름표

제1절
현금흐름표 개념

01 ❘ 현금흐름표의 의의

일정기간 동안 기업의 현금유입액과 현금유출액에 대한 정보를 제공하는 재무제표이다. 발생기준에 기초하여 작성된 재무상태표 및 포괄손익계산서를 보완하여 미래 현금흐름 예측에 도움을 주는 역할을 한다.

1. 현금및현금성자산의 범위

동전뿐만 아니라, 이들과 마찬가지로 교환의 매개로 사용될 수 있는 통화대용증권도 현금의 범위에 포함된다.

① 통화대용증권 : 언제라도 현금으로 바꾸어 쓸 수 있는 것
② 통화대용증권의 예

- 자기앞수표
- 송금수표
- 만기가 된 공사채의 이자표
- 타인발행수표
- 여행자수표
- 일람출금조건의 받을어음
- 우편환증서

01 (주)서울은 D상사에 상품 1,000,000원을 판매하고, 대금을 다음과 같이 받았다. 현금으로
계상할 금액은 얼마인가?

지　폐	300,000원	자기앞수표	500,000원
D상사발행수표	150,000원	우편환증서	50,000원

[풀이]

현　금 ＝ ____지　폐____ ＋자기앞수표 ＋타인발행수표 ＋우편환증서
　　 ＝　300,000원　 ＋ 500,000원　 ＋ 150,000원　 ＋ 50,000원
　　 ＝　1,000,000원

2. 현금흐름표의 기본요소

(1) 영업활동으로 인한 현금흐름

영업활동으로 인한 현금흐름이란 제품의 생산과 판매활동, 상품과 용역의 구매와 판매활동 및 관리활동 등 자체적인 영업활동과 관련한 현금흐름으로 투자 및 재무활동 이외의 현금흐름을 말한다.

(2) 투자활동으로 인한 현금흐름

투자활동으로 인한 현금흐름이란 투자부동산, 비유동자산에 속하는 지분증권, 유형자산 및 무형자산의 취득과 처분활동 및 미래 영업현금흐름을 창출한 자원의 확보와 처분에 관련된 현금흐름을 말한다.

(3) 재무활동으로 인한 현금흐름

재무활동으로 인한 현금흐름이란 현금의 차입과 상환, 신주발행과 배당금의 지급 등과 관련한 현금흐름을 말한다.

02 ㅣ 현금흐름표의 유용성

① 현금흐름표는 다른 재무제표와 같이 사용되는 경우 순자산의 변화, 재무구조(유동 성과 지급능력 포함), 그리고 변화하는 상황과 기회에 적응하기 위하여 현금흐름 의 금액과 시기를 조절하는 능력을 평가하는 데 유용한 정보를 제공한다.
② 현금흐름정보는 영업성과에 대한 기업간의 비교가능성을 제고한다.
③ 역사적 현금흐름정보는 미래현금흐름의 금액, 시기 및 확실성에 대한 지표로 자주 사용한다.

✎ **참고: 용어정리**

① 현금 : 보유현금과 요구불예금
② 현금성자산 : 유동성이 매우 높은 단기 투자자산으로서 확정된 금액의 현금으로 전환이 용이하 고 가치변동의 위험이 경미한 자산
③ 현금흐름 : 현금및현금성자산의 유입과 유출
④ 영업활동 : 기업의 주요 수익창출활동, 그리고 투자활동이나 재무활동이 아닌 기타의 활동
⑤ 투자활동 : 장기성 자산 및 현금성자산에 속하지 않는 기타투자자산의 취득과 처분
⑥ 재무활동 : 기업의 납입자본과 차입금의 크기 및 구성내용에 변동을 가져오는 활동

✔ **거래의 분류**

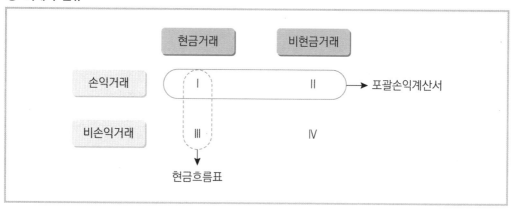

✅ 현금흐름표의 형식

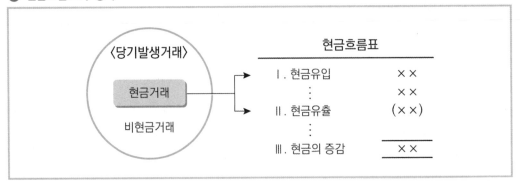

✅ 현금흐름표의 형식

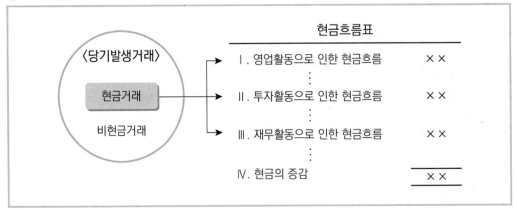

현금흐름표

Ⅰ. 영업활동으로 인한 현금흐름	××××
Ⅱ. 투자활동으로 인한 현금흐름	××××
Ⅲ. 재무활동으로 인한 현금흐름	××××
Ⅳ. 현금의 증가(감소) (Ⅰ+Ⅱ+Ⅲ)	××××
Ⅴ. 기초의 현금	××××
Ⅵ. 외화표시 현금의 환율변동효과	××××
Ⅶ. 기말의 현금	××××

제2절
현금흐름 유형의 구분과 범위

1. 영업활동으로 인한 현금흐름

① 재화의 판매와 용역 제공에 따른 현금유입
② 로열티, 수수료, 중개료 및 기타수익에 따른 현금유입
③ 재화와 용역의 구입에 따른 현금유출
④ 종업원과 관련하여 직·간접으로 발생하는 현금유출
⑤ 보험회사의 경우 수입보험료, 보험금, 연금 및 기타 급부금과 관련된 현금유입과 현금유출
⑥ 법인세의 납부 또는 환급. 다만 재무활동과 투자활동에 명백히 관련되는 것은 제외한다.
⑦ 단기매매목적으로 보유하는 계약에서 발생하는 현금유입과 현금유출

2. 투자활동으로 인한 현금흐름

투자활동 현금흐름은 미래수익과 미래현금흐름을 창출할 자원의 확보를 위하여 지출된 정도를 나타내기 때문에 현금흐름을 별도로 구분하여 공시하는 것이 중요하다. 재무상태표에 자산으로 인식되는 지출만이 투자활동으로 분류하기에 적합하다.

투자활동 현금흐름의 예는 다음과 같다.

① 유형자산, 무형자산 및 기타 장기성 자산의 취득에 따른 현금유출. 이 경우 현금유출에는 자본화된 개발원가와 자가건설 유형자산에 관련된 지출이 포함된다.
② 유형자산, 무형자산 및 기타 장기성 자산의 처분에 따른 현금유입
③ 다른 기업의 지분상품이나 채무상품 및 조인트벤처 투자지분의 취득에 따른 현금유출(현금성자산으로 간주되는 상품이나 단기매매목적으로 보유하는 상품의 취득에 따른 유출액은 제외)
④ 다른 기업의 지분상품이나 채무상품 및 조인트벤처 투자지분의 처분에 따른 현금유입(현금성자산으로 간주되는 상품이나 단기매매목적으로 보유하는 상품의 처분에 따른 유입액은 제외)

⑤ 제3자에 대한 선급금 및 대여금(금융회사의 현금 선지급과 대출채권은 제외)
⑥ 제3자에 대한 선급금 및 대여금의 회수에 따른 현금유입(금융회사의 현금 선지급과 대출채권은 제외)
⑦ 선물계약, 선도계약, 옵션계약 및 스왑계약에 따른 현금유출(단기매매목적으로 계약을 보유하거나 현금유출이 재무활동으로 분류되는 경우는 제외)
⑧ 선물계약, 선도계약, 옵션계약 및 스왑계약에 따른 현금유입(단기매매목적으로 계약을 보유하거나 현금유입이 재무활동으로 분류되는 경우는 제외)

3. 재무활동으로 인한 현금흐름

재무활동 현금흐름은 미래현금흐름에 대한 자본 제공자의 청구권을 예측하는 데 유용하기 때문에 현금흐름을 별도로 구분 공시하는 것이 중요하다. 재무활동 현금흐름의 예는 다음과 같다.

① 주식이나 기타 지분상품의 발행에 따른 현금유입
② 주식의 취득이나 상환에 따른 소유주에 대한 현금유출
③ 담보·무담보부사채 및 어음의 발행과 기타 장·단기차입에 따른 현금유입
④ 차입금의 상환에 따른 현금유출
⑤ 리스이용자의 금융리스부채 상환에 따른 현금유출

4. 활동구분에서 주의해야 할 항목

(1) 이자와 배당금 항목

• 이자지급, 이자수입, 배당금수익 : 영업활동으로 분류. 대체적인 방법으로 재무활동 또는 투자활동으로 분류 가능하다.
• 배당금 지급 : 재무활동으로 분류. 대체적인 방법으로 영업활동으로 분류 가능하다.
• 법인세 : 재무활동과 투자활동에 명백히 관련되지 않는 한 영업활동 현금흐름으로 분류한다.

5. 비현금거래(현금 유입과 유출이 없는 거래) : 주석공시

비현금거래는 현금흐름표에서 제외하고, 주석으로 공시한다.

(1) 현물출자로 인한 유형자산 취득

주식을 교부하여 유형자산을 취득한 결과 자본금의 증가를 초래한 경우, 이는 현금의 유입과 유출 없이 유형자산을 취득하게 되므로, 현금자금에 영향을 주지 않고 유형자산의 증가를 가져오는 거래가 된다.

(2) 유형자산의 연불구입

이 경우 유형자산의 증가와 더불어 장기부채가 증가하게 되므로 현금의 유입과 유출 없이 유형자산의 증가를 가져오는 거래가 된다.

(3) 무상증자

무상증자는 자본잉여금이나 이익잉여금 중 배당이 불가능한 법정적립금이 자본금에 전입되는 거래이므로 현금의 유입과 유출이 없이 자본금이 증가되는 거래가 된다.

(4) 주식배당

무상증자의 경우와 마찬가지로 단순히 이익잉여금 중 일부가 자본금에 전입되는 거래이므로 현금의 유입과 유출이 없이 자본금이 증가된다.

참고 : 현금흐름의 구분

영업활동 현금흐름	
현금유입 : 1. 제품 등의 판매(매출채권 회수 포함) 2. 이자수익 및 배당금수익*	현금유출 : 1. 상품 등의 구입(매입채무 결제 포함) 2. 용역공급자와 종업원에 대한 지출 3. 이자비용,** 법인세비용*** 등

  * 투자활동으로 구분가능
 ** 재무활동으로 구분가능
*** 투자활동 또는 재무활동에 기인한 법인세는 투자활동 또는 재무활동으로 구분

투자활동 현금흐름	
현금유익 : 1. 대여금의 회수* 2. 유가증권**의 처분 3. 장기성자산의 처분	현금유출 : 1. 대여금의 대여* 2. 유가증권**의 취득 3. 장기성자산의 취득

  * 금융회사의 경우는 영업활동으로 구분
 ** 현금성자산(현금으로 취급)과 단기매매금융자산(영업활동으로 구분)은 제외

재무활동 현금흐름	
현금유입 : 1. 현금의 차입(어음 · 사채의 발행 등 포함) 2. 주식의 발행	현금유출 : 1. 차입금의 상환 2. 유상감자 및 자기주식의 취득 3. 배당금 지급*

  * 영업활동으로 구분가능

제3절

현금흐름표의 작성

1. 영업활동으로 인한 현금흐름

직접법	간접법
Ⅰ. 영업활동으로 인한 현금흐름 　가. 매출 등 수익활동으로부터의 유입액 　나. 매입 및 제품 생산과 관련된 유출액 　다. 판매비와관리비 유출액 　라. 이자수익 유입액 　마. 배당금수익 유입액 　바. 이자비용 유출액 　사. 법인세비용 유출액	Ⅰ. 영업활동으로 인한 현금흐름 　가. 당기순이익 　나. 현금의 유출이 없는 비용 등의 가산 　다. 현금의 유입이 없는 수익 등의 차감 　라. 영업활동으로 인한 자산·부채의 변동

2. 간접법

(1) 현금유출입이 없는 손익의 조정

당기순이익 가산 조정	당기순이익 차감 조정
감가상각비, 이자비용에 포함되어 있는 사채할인발행차금(현재가치할인차금)상각, 손상차손, 지분법손실, 외화환산손실 등	이자수익에 포함되어 있는 현재가치할인차금상각, 손상차손환입, 지분법이익, 외화환산이익 등

(2) 영업활동 무관 당기순이익 조정

당기순이익 가산 조정	당기순이익 차감 조정
자산의 처분손실, 사채상환손실 등	자산의 처분이익, 사채상환이익 등

(3) 영업관련 자산, 부채의 변동

영업활동 관련 재무상태표 과목	당기순이익의 조정방법
〈자산〉 매출채권(대손충당금 차감후 순액), 재고자산, 미수수익, 선급비용, 이연법인세자산 등	자산의 순증가 → 당기순이익에서 차감 자산의 순감소 → 당기순이익에 가산
〈부채〉 매입채무, 미지급비용, 미지급법인세, 이연법인세부채, 충당부채 등	부채의 순증가 → 당기순이익에 가산 부채의 순감소 → 당기순이익에서 차감

✏️ 실습예제

01 다음은 (주)서울의 요약포괄손익계산서와 12월 31일 현재의 요약재무상태표이다. 이를 이용하여 간접법과 직접법에 의한 현금흐름표를 작성하라.

포괄손익계산서

(주)서울   2020.01.01부터 2020.12.31까지   (단위 : 천원)

매출액		6,583,000
판매비와 관리비(감가상각비제외)	4,920,000	
감가상각비	880,000	5,800,000
법인세차감전순이익		783,000
법인세비용		353,000
당기순이익		430,000

기계를 현금 270,000,000원 받고 처분하였는데, 판매비와 관리비에는 기계의 처분으로 인한 손실24,000,000원이 포함되어 있다. 이 기계는 750,000,000원으로 구입하였다. (주)서울의 12월 31일자 비교재무상태표에는 다음과 같은 잔액이 보고되어 있다.

	2020년	2019년
현 금	672,000,000원	130,000,000원
매출채권	775,000,000	610,000,000
재고자산	834,000,000	867,000,000
매입채무	521,000,000	501,000,000

법인세비용 353,000,000원은 2020년에 지급한 금액이다. 2020년에 지급한 배당금은 합계 200,000,000원이었다.

[풀이]

현금흐름표(간접법)

(주)서울	2020.01.01부터 2020.12.31까지		(단위 : 천원)
Ⅰ. 영업활동으로 인한 현금흐름			
1. 당기순이익			430,000
2. 현금의 지출이 없는 비용의 가산			
감가상각비		880,000	
기계처분손실		24,000	904,000
3. 현금의 수입이 없는 수익의 차감			0
4. 영업활동으로 인한 자산과 부채의 변동			
매출채권의 증가		(165,000)	
재고자산의 감소		33,000	
매입채무의 증가		20,000	(110,000)
Ⅱ. 투자활동으로 인한 현금흐름			
1. 투자활동으로 인한 현금유입액			
기계의 처분		270,000	
2. 투자활동으로 인한 현금유출액			
기계의 구입		(750,000)	(480,000)
Ⅲ. 재무활동으로 인한 현금흐름			
1. 재무활동으로 인한 현금유입액		0	
2. 재무활동으로 인한 현금유출액			
배당금의 지급		(200,000)	(200,000)
Ⅳ. 현금의 증가			542,000
Ⅴ. 기초의 현금			130,000
Ⅵ. 기말의 현금			672,000

현금흐름표(직접법)

(주)서울   2020.01.01부터 2020.12.31까지   (단위 : 천원)

Ⅰ. 영업활동으로 인한 현금흐름		
1. 매출로부터의 유입액	6,418,000	
2. 판매비와 관리비의 지급	(4,843,000)	
3. 법인세의 지급	353,000	1,222,000
Ⅱ. 투자활동으로 인한 현금흐름		
1. 투자활동으로 인한 현금유입액		
기계의 처분	270,000	
2. 투자활동으로 인한 현금유출액		
기계의 구입	(750,000)	(480,000)
Ⅲ. 재무활동으로 인한 현금흐름		
1. 재무활동으로 인한 현금유입액	0	
2. 재무활동으로 인한 현금유출액		
배당금의 지급	(200,000)	(200,000)
Ⅳ. 현금의 증가		542,000
Ⅴ. 기초의 현금		130,000
Ⅵ. 기말의 현금		672,000

직접법의 계산

* 매출로부터의 유입액 계산:

포괄손익계산서의 매출액	6,583,000,000원
(−)매출채권의 증가	(165,000,000)
	6,418,000,000원

** 판매비와 관리비에 대한 현금지급액 계산:

포괄손익계산서의 판매비와 관리비	4,920,000,000원
(−)기계처분손실	(24,000,000)
(−)재고자산의 감소	(33,000,000)
(−)매입채무의 감소	(20,000,000)
	4,843,000,000원

제4절
현금흐름표의 유용성 및 한계점

1. 현금흐름표의 유용성

현금흐름표는 다른 재무제표와 같이 사용되는 경우 순자산의 변화, 재무구조(유동성 및 지급능력 포함), 그리고 변화하는 상황과 기회에 적응하기 위하여 현금흐름의 금액과 시기를 조절하는 능력을 평가하는 데 유용한 정보를 제공하며, 서로 다른 기업의 미래현금흐름의 현재가치를 비교·평가하는 모형을 개발할 뿐 아니라, 동일한 거래와 사건에 대하여 서로 다른 회계처리를 적용함에 따라 발행하는 영향을 제거하기 때문에 영업성과에 대한 기업간의 비교가능성을 제고시킨다.

또한 현금흐름표는 영업활동, 투자활동 및 재무활동에 관한 정보도 제공함으로써 다음과 같은 구체적 정보를 제공한다.

① 미래현금흐름에 대한 정보의 제공
② 이익의 질에 대한 정보의 제공
③ 현금흐름 조절능력평가를 위한 정보의 제공
④ 비교가능성 제고를 위한 정보의 제공
⑤ 예측한 미래현금흐름에 대한 피드백 정보의 제공

2. 현금흐름표의 한계점

현금흐름표가 재무상태표나 손익계산서보다 절대적으로 나은 정보를 제공하는 것이 아니라 재무상태표와 손익계산서가 제공하지 못하는 정보를 추가적으로 제공함으로써 보완적인 기능을 갖는다는 것에 유의할 필요가 있다. 특히 다음의 개념정의가 한계점이다.

01 현금흐름표의 작성의 목적이 아닌 것은?

① 미래현금흐름의 창출에 관한 기능능력의 평가

② 채무상환, 배당금 지급 및 외부자금의 조달에 관한 기업의 능력 평가

③ 당기순이익과 이에 관련된 순현금흐름과의 차이에 대한 원인의 평가

④ 일정기간 동안의 기업의 지분변동을 보고하기 위하여

> 해설 일정기간 동안의 기업의 지분변동을 보고하는 것은 자본변동표이다. 현금흐름표작성의 목적은 네 가지이
> 다. 미래현금흐름의 예측 및 평가와 배당지급능력, 부채상환능력, 그리고 외부금융의 필요성 평가, 당기
> 순이익과 관련된 현금유입·유출 간 차이의 발생원인을 평가, 현금 또는 비현금 투자활동과 재무활동이
> 기업의 재무상태에 미친 영향을 평가가 있다.

02 현금흐름표의 작성원리에 관한 설명 중 옳은 것은 ?

① 영업활동으로 인한 현금유입에는 매출활동에 따른 외상매출금 회수를 포함한 현금
유입이 포함된다.

② 사채발행 또는 주식발행으로 인한 현금유입시에는 액면가액을 제시한다.

③ 투자활동으로 인한 현금유입에는 대여금의 회수, 단기매매금융자산의 처분, 재고
자산의 감소 등이 포함된다.

④ 재무활동으로 인한 현금유출에는 배당금수익, 유상감자, 자기주식의 취득, 차입금
의 상환 등이 포함된다.

> 해설 배당금의 수익은 영업활동이며, 사채발행과 주식발행의 현금유입은 발행가액을 기재하며, 재고자산의 감
> 소는 영업활동의 현금흐름이다.

03 회계상 현금이 아닌 것은?

① 약속어음 　　　　　　　　　② 우편환증서

③ 일람출급조건의 받을어음 　　④ 당좌수표

> 해설 일람출급어음은 어음지급제시 즉시 현금화가 되므로 일람출급조건의 받을어음은 현금으로 취급한다.

정답　　01 ④　02 ①　03 ①

04 영업활동으로 인한 현금흐름과 관련 없는 것은?

① 재화의 판매와 용역 제공에 따른 현금유입

② 법인세의 납부 또는 환급과 사채상환

③ 종업원과 관련하여 직·간접으로 발생하는 현금유입

④ 로열티, 수수료, 중개료 및 기타수익에 따른 현금유입

해설 법인세의 납부 또는 환급은 영업활동으로 분류한다. 다만 재무활동과 투자활동에 명백히 관련되는 것은 제외한다. 사채상환은 재무활동이다.

05 재무활동으로 인한 현금흐름에 포함될 사항이 아닌 것은?

① 자기사채의 취득

② 주식의 발행 및 자기주식의 취득

③ 유형자산 취득에 따른 미지급금의 지급

④ 은행이 요구하는 경우 즉시 상환하여야 하는 당좌차월의 증가

해설 은행 차입은 일반적으로 재무활동으로 간주된다. 그러나 K-IFRS에서는 금융회사의 요구에 따라 즉시 상환하여야 하는 당좌차월은 기업의 현금관리의 일부를 구성하며 당좌차월은 현금및현금성자산의 구성 요소에 포함된다. 현금및현금성자산을 구성하는 항목 간 이동은 영업활동, 투자활동 및 재무활동의 일부 가 아닌 현금관리의 일부이므로 이러한 항목간의 변동은 현금흐름에서 제외한다.

06 투자활동으로 인한 현금흐름과 관련이 없는 것은?

① 단기대여금의 회수   ② 배당금의 지급

③ 토지매각에 따른 법인세의 납부   ④ 투자주식의 취득

해설 배당금은 재무활동 또는 영업활동으로 분류한다.

07 영업활동으로 인한 현금흐름으로 분류될 수 없는 것은?

① 이자수익의 수령   ② 차입금 상환

③ 매출채권의 회수   ④ 배당금 수령

해설 차입금 상환은 재무활동으로 인한 현금유출이다.

정답   04 ②   05 ④   06 ②   07 ②

08 현금흐름표는 회계기간 동안 발생한 현금흐름을 영업활동, 투자활동 및 재무활동으로 분류하여 보고한다. 다음 중 현금흐름의 분류가 다른 것은?

① 판매목적으로 보유하는 재고자산을 제조하거나 취득하기 위한 현금유출
② 보험회사의 경우 보험금과 관련된 현금유출
③ 기업이 보유한 특허권을 일정기간 사용하도록 하고 받은 수수료 관련 현금유입
④ 리스이용자의 금융리스부채 상환에 따른 현금유출

> 해설 리스이용자의 금융리스부채 상환에 따른 현금유출은 재무활동 현금흐름이다. 나머지는 영업활동현금흐름이다.

09 K-IFRS 제1007호 현금흐름표의 내용 중 이자와 배당금 및 법인세와 관련된 현금흐름과 공시방법 중 올바르지 않은 것은?

① 비금융회사의 경우 이자지급, 배당금수입은 투자활동과 재무활동이다.
② 법인세로 인한 현금흐름은 재무활동과 투자활동에 명백히 관련되지 않는 한 영업활동현금흐름이다.
③ 금융회사의 경우 이자지급, 이자수입 및 배당금수입은 일반적으로 영업활동 현금흐름이다.
④ 이자와 배당금의 수취 및 지급과 법인세로 인한 현금흐름은 현금흐름표에 각각 별도로 공시한다.

> 해설 금융회사의 경우 이자지급, 이자수입 및 배당금수입은 일반적으로 영업활동 현금흐름으로 분류한다. 그러나 다른 업종의 경우 이러한 현금흐름의 분류방법에 대하여 합의가 이루어져 있지 않다.

10 K-IFRS 제1007호 현금흐름표 작성방법 중 간접법으로 작성하는 것과 관련하여 맞는 것은?

① 영업활동 현금흐름을 계산할 때 지분법손실은 법인세차감전이익에서 가산한다.
② 영업활동 현금흐름을 계산할 때 매도가능금융자산평가이익은 법인세차감전이익에서 차감한다.
③ 영업활동 현금흐름을 계산할 때 사채할인발행차금의 상각액은 법인세차감전이익에서 차감한다.
④ 영업활동 현금흐름을 계산할 때 배당건설이자상각액은 법인세차감전이익에 가산한다.

정답   08 ④   09 ①   10 ①

해설 기타포괄손익항목은 영업활동이 아니며 이익에 포함되지 않으므로 조정이 필요없다. 사채할인발행차금상
각에 대한 이자비용은 영업활동이 아닌데 차감하였으므로 가산한다. 배당건설이자상각은 영업활동이 아
니며, 이익계산시 포함되어 있지 않으므로 조정할 필요가 없다.

11 K-IFRS 제1007호 현금흐름표 작성에 있어 손익계산서와 현금흐름표간의 차이를 발생시
키는 것들이다. 이중 손익계산서상의 당기순이익에 비해 영업활동으로 인한 현금흐름의 증
가를 가져오는 것들은?

a. 매출채권의 증가(기초에 비해 기말잔액의 증가)	d. 감가상각비의 계상
b. 선수금의 증가	e. 단기매매증권평가이익의 계상
c. 매입채무의 증가(기초잔액에 비해 기말잔액의 증가)	f. 배당금의 지급

① b,c,d   ② a,b,c

③ d,e,f   ④ c,d,e

해설 매출채권의 증가는 당기순이익에서 차감, 매입채무의 증가는 당기순이익에 가산, 선수금의 증가는 당기
순이익에 가산, 감가상각비의 계상은 당기순이익에 가산, 단기매매증권평가이익은 당기순이익에서 차감,
배당금지급은 재무활동으로 인한 현금유출이다.

12 K-IFRS 제1007호 현금흐름표 작성에 있어 현금흐름의 표시방법으로 직접법과 간접법이
있다. 이에 대한 설명으로 틀린 것은 어느 것인가?

① 직접법은 영업활동에 관련한 개별항목별로 현금유입액과 현금유출액을 직접 표시
하므로 현금흐름표의 기본목적에 가장 충실한 방법이다.

② 간접법은 일반의 회계실무에서 사용되는 회계시스템으로는 자료를 수집하는 데 많
은 노력과 비용이 든다.

③ 직접법은 기업의 기밀에 속할 수 있는 세부항목별로 현금흐름의 내용이 노출될 위
험이 있다.

④ 간접법은 당기순이익과 영업활동으로 인한 현금흐름의 차이를 명확히 밝혀준다.
이러한 차이는 현금흐름표와 손익계산서, 대차대조표 사이의 연결고리 역할을 한다.

해설 회계실무에서는 외상매출과 현금매출 등으로 따로 분리하여 기록하지 않으므로 직접법으로 작성하려면
자료를 수집하고 정리하는 데 많은 노력과 비용이 든다.

정답   11 ①   12 ②

13 대한회사의 2020년도 당기순이익 ₩300,000이다. 이와 관련된 자료는 다음과 같다. 이 회사의 2020년도 영업활동으로 인한 현금흐름은 얼마인가? 다만, 배당금지급은 재무활동으로 분류한다.

매도가능금융자산평가이익	₩20,000	감가상각비	₩30,000
순매출채권감소	30,000	매입채무감소	20,000
유형자산처분이익	30,000	배당금지급	50,000
사채상환	100,000	기계구입	20,000
대손상각비(매출채권 관련) ₩50,000			

① ₩290,000　　　　　　② ₩300,000

③ ₩310,000　　　　　　④ ₩360,000

> **해설** 매출채권 관련 대손상각비는 비현금항목에서 고려하지 아니함(이미 매출채권에서 고려됨).
> 당기순이익 300,000
> 영업관련자산의 증감 : 30,000(순매출채권감소) − 20,000(매입채무감소) = +10,000
> 비교현금항목 : 감가상각비 = +30,000
> 비영업활동 : −유형자산처분이익 = −30,000
> 영업활동으로 인한 현금흐름 : 300,000 + 10,000 + 30,000 − 30,000 = 310,000

14 건물임대업을 영위하고 있는 갑회사의 2020년도 발생주의 손익계산서에는 임대료수익 ₩200,000,000, 이자비용 ₩50,000,000, 급여 ₩100,000,000이 발생하였으며, 2020년도 비교 재무상태표에는 다음과 같은 발생주의 항목이 계상되어 있다. 2020년도 갑회사의 현금주의 당기순이익(순현금흐름)은 얼마인가?

	2020년 초	2020년 말
선수임대료	₩0	₩13,000,000
미지급이자	12,000,000	0
미지급급여	10,000,000	5,000,000

① ₩46,000,000　　　　　② ₩50,000,000

③ ₩54,000,000　　　　　④ ₩60,000,000

해설 부채의 감소는 현금흐름의 유출임

당기순이익 : 200,000,000 − 50,000,000 − 100,000,000=50,000,000

영업관련자산/부채의 증감 : 13,000,000(선수임대료증가) − 12,000,000(미지급이자의 감소 − 5,000,000

(미지급급여의 감소)= − 4,000,000

현금주의 당기순이익 : 50,000,000 − 4,000,000 = 46,000,000

---

15 (주)병우는 2020년 동안 ₩100,000의 당기순이익을 보고하였다. 다음의 자료를 이용하여 영업활동으로 인한 현금흐름을 계산하면 얼마인가?

감가상각비	₩20,000	사채할인발행차금상각	₩5,000
산업재산권상각비	8,000	대손상각비(장기대여금관련)	30,000
재고자산평가손실	10,000	단기매매금융자산평가이익	10,000

① ₩133,000　　　　　　　　　② ₩143,000

③ ₩153,000　　　　　　　　　④ ₩163,000

해설 재고자산평가손실은 고려하지 아니함(이미 재고자산의 증감액에 반영되었기 때문임)

당기순이익 : 100,000

비현금항목 : 20,000 + 5,000　+ 8,000　+ 30,000 − 10,000 = 53,000

영업활동으로 인한 현금흐름 : 100,000 + 53,000 = 153,000

---

16 현금흐름표에 표시될 투자활동으로 인한 현금유출액은?

재고자산의 증가	₩150,000	장기성예금의 가입	₩150,000
공업소유권의 취득	30,000	종업원에 대한 단기대여	50,000
단기매매금융자산의 취득	280,000	자기주식의 취득	180,000
연구개발비의 지출	100,000		

① ₩610,000　　　　　　　　　② ₩330,000

③ ₩280,000　　　　　　　　　④ ₩180,000

해설 단기매매금융자산과 재고자산은 영업활동, 자기주식의 취득은 재무활동임.

투자활동으로 인한 현금흐름유출 : 150,000 + 30,000 + 50,000 + 100,000=330,000

정답　　　15 ③　　16 ②

연결재무제표와
별도재무제표

제1절
연결재무제표와 별도재무제표

01 ㅣ 연결재무제표 적용범위

① 지배기업과 그 기업이 지배하고 있는 기업들로 구성된 연결실체의 연결재무제표 작성과 표시에 적용한다.

② 사업결합에서 생기는 영업권을 포함한 사업결합에 관한 회계처리와 그 회계처리가 연결재무제표에 미치는 효과에 대하여는 기준서에서 규정하지 아니한다.

③ 관련 법규에서 별도재무제표를 제공하도록 규정하거나 기업이 별도재무제표를 제공하기로 결정한 경우에 종속기업, 공동지배기업 및 관계기업 투자에 대한 회계처리에도 이 기준서를 적용한다.

02 ㅣ 연결·별도재무제표 용어의 정의

① 별도재무제표

지배기업, 관계기업의 투자자 또는 공동지배기업의 참여자가 투자자산을 피투자자의 보고된 성과와 순자산에 근거하지 않고 직접적인 지분투자에 근거한 회계처리로 표시한 재무제표[8]이다.

---

8) 별도재무제표는 연결재무제표에 추가하여 작성하고 표시하는 재무제표이다. 별도재무제표는 연결재무제표에 반드시 첨부되거나 연결재무제표와 동반되어야 할 필요는 없다.

② 비지배지분

종속기업의 지분 중 지배기업에게 직접으로 또는 간접으로 귀속되지 않는 지분이다.

③ 연결실체

지배기업과 그 지배기업의 모든 종속기업이다.

④ 연결재무제표

단일 경제적 실체의 재무제표로 표시되는 연결실체의 재무제표이다.

⑤ 종속기업

다른 기업(지배기업)의 지배를 받고 있는 기업. 파트너십과 같은 법인격 없는 실체도 포함된다.

⑥ 지배기업

하나 이상의 종속기업을 가지고 있는 기업이다.

⑦ 지배력

경제활동에서 효익을 얻기 위하여 재무정책과 영업정책을 결정할 수 있는 능력이다.

제2절
연결재무제표의 작성과 범위

01 ㅣ 연결재무제표 작성의무자

지배기업(문단 10에서 정한 조건을 충족하는 지배기업 제외)은 이 기준서에 따라 종속기업 투자를 연결한 연결재무제표를 작성한다.

02 ㅣ 연결재무제표 작성의무가 면제되는 지배기업

① 지배기업이 그 자체의 지분 전부를 소유하고 있는 다른 기업의 종속기업이거나, 지배기업이 그 자체의 지분 일부를 소유하고 있는 다른 기업의 종속기업이면서 그 지배기업이 연결재무제표를 작성하지 않는다는 사실을 그 지배기업의 다른 소유주들(의결권이 없는 소유주 포함)에게 알리고 그 다른 소유주들이 그것을 반대하지 않는 경우이다.

② 지배기업의 채무상품 또는 지분상품이 공개된 시장(국내·외 증권거래소나 장외시장. 지역시장 포함)에서 거래되지 않는 경우이다.

③ 지배기업이 공개된 시장에서 증권을 발행할 목적으로 증권감독기구나 그 밖의 감독기관에 재무제표를 제출한 적이 없으며 제출하는 과정에 있지도 않은 경우이다.

④ 지배기업의 최상위 지배기업이나 중간 지배기업이 한국채택국제회계기준을 적용하여 일반 목적으로 이용가능한 연결재무제표를 작성한 경우이다.

03 ┃ 연결재무제표의 범위

연결재무제표는 지배기업의 모든 종속기업을 포함하여야 한다.[1] 연결재무제표를 작성하지 않고 별도재무제표만을 작성하기로 선택한 지배기업은 문단 38~43을 적용하여 별도재무제표만을 작성한다.

04 ┃ 기업지배력의 판단기준

지배기업이 직접으로 또는 종속기업을 통하여 간접으로 기업 의결권의 과반수를 소유하는 경우에는 지배기업이 그 기업을 지배한다고 본다. 다만 그러한 소유권이 지배력을 의미하지 않는다는 것을 명확하게 제시할 수 있는 예외적인 경우는 제외한다.

다음의 경우에는 지배기업이 다른 기업 의결권의 절반 또는 그 미만을 소유하더라도 지배한다고 본다.[2]

① 다른 투자자와의 약정으로 과반수의 의결권을 행사할 수 있는 능력이 있는 경우
② 법규나 약정에 따라 기업의 재무정책과 영업정책을 결정할 수 있는 능력이 있는 경우
③ 이사회나 이에 준하는 의사결정기구가 기업을 지배한다면, 그 이사회나 이에 준하는 의사결정기구 구성원의 과반수를 임명하거나 해임할 수 있는 능력이 있는 경우
④ 이사회나 이에 준하는 의사결정기구가 기업을 지배한다면, 그 이사회나 이에 준하는 의사결정기구의 의사결정에서 과반수의 의결권을 행사할 수 있는 능력이 있는 경우

---

1) 종속기업의 취득이 기업회계기준서 제1105호 '매각예정비유동자산과 중단영업'에 따라 매각예정으로 분류되는 조건을 충족시키는 경우에는 그 기준서에 따라 회계처리 한다.

2) 기업회계기준해석서 제2012호 '연결: 특수목적기업' 참조

05 ㅣ 잠재적 보통주와 지배력의 관계

기업이 다른 기업의 재무정책과 영업정책을 결정할 수 있는 능력이 있는지 여부를 평가할 때에는, 다른 기업이 보유한 잠재적 의결권을 포함하여 현재 행사할 수 있거나 전환할 수 있는 잠재적 의결권의 존재와 영향을 고려하여야 한다.

06 ㅣ 지배기업의 사업과 종속기업의 사업이 다른 경우

연결실체 내의 다른 기업들과 사업의 종류가 다르다는 이유로 종속기업을 연결대상에서 제외하지 아니한다.

제3절

연결재무제표의 작성 절차

01 Ⅰ 종속기업의 재무제표

1. 종속기업의 재무제표

동일한 보고기간종료일에 작성된 지배기업의 재무제표와 종속기업의 재무제표를 사용하여 연결재무제표를 작성한다. 지배기업의 보고기간종료일과 종속기업의 보고기간종료일이 다른 경우, 종속기업은 실무적으로 적용할 수 없지 않다면 연결재무제표를 작성하기 위하여 지배기업의 재무제표와 동일한 보고기간종료일의 재무제표를 추가로 작성한다.

2. 지배기업과 종속기업의 회계정책

유사한 상황에서 발생한 동일한 거래와 사건에 대하여 동일한 회계정책을 적용하여 연결재무제표를 작성한다.

02 Ⅰ 연결재무제표의 작성

1. 지배기업과 종속기업의 재무제표의 합산

지배기업과 종속기업 재무제표의 자산, 부채, 자본, 수익, 비용을 같은 항목별로 합산하여 연결재무제표를 작성한다. 단일 경제적 실체의 재무정보로서 연결실체의 재무정보를 제공하기 위하여 다음의 단계에 따라 연결재무제표를 작성한다.

(1) 지배기업의 각 종속기업에 대한 투자자산의 장부금액과 각 종속기업의 자본 중 지배기업지분을 제거한다(영업권의 회계처리에 대하여는 기업회계기준서 제1103호 '사업결합' 참조).

(2) 보고기간의 연결대상 종속기업의 당기순손익 중 비지배지분을 식별한다.

(3) 연결대상 종속기업의 순자산 중 비지배지분은 지배기업의 소유지분의 순자산과 구분하여 별도로 식별한다. 비지배지분순자산은 다음과 같이 구성된다.

① 기업회계기준서 제1103호 '사업결합'에 따라 계산한 최초 사업결합 시점의 비지배지분 순자산에 해당하는 금액

② 사업결합 이후 자본의 변동분 중 비지배지분에 해당하는 금액

2. 종속기업의 수익과 비용

종속기업의 수익과 비용은 기업회계기준서 제1103호에서 정의하는 취득일부터 연결재무제표에 포함한다. 종속기업의 수익과 비용은 취득일에 지배기업의 연결재무제표에 인식된 자산과 부채의 가치에 기초한다.

3. 비지배지분의 표시방법

비지배지분은 연결재무상태표에서 자본에 포함하되 지배기업의 소유주 지분과는 구분하여 표시한다.

4. 비지배지분의 이익표시 방법

당기순손익과 기타포괄손익의 각 구성요소는 지배기업의 소유주와 비지배지분에 귀속된다. 그 결과 비지배지분이 부(−)의 잔액이 되더라도 총포괄손익은 지배기업의 소유주와 비지배지분에 귀속된다.

03 ｜ 연결재무제표 작성시의 특수상황

1. 내부거래 존재

    (1) 연결실체 내의 거래, 이와 관련된 잔액, 수익과 비용은 모두 제거한다.

    (2) 수익, 비용 및 배당을 포함하는 연결실체 내의 거래와 잔액은 모두 제거한다.

    (3) 재고자산이나 유형자산과 같이 자산에 인식되어 있는 연결실체의 내부거래에서
       발생한 손익은 모두 제거한다.

    연결실체 내의 거래에서 발생한 손실은 연결재무제표에 인식해야 하는 자산손상의
징후일 수도 있다. 연결실체 내의 거래에서 발생하는 손익의 제거로 인한 일시적 차이에
대해서는 기업회계기준서 제1012호 '법인세'를 적용한다.

2. 종속기업의 누적적 우선주 발행

    종속기업이 자본으로 분류하는 누적적 우선주를 발행하고 이를 비지배지분이 소유하
고 있는 경우, 지배기업은 배당결의 여부에 관계없이 이러한 주식의 배당금에 대하여 조
정한 후 당기순손익에 대한 자신의 지분을 산정한다.

3. 지배권 획득일 이후 지배기업의 지분변동

    지배력을 상실하지 않는 종속기업에 대한 지배기업의 소유지분 변동은 자본거래(즉
소유주로서의 자격을 행사하는 소유주와의 거래)로 회계처리한다.

제4절
기업지배력의 상실

지배기업은 절대적이거나 상대적인 소유 수준의 변동에 따라 또는 소유 수준이 변동하지 않더라도 종속기업에 대한 지배력을 상실할 수 있다. 예를 들어 종속기업이 정부, 법원, 관재인 또는 감독기구의 통제를 받게 되는 경우에 지배력을 상실할 수 있다. 또 계약상 합의로도 지배력을 상실할 수 있다.

01 ㅣ 기업지배력 상실의 회계처리[3]

(1) 지배력을 상실한 날에 종속기업의 자산(영업권 포함)과 부채의 장부금액을 제거한다.
(2) 지배력을 상실한 날에 이전의 종속기업에 대한 비지배지분이 있다면 그 장부금액을 제거한다(비지배지분에 귀속되는 기타포괄손익의 모든 구성요소를 포함).
(3) 다음을 인식한다.
   ① 지배력을 상실하게 한 거래, 사건 또는 상황에서 수취한 대가가 있다면 그 공정가치
   ② 지배력을 상실하게 한 거래에 소유주로서의 자격을 행사하는 소유주에게 종속기업에 대한 지분을 분배하는 것이 포함될 경우, 그 분배
(4) 이전의 종속기업에 대한 투자가 있다면 그 투자를 지배력을 상실한 날의 공정가치로 인식한다.

---

3) 기타포괄손익의 회계처리는 지배력 상실한 경우 지배기업이 관련 자산이나 부채를 직접 처분한 경우의 회계처리와 동일한 기준으로 회계처리한다. 그러므로 지배기업은 종속기업에 대한 지배력을 상실한 때에 그 손익을 자본에서 당기손익으로 재분류(재분류 조정)한다.

⑸ 문단 35에서 식별한 금액을 당기손익으로 재분류하거나 다른 한국채택국제회계기준서에 규정이 있는 경우 직접 이익잉여금으로 대체한다.

⑹ 회계처리에 따른 모든 차이는 손익으로서 지배기업에 귀속하는 당기손익으로 인식한다.

02 ┃ 기업지배력 상실 이후의 회계처리

지배력을 상실한 날에 이전의 종속기업에 대한 투자자산이 있는 경우 그 투자자산의 공정가치는 기업회계기준서 제1039호 '금융상품 : 인식과 측정'에 따른 금융자산의 최초 인식시의 공정가치로 간주하거나, 적절한 경우 관계기업 또는 공동지배기업에 대한 투자의 최초 인식시의 원가로 간주한다.

01 ┃ 별도재무제표에서 투자자산 회계처리

(1) 별도재무제표를 작성할 때, 종속기업, 공동지배기업 및 관계기업에 대한 투자자산
은 다음 중 ① 또는 ②를 선택하여 회계처리한다.

① 원가법

② 기업회계기준서 제1039호에 따른 방법

(2) 기업은 종속기업, 공동지배기업 또는 관계기업으로부터 배당을 받을 권리가 확정
되는 시점에 그 배당금을 별도재무제표에 당기손익으로 인식한다.

연습문제

01 다음은 연결재무제표에 대한 설명이다. 옳지 않은 것은?

① 지배기업과 종속기업을 하나의 경제적 실체로 간주하고 이들의 재무제표를 결합하여 작성한 재무제표이다.

② 연결재무제표의 작성범위에는 모든 종속기업이 포함되므로 취득시점에 매각예정으로 분류되는 종속기업도 포함시켜야 한다.

③ 연결재무제표는 한 기업이 다른 기업의 발행주식을 취득하여 법적으로는 독립성을 유지하면서 경제적으로는 경영권을 통제하여 지배·종속관계를 형성함으로써 실질적으로 단일기업과 같을 때, 이들 기업군을 단일기업으로 보고 작성된 재무제표를 말한다.

④ 연결재무제표를 작성하는 목적은 연결실체의 주주 및 채권자들에게 기업군 전체의 재무상태나 성과에 관한 정보를 제공하기 위한 것이다.

해설 연결재무제표의 작성범위에는 취득시점에 매각예정으로 분류되는 종속기업은 제외한다.

02 다음은 한국채택국제회계기준 제1027호 '연결재무제표와 별도재무제표'에서 규정하고 있는 용어에 대한 설명이다. 다음 설명 중 기준서의 내용과 일치하지 않는 것은?

① 지배기업은 둘 이상의 종속기업을 가지고 있는 기업을 말한다.

② 종속기업은 다른 기업(지배기업)의 지배를 받고 있는 기업으로 파트너십과 같은 법인격 없는 실체를 포함한다.

③ 비지배지분은 종속기업의 지분 중 지배기업에게 직접적으로 또는 간접적으로 귀속되지 않는 지분을 말한다.

④ 별도재무제표는 지배기업, 관계기업의 투자자 또는 공동지배기업의 참여자가 투자자산을 피투자자의 보고된 성과와 순자산에 근거하지 않고 직접적인 지분투자에 근거한 회계처리로 표시한 내부관리목적의 재무제표를 말한다.

해설 지배기업은 하나 이상의 종속기업을 가지고 있는 기업을 말한다.

정답 01 ② 02 ①

03 연결재무제표 작성 시 지배회사와 종속회사는 법적으로 다른 실체임에도 불구하고 지배회사는 종속회사를 포함하여 연결재무제표를 작성한다. 이러한 회계처리의 회계 이론적 개념을 무엇인가?

① 계속기업

② 발생주의

③ 수익·비용대응의 원칙

④ 기업실체

해설 지배기업과 종속기업은 연결재무보고의 기업실체이므로 기업실체이론에 근거하여 연결재무제표를 작성함

04 다음은 한국채택국제회계기준 제1027호 '연결재무제표와 별도재무제표'의 내용이다. 기준서의 내용과 일치하지 않는 것은?

① K-IFRS에서는 연결재무상태표상에 비지배지분을 부채항목으로 표시하되 지배기업의 소유주지분과는 구분하여 표시하도록 하고 있다.

② 종속기업의 주주 중 지배기업을 제외한 주주를 비지배주주(non-controlling)라 한다.

③ 비지배주주의 종속기업 순자산에 대한 청구권을 비지배지분(non-controlling interest)이라고 한다.

④ 종속기업의 주식을 종속기업의 순자산가액보다 비싸게 취득하면 영업권이 발생하고, 종속기업의 주식을 종속기업의 순자산가액보다 싸게 취득하면 염가매수차액이 발생한다.

해설 K-IFRS에서는 연결재무상태표상에 비지배지분을 자본의 구성항목으로 표시하며 지배기업의 소유주지분과는 구분하여 표시하도록 하고 있다.

05 다음은 한국채택국제회계기준 제1027호 '연결재무제표와 별도재무제표'에서 규정하고 있는 종속기업의 범위이다. 기준서의 내용과 일치하지 않는 것은?

① 기업의 유형이나 사업의 종류가 다른 기업

② 외국에 소재하는 기업과 비영리법인

③ 파트너십과 같은 법인격 없는 실체와 특수목적기업, 연구개발 활동, 금융자산의 유동화 등 특수목적으로 달성하기 위하여 설립된 기업

④ 취득시점에 매각예정으로 분류되는 종속기업

해설 연결재무제표의 작성범위에는 취득시점에 매각예정으로 분류되는 종속기업은 제외한다.

06 다음은 한국채택국제회계기준 제1027호 '연결재무제표와 별도재무제표'에서 규정하고 있는 연결재무제표의 범위와 관련된 설명이다. 다른 기업 의결권의 절반 또는 그 미만을 소유하더라도 지배한다고 가정하는 경우가 아닌 것은?

① 다른 투자자와의 약정으로 과반수의 의결권을 행사할 수 있는 능력이 있는 경우

② 법규나 약정에 따라 기업의 재무정책과 영업정책에 유의적인 영향력을 행사할 수 있는 경우

③ 이사회나 이에 준하는 의사결정기구가 기업을 지배한다면, 그 이사회나 이에 준하는 의사결정기구 구성원의 과반수를 임명하거나 해임할 수 있는 능력이 있는 경우

④ 이사회나 이에 준하는 의사결정기구가 기업을 지배한다면, 그 이사회나 이에 준하는 의사결정기구의 의사결정에서 과반수의 의결권을 행사할 수 있는 능력이 있는 경우

해설 법규나 약정에 따라 기업의 재무정책과 영업정책을 결정할 수 있는 능력이 있는 경우이다.

정답   05 ④   06 ②

07 다음은 한국채택국제회계기준 제1027호 '연결재무제표와 별도재무제표'에서 규정하고 있는 내용이다. 기준서에서 규정하고 있는 연결재무제표의 표시방법이 아닌 것은?

① 연결포괄손익계산서상의 당기순이익을 연결실체의 당기순이익으로 표시하고 그 하단에 연결실체의 당기순이익을 지배기업소유주 귀속분과 비지배지분 귀속분을 구분기재한다.

② 비지배지분은 비지배주주의 종속기업 순자산에 대한 청구권을 의미한다.

③ 연결재무상태표상 비지배지분은 종속기업의 기말 순자산가액에 비지배지분율을 곱한 금액으로 표시되어야 한다.

④ 연결재무상태표의 자본을 지배기업소유주지분과 비지배지분으로 구분하고, 지배기업소유주지분과 비지배지분은 각각 납입자본, 이익잉여금(또는 결손금) 및 기타자본요소로 구분하여 표시한다.

해설 연결재무상태표의 자본을 지배기업소유주지분과 비지배지분으로 구분하고, 지배기업소유주지분은 납입자본금, 이익잉여금(또는 결손금) 및 기타자본요소로 구분하여 표시한다.

08 다음은 한국채택국제회계기준 제1027호 '연결재무제표와 별도재무제표'에서 규정하고 있는 내용이다. 기준서의 내용과 일치하지 않는 것은?

① 모든 지배기업(최상위지배기업, 중간지배기업)은 연결재무제표를 작성하여야 한다.

② 별도재무제표는 연결재무제표를 작성한 후 추가정보로 공시할 수 있으며 의무적으로 작성해야하는 것은 아니다. 다만 연결재무제표의 작성이 면제되는 지배기업은 별도재무제표만을 작성할 수 있다.

③ 별도재무제표에서는 종속기업에 대한 투자자산을 원가법 또는 공정가치법을 적용하여 회계처리한다.

④ 지배기업의 채무상품 또는 지분상품이 공개된 시장(국내·외 증권거래소나 장외시장·지역시장 포함)에서 거래되지 않는 경우에도 연결재무제표는 반드시 작성하여야 한다.

해설 지배기업의 채무상품 또는 지분상품이 공개된 시장(국내·외 증권거래소나 장외시장·지역시장 포함)에서 거래되지 않는 경우 일정요건을 충족하면 연결재무제표를 작성하지 않을 수 있다.

정답   07 ④   08 ④

09 다음은 한국채택국제회계기준 제1027호 '연결재무제표와 별도재무제표'에서 규정하고 있는 내용에 대한 설명이다. 기준서의 내용과 일치하지 않는 것은?

① 지배기업과 종속기업의 보고기간종료일이 다른 경우에 종속기업은 연결재무제표를 작성하기 위해 지배기업의 재무제표와 동일한 보고기간종료일의 재무제표를 추가로 작성한다.

② 연결재무제표 작성시 종속기업 재무제표의 보고기간종료일이 지배기업 재무제표의 보고기간종료일과 다른 경우에는 지배기업 재무제표의 보고기간종료일과 종속기업 재무제표의 보고기간종료일 사이에 발생한 중요한 거래나 사건의 영향을 반영한다.

③ 어떠한 경우라도 종속기업의 보고기간종료일과 지배기업의 보고기간종료일의 차이는 1개월을 초과해서는 안 된다.

④ 연결실체를 구성하는 기업이 유사한 상황에서 발생한 동일한 거래와 사건에 대하여 다른 회계정책을 사용한 경우에는 그 재무제표를 적절히 수정하여 연결재무제표를 작성한다.

해설 어떠한 경우라도 종속기업의 보고기간종료일과 지배기업의 보고기간종료일의 차이는 3개월을 초과해서는 안 된다.

10 다음은 한국채택국제회계기준 연결재무제표의 유용성에 관한 설명이다. 옳지 않은 것은?

① 지배·종속 관계에 있는 계열기업군 전체의 재무상태와 성과를 알 수 있게 해준다.

② 계열기업 간의 상호출자, 내부거래, 불공정거래 등을 상계제거함으로써 별도재무제표의 왜곡을 방지한다.

③ 기업의 해외자본시장에서의 자금조달 및 자본시장의 국제화에 따른 회계정보의 국제간 비교가능성을 증진시킨다.

④ 지배기업과 종속기업 간에 회계처리방법 또는 업종이 다를 경우에는 연결재무제표의 유용성이 제고된다.

해설 지배기업과 종속기업 간에 결산일, 회계처리방법, 업종이 다를 경우에는 연결재무제표의 유용성이 떨어진다.

CHAPTER

18

회계변경과
오류수정

제1절
회계변경

회계변경이란 ① 기업이 처한 경제적, 사회적 환경의 변화 및 새로운 정보의 입수에 따라 과거에 채택한 회계처리 방법이 기업의 재무상태나 재무성과를 적정하게 표시하지 못할 경우 ② 과거의 회계처리 방법을 새로운 회계처리방법으로 변경하는 것을 말한다.

회계정보의 유용성을 제고시키기 위해서는 계속성과 통일성이 유지되어야 한다.

따라서 K-IFRS 1008호 회계정책, 회계추정의 변경 및 오류의 목적은 회계정책의 선택 및 변경에 관한 기준을 정하고 회계정책의 변경, 회계추정의 변경 및 오류수정의 회계처리 및 공시에 필요한 사항을 정하는 데 있다.

01 I 회계정책의 변경

회계정책의 변경(changes in accounting policies)이란 재무제표의 작성과 보고에 적용하던 회계정책을 다른 회계정책으로 바꾸는 것을 말한다. 회계정책의 변경의 예로는 다음과 같은 것이 있다.

> ① 재고자산의 가격결정방법을 선입선출법에서 평균법으로 변경
> ② 유형자산의 측정기준을 원가법에서 재평가법으로 변경

여기에서 회계정책은 기업이 재무보고의 목적으로 선택한 회계기준뿐만 아니라 그 적용방법도 포함한다. 예를 들면, 재고자산을 저가기준으로 평가할 때 그 적용방법으로는 종목별 기준과 조별 기준이 있는데, 이 방법간에 변경이 발생한 경우에도 회계정책의 변경이 된다.

회계변경이 발생하면 회계정보의 기간별 비교가능성, 즉 일관성이 감소되어 재무제표의 유용성이 감소될 가능성이 있다. 따라서 이를 적절히 회계처리하고 또한 충분히 공시하는 것이 필요하다.

1. 회계정책을 변경할 수 있는 경우

- K-IFRS에서 회계정책의 변경을 요구하는 경우이다.
- 회계정책의 변경을 반영한 재무제표가 거래, 기타사건 또는 상황이 재무상태, 재무성과 또는 현금흐름에 미치는 영향에 대하여 신뢰성 있고 더 목적적합한 정보를 제공하는 경우이다.

2. 회계정책변경이 아닌 경우

- 과거에 발생한 거래와 실질이 다른 거래, 기타사건 또는 상황에 대하여 다른 회계정책을 적용하는 경우
- 과거에 발생하지 않았거나 발생하였어도 중요하지 않았던 거래 기타사건 또는 상황에 대하여 새로운 회계정책을 적용하는 경우

3. 회계정책 변경과 회계처리의 원칙

- 경과규정이 있는 K-IFRS를 최초 적용하는 경우에 발생하는 회계정책의 변경은 해당경과규정에 따라 회계처리한다.
- 경과규정이 없는 K-IFRS를 최초 적용하는 경우에 발생하는 회계정책의 변경은 소급적용한다.
- 자발적인 회계정책의 변경은 소급적용한다.
- K-IFRS를 조기적용하는 것은 자발적인 회계정책의 변경에 해당하지 않는다.

4. 회계정책의 변경 회계처리

회계변경으로 인해 영향을 받은 회계연도의 재무제표를 새로 채택된 회계처리방법에 따라 소급재작성한다. 소급법을 지지하는 이유는 일관성의 유지가 가능해지기 때문이다.

참고 : 회계변경의 회계처리방법

방법＼기간	변경연도 이전	변경연도와 변경연도 이후 [( )는 변경연도의 추가적인 회계처리]	주장이유
소급법	변경 이후의 방법으로 수정	변경 후 기초장부금액에 변경 후 방법을 적용(누적효과: 변경연도 기초이익잉여금에 반영)	비교가능성(일관성)을 중시
전진법	수정하지 않음	변경 전 기초장부금액에 변경 후 방법을 적용(누적효과: 당기와 당기 이후 기간에 분산 반영)	신뢰성을 중시, 간편한 회계처리, 포괄이익개념에 부합

* 누적효과란 회계변경연도 이전의 기간에 변경 후의 방법으로 회계처리했을 경우와 변경 전의 방법으로 회계처리했을 경우 순이익에 미치는 영향의 차이를 말한다.

(1) 소급적용

회계정책의 변경 회계처리는 소급적용한다.

소급적용하는 경우 비교표시되는 가장 이른 과거 기간의 영향을 받는 자본의 각 구성요소의 기초금액과 비교 공시되는 각 과거사건의 기타 대응금액을 새로운 회계정책이 처음부터 적용된 것처럼 조정한다.

소급법에서는 회계변경으로 인한 영향이 손익계산서를 거치지 않고 직접 이익잉여금에 반영된다. 따라서 모든 손익항목을 손익계산서에 반영해야 한다는 포괄이익(comprehensive income)의 개념에 부합되지 않는다.

(2) 소급적용의 한계

회계정책의 변경은 특정기간에 미치는 영향이나 누적효과를 실무적으로 결정할 수 없는 경우에는 실무적으로 적용할 수 있는 기장 이른날부터 새로운 회계정책을 전진적용한다. 이미 공표된 재무제표를 수정함으로써 재무제표에 대한 신뢰도가 저하될 수 있고, 소급하여 수정하는 데 소요되는 비용이 과다하게 소요되는 등 실무상 어려움이 존재한다.

02 ㅣ 회계 추정의 변경

회계추정이란 기업환경의 불확실성하에서 미래의 재무적 결과를 사전적으로 예측하는 것을 말하며, 최근의 이용가능하고 신뢰성 있는 정보에 기초하여 자산과 부채의 현재 상태나 예상되는 미래 효익과 의무를 측정하는 것이다.

사업활동에 내재된 불확실성으로 인하여 재무제표의 많은 항목이 정확히 측정될 수가 없다.

추정은 최근에 이용 가능하고 신뢰성 있는 정보에 기초한 판단을 수반한다.

추정의 예로는 대손과 재고자산의 진부화, 금융자산이나 금융부채의 공정가치, 감가상각방법 변경(내용연수 또는 감가상각자산에 내재된 미래경제적 효익)과 품질보증의무 등이다.

회계추정의 근거가 되었던 상황의 변화, 새로운 정보의 취득, 추가적인 경험의 축적 등으로 인하여 새로운 추정이 요구되는 경우에는 과거에 합리적이라고 판단했던 추정치라도 이를 변경할 필요가 있다. 이와 같은 회계변경을 회계추정의 변경(changes in accounting estimates)이라고 한다.

1. 추정변경의 회계처리

회계추정의 변경효과는 변경이 발생한 기간에만 영향을 미치는 경우에는 변경이 발생한 기간

변경이 발생한 기간과 미래 기간에 모두 영향을 미치는 경우에는 변경이 발생된 기간과 미래 기간을 당기손익에 포함하여 전진적으로 인식한다. 전진법으로 회계처리하면 전에 보고된 결과에 대해서는 어떠한 수정도 하지 않는다.

전진법은 누적효과를 산출할 필요도 없고, 전년도 재무제표를 소급하여 수정할 필요가 없다. 따라서 전진법은 매우 간편한 회계처리방법이다. 따라서 과거의 회계자료에 포함되는 편의(bias)가 그리 크지 않다면, 회계처리가 비교적 간단한 전진법을 이용하는 것이 무방하다고 여겨진다.

한편, 회계변경에 전진법을 적용하면 회계처리의 일관성이 유지될 수 없다. 전진법은 회계추정의 변경에 적합한 방법이다. 왜냐하면 회계추정은 회계처리를 위해서 필수적이고

또한 추정이란 필연적으로 빈번하게 변경될 가능성이 높은데, 이때마다 이미 보고된 재무제표를 수시로 수정한다면 회계정보의 신뢰성이 크게 침해받기 때문이다.

 참고 : 회계변경의 회계처리

	회계정책의 변경	회계추정의 변경
회계처리방법	소급법	전진법
회계변경효과의 반영	실무적으로 적용할 수 있는 최대한 앞선 과거기간의 비교정보부터 적용*	당기 및 미래기간에 반영
전기재무제표	수정함	수정하지 않음

* 실무적으로 적용할 수 없는 경우에는 실무적으로 적용할 수 있는 가장 이른 기간부터 전진적으로 적용한다.

제2절
회계오류수정

회계오류를 발견했을 때 적절한 회계처리를 하기 위해서 오류를 유형별로 분류해 볼 필요가 있다.

- 기업의 회계처리 과정에서는 종종 오류가 발생한다. 회계상의 오류(accounting errors)에는 회계기준 적용의 오류, 회계추정상의 오류, 계정 분류상의 오류, 계산상의 오류, 거래의 누락 등이 있다.
- 그러나 회계변경에서 살펴본 바와 같이 새로운 사건이 발생함에 따라 또는 추가적인 정보나 경험에 기초하여 과거의 추정을 변경하는 경우에 발생하는 수정사항은 오류수정이 아닌 회계추정의 변경이다.

- 각 각의 오류 유형별로 예를 들어보면 다음과 같다.

① 회계기준 적용의 오류 : 수익·비용을 인식함에 있어서 발생기준을 적용하지 않고 현금기준을 적용한 경우
② 회계추정상의 오류 : 대손예상액을 경험 부족 또는 부주의로 인해서 잘못 추정한 경우
③ 계정 분류상의 오류 : 유동부채를 비유동부채로 분류한 경우
④ 계산상의 오류 : 덧셈·뺄셈 등의 계산상의 오류
⑤ 거래의 누락 : 당기에 속하는 거래를 다음 기의 거래로 분류한 경우

이러한 회계상의 오류가 발생하면 기업실체의 재무상태나 경영성과가 왜곡될 수 있기 때문에 오류가 발견되는 즉시 이를 수정하여 재무제표의 유용성을 증대시켜야 한다. 즉 오류가 발생한 회계연도에 발견되면 잘못된 분개를 반대 분개하여 제거하고, 그 이후에 발견되는 경우에는 과거 기간의 이익에 대한 오류의 누적효과만큼 기초이익잉여금을 가감하여야 한다.

또한 비교재무제표를 작성하는 경우에는 정보이용자의 재무제표의 비교 가능성을 유지하도록 과거 재무제표를 수정하여야 한다.

전기 이전에 발생한 사유로서 전기 이전 재무제표에 대한 오류의 수정사항에 속하는 손익항목은 전기오류수정손익으로 하여 그 누적효과를 이익잉여금에 반영하고, 비교 목적으로 공시되는 전기재무제표는 다시 작성하도록 규정하고 있다.

🖊 **참고 : 오류수정의 회계처리**

	중요한* 오류의 회계처리방법
회계처리방법	소급재작성
오류수정효과의 반영	전기오류수정손익으로 하여 (기초)이익잉여금을 수정함**
전가재무제표 수정	수정함

*어떤 항목이 재무제표에 기초한 의사결정에 영향을 미치는 경우 중요하다고 본다.
**자본 중에서 이익잉여금이 아닌 항목이 수정될 수도 있다.

---

01 ㅣ 회계오류의 유형

회계상의 오류를 발견하였을 때 적절한 수정분개를 하기 위해서는 오류의 유형을 구분할 필요가 있다. 왜냐하면, 오류는 그 유형에 따라 재무제표에 미치는 영향이나 수정하는 방법이 다르기 때문이다.

회계상의 오류는 순이익에 영향을 미치지 않는 오류와 순이익에 영향을 미치는 오류로 크게 구분할 수 있다.

1. 순이익에 영향을 미치지 않는 오류

순이익에 영향을 미치지 않는 오류는 계정과목 분류상의 오류로서 재무상태표 오류와 손익계산서 오류로 구분된다.

재무상태표 오류(balance sheet errors)란 재무상태표에만 영향을 미치는 오류를 의미하는 것으로 자산, 부채 및 자본계정의 분류상의 오류로 발생한다. 장기금융자산에 속하는 예금을 단기금융자산으로 분류한 경우나, 유가증권을 매도가능금융자산으로 분류한 경우, 유동자산를 비유동자산으로 분류한 경우 등을 그 예로 들 수 있다.

이와 같은 오류는 단지 재무상태표항목에 대한 분류상의 오류이기 때문에 순이익에 전혀 영향을 미치지 않는다. 따라서 이러한 오류가 발견될 경우에는 즉시 적절한 과목으로 재분류해야 한다.

2. 순이익에 영향을 미치는 회계오류

순이익에 영향을 미치는 오류는 재무상태표와 포괄손익계산서 모두에 영향을 미치는 오류를 말한다.

미지급급여를 계상하지 않은 경우나 감가상각비 계산을 누락하는 경우를 그 예로 들 수 있다. 미지급급여를 계상하지 않은 경우에는 비용계정과 부채계정이 과소계상되고 순이익이 과대계상된다.

감가상각비 계산을 누락하는 경우에는 비용계정과 감가상각누계액계정이 과소계상되어 순이익이 과대계상된다. 순이익에 영향을 미치는 오류는 자동조정적 오류나 비자동조정적 오류로 분류된다.

02 I 자동조정적 오류

자동조정적 오류(counterbalancing errors)란 두 회계기간을 통하여 오류의 효과가 자동적으로 조정되는 오류로서 재고자산이나 미지급비용, 선급비용, 미수수익, 선수수익 등 경과계정의 과소·과대평가 등을 그 예로 들 수 있다.

자동조정적 오류는 오류 발생연도에 발견한 경우에는 반대 분개를 하여 수정을 하며, 오류 발생연도의 다음 연도에 오류를 발견한 경우에는 오류의 누적 효과만큼 이익잉여금으로 수정하고, 오류 발생연도부터 두 회계기간 경과 후에 오류를 발견한 경우에는 두 회계기간을 통하여 오류의 효과가 자동적으로 조정되었으므로 이 때에는 수정할 필요가 없다.

1. 재고자산의 오류

재고자산의 오류는 포괄손익계산서의 매출원가와 직접 관련되어 있다. 예컨대, 2019년 말 재고자산을 과대(과소)계상하였다면 2019년과 2020년의 재무제표에 다음과 같은 영향을 미칠 것이다.

> 2019년 : 기말재고자산의 과대(과소)계상 ⇨ 매출원가의 과소(과대)계상
> ⇨ 당기순이익의 과대(과소)계상
> 2020년 : 기초재고자산의 과대(과소)계상 ⇨ 매출원가의 과대(과소)계상
> ⇨ 당기순이익의 과소(과대)계상

따라서 특정 회계연도의 기말재고자산의 과대(과소)계상 오류로 인한 순이익의 과대(과소)계상 오류는 다음 회계연도에 반대의 결과를 나타내 오류의 효과가 두 회계기간을 통해서 정확히 상쇄된다.

2. 선급비용의 오류

당기에 선급비용을 과소계상하였다면 당기분 비용을 과대계상한 것이며, 이는 차기에 인식해야 할 비용을 당기에 인식하는 결과가 된다.

> 2019년 : 선급비용의 과소(과대)계상 ⇨ 당기비용의 과대(과소)계상
> ⇨ 당기순이익의 과소(과대)계상
> 2020년 : 당기비용의 과소(과대)계상 ⇨ 당기순이익의 과대(과소)계상

만약 2019년에 선급비용을 과대계상하였다면 당기분 비용을 과소계상한 것이며, 이는 당기에 인식해야 할 비용을 차기로 이연시키는 결과가 된다.

✎ 실습예제

01 선급비용을 당기비용으로 처리한 경우 : 2019년 1월에 2년분 보험료로 ₩10,000을 선급하고 이를 모두 당기비용으로 기록하였다.

02 선수수익(차기의 수익)을 당기수익으로 처리한 경우 : 2019. 12. 31.에 2020년의 임대료 ₩50,000을 받고, 이를 2019년의 수익으로 처리하였다.

03 기말재고의 과소계상 : 2019년의 기말재고를 조사하는 과정에서 계산상 실수로 기말재고를 ₩25,000만큼 과소계상하였다.

풀이

1. <오류수정분개>

(차) 보험료   5,000   (대) 전기오류수정이익*   5,000

    *소급법으로 회계처리하기 위하여 기초이익잉여금을 수정한다. 이하 동일하다.

2. <오류수정분개>

(차) 전기오류수정손실   50,000   (대) 임대료수익   50,000

3. <오류수정분개>

(차) 매출원가   25,000   (대) 전기오류수정이익   25,000

    (또는 재고자산[2020년초])

03 l 비자동조정적 오류

- 비자동조정적 오류란 한 회계연도에 발생한 오류는 별도의 수정 절차를 취하지 않는 한 다음 회계기간이 경과되더라도 자동 상쇄되지 않는 오류를 말한다.
- 대부분의 오류가 비자동조정적 오류에 해당되며, 이러한 오류는 발견된 회계연도의 장부 마감 여부에 관계 없이 수정하는 분개를 해야 한다.
- 비자동조정적 오류의 예는 유형자산에 대한 감가상각비 과대·과소계상, 후속원가의 분류에 대한 오류, 대손추정의 오류 등이다.

1. 비자동조정오류의 회계처리 순서

ⓐ 기업측 분개
ⓑ 올바른 분개
ⓒ 기업측 분개를 역분개

04 ㅣ 오류가 순이익과 수정 후 순이익에 미치는 영향

오류분류	오류내용		당기순이익 영향	수정후 순이익 계산
자동조정적 오류	기말재고자산	과대계상	과대계상	차감
		과소계상	과소계상	가산
	선급비용	과대계상	과대계상	차감
	미수수익			
	선수수익	과대계상	과소계상	가산
	미지급비용			
비자동조정적 오류	감가상각비	과대계상	과소계상	가산
		과소계상	과대계상	차감
			과소계상	가산
			과대계상	차감

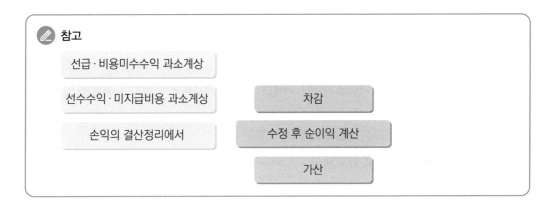

> ✏️ **참고**
>
> 선급·비용미수수익 과소계상
>
> 선수수익·미지급비용 과소계상
>
> 손익의 결산정리에서
>
> 차감
>
> 수정 후 순이익 계산
>
> 가산

01 다음 중 전기오류수정항목에 포함되지 않는 것은?

① 사실의 누락   ② 계산상의 오류

③ 회계추정의 변경   ④ 사실의 오용

[해설] 회계추정의 변경은 오류수정에 해당되지 않는다.

02 갑회사는 기말 결산시 손익계산 과정에서 기초상품재고액을 ₩5,000만큼 적게 계상하고 기말상품재고액을 ₩3,000만큼 많게 계상하였다. 이러한 오류가 포괄손익계산서에 보고될 당기순이익에 미치는 영향은?

① ₩2,000 과대계상   ② ₩2,000 과소계상

③ ₩8,000 과대계상   ④ ₩8,000 과소계상

[해설] 기초상품 ₩5,000 적고, 기말 ₩3,000 많으면 ₩2,000만큼 비용이 적게 계산되므로 이익은 ₩2,000 과대계산된다.

03 미지급금을 현금 지급한 거래를 두 번 기록한 오류가 재무제표에 미치는 영향을 옳게 설명한 것은?

① 자산 과대평가, 부채 과대평가

② 자산 과소평가, 부채 과소평가

③ 수익 과대평가, 비용 과대평가

④ 수익 과소평가, 비용 과소평가

[해설] (차) 미지급금 ××× (대) 현금 ×××, 두 번 기록
부채과소평가와 자산과소평가이다.

04 회계상의 오류에는 비자동조정적 오류라는 것이 있다. 다음 중 어느 것인가?

① 기말 재고자산을 과대 또는 과소하게 계상하였다.

② 기말에 미수이자를 계상하지 않았다.

③ 기말에 선급보험료를 인식하지 않았다.

④ 기말에 감가상각비를 과대 또는 과소하게 계상하였다.

해설 비자동오류에 해당하는 것은 감가상각비의 과대, 과소계상, 후속원가의 분류에 대한 오류, 대손추정의 오류 등이다.

05 다음 중 회계변경이 아닌 것은?

① 기계장치에 관련한 감가상각방법을 정액법상각에서 정률법상각으로 상각방법을 변경

② 재고자산의 평가방법을 선입선출법에서 총평균법으로 변경

③ 품질보증비용을 지출연도의 비용으로 처리하다가 중요성의 증대로 충당부채 설정법으로 적용한 경우

④ 유가증권의 취득단가 산정방법 변경

해설 ④번 유가증권의 취득단가는 변경할 수 없다.

06 다음은 회계변경과 오류수정에 관한 설명이다. 틀린 것은?

① 세법규정을 준수하기 위하여 회계처리방법의 변경하는 경우

② 기업회계기준의 개정에 의한 새로운 해석에 따라 회계변경을 하는 경우

③ 합병 등의 이유로 종전의 회계정책을 적용할 경우 재무제표의 왜곡이 심하여 회계처리방법을 변경하는 경우

④ 동종산업에 속한 대부분의 기업이 채택한 회계추정방법이 기존의 방법보다 더 합리적이라 판단되어 변경하는 경우

해설 세법규정을 준수하기 위하여 회계처리 방법을 변경할 수는 없다. 회계기준에 준하여 처리한다.

APPENDIX

부록

이자계산표

이자계산표

01 ㅣ 복리표

$$FVIF = (1+\gamma)^t = 1원의\ t기간\ 후\ 미래가치$$

이자율 연	1%	2%	3%	4%	5%	6%	7%	8%	9%	10%	12%	15%	17%	20%
1	1.0100	1.0200	1.0300	1.0400	1.0500	1.0600	1.0700	1.0800	1.0900	1.1000	1.1200	1.1500	1.1700	1.2000
2	1.0201	1.0404	1.0609	1.0816	1.1025	1.1236	1.1449	1.1664	1.1881	1.2100	1.2544	1.3225	1.3689	1.4400
3	1.0303	1.0612	1.0927	1.1249	1.1576	1.1910	1.2250	1.2597	1.2950	1.3310	1.4049	1.5209	1.6016	1.7280
4	1.0406	1.0824	1.1255	1.1699	1.2155	1.2625	1.3108	1.3605	1.4116	1.4641	1.5735	1.7490	1.8739	2.0736
5	1.0510	1.1041	1.1593	1.2167	1.2763	1.3382	1.4026	1.4693	1.5386	1.6105	1.7623	2.0114	2.1924	2.4883
6	1.0615	1.1262	1.1941	1.2653	1.3401	1.4185	1.5007	1.5869	1.6771	1.7716	1.9738	2.3131	2.5652	2.9860
7	1.0721	1.1487	1.2299	1.3159	1.4071	1.5036	1.6058	1.7138	1.8280	1.9487	2.2107	2.6600	3.0012	3.5832
8	1.0829	1.1717	1.2668	1.3686	1.4775	1.5938	1.7182	1.8509	1.9926	2.1436	2.4760	3.0590	3.5115	4.2998
9	1.0937	1.1951	1.3048	1.4233	1.5513	1.6895	1.8385	1.9990	2.1719	2.3579	2.7731	3.5179	4.1084	5.1598
10	1.1046	1.2190	1.3439	1.4802	1.6289	1.7908	1.9672	2.1589	2.3674	2.5937	3.1058	4.0456	4.8068	6.1917
11	1.1157	1.2434	1.3842	1.5395	1.1703	1.8983	2.1049	2.3316	2.5804	2.8531	3.4786	4.6524	5.6240	7.4301
12	1.1268	1.2682	1.4258	1.6010	1.7959	2.0122	2.2522	2.5182	2.8127	3.1384	3.8960	5.3503	6.5801	8.9161
13	1.1381	1.2936	1.4685	1.6651	1.8856	2.1329	2.4098	2.7196	3.0658	3.4523	4.3635	6.1528	7.6987	10.699
14	1.1495	1.3195	1.5126	1.7317	1.9799	2.2609	2.5785	2.9372	3.3417	3.7975	4.8871	7.0757	9.0075	12.839
15	1.1610	1.3459	1.5580	1.8009	2.0789	2.3966	2.7590	3.1722	3.6425	4.1772	5.4736	8.1372	10.539	15.407
16	1.1726	1.3728	1.6047	1.8730	2.1829	2.5404	2.9522	3.4259	3.9703	4.5950	6.1304	9.3576	12.330	18,488
17	1.1843	1.4002	1.6528	1.9479	2.2920	2.6928	3.1588	3.7000	4.3276	5.0545	6.8660	10.761	14.426	22.186
18	1.1961	1.4282	1.7024	2.0258	2.4066	2.8543	3.3799	3.9960	4.7171	5.5599	7.6900	12.375	16.879	26.623
19	1.2081	1.4568	1.7535	2.1068	2.5269	3.0256	3.6165	4.3157	5.1417	6.1159	8.6128	14.232	19.748	31.948
20	1.2202	1.4859	1.8061	2.1911	2.6533	3.2071	3.8697	4.6610	5.6044	6.7275	9.6463	16.367	23.106	38.338

$$PVIF = \frac{1}{(1+\gamma)^t} = t기간\ 후\ 1원의\ 현재가치$$

할인율 / 연	1%	2%	3%	4%	5%	6%	7%	8%	9%	10%	12%	15%	17%	20%
1	.99010	.98039	.97087	.96154	.95238	.94340	.93458	.92593	.91743	.90909	.89286	.86957	.85470	.83333
2	.98030	.96117	.94260	.92456	.90703	.89000	.87344	.85734	.84168	.82645	.79719	.75614	.73051	.69444
3	.97059	.94232	.91514	.88900	.86384	.83962	.81630	.79383	.77213	.75131	.71178	.65752	.62437	.57870
4	.96098	.92385	.88849	.85480	.82270	.79209	.76290	.73503	.70843	.68301	.63552	.57175	.53365	.48225
5	.95147	.90573	.86261	.82193	.78353	.74726	.71299	.68058	.64993	.62092	.56743	.49718	.45611	.40188
6	.94205	.88797	.83748	.79031	.74622	.70496	.66634	.63017	.59627	.56477	.50663	.43233	.38984	.33490
7	.93272	.87056	.81309	.75992	.71068	.66506	.62275	.58349	.54703	.51316	.45235	.37594	.33320	.27908
8	.92348	.85349	.78941	.73069	.67684	.62741	.58201	.54027	.50187	.46651	.40388	.32690	.28478	.23257
9	.91434	.83676	.76642	.70259	.64461	.59190	.54393	.50025	.46043	.42410	.36061	.28426	.24340	.19381
10	.90529	.82035	.74409	.67556	.61391	.55839	.50835	.46319	.42241	.38554	.32197	.24718	.20804	.16151
11	.89632	.80426	.72242	.64958	.58468	.52679	.47509	.42888	.38753	.35049	.28748	.21494	.17781	.13459
12	.88745	.78849	.70138	.62460	.55684	.49697	.44401	.39711	.35553	.31863	.25668	.18691	.15197	.11216
13	.87866	.77303	.68095	.60057	.53032	.46884	.41496	.36770	.32618	.28966	.22917	.16253	.12989	.09346
14	.86996	.75788	.66112	.57748	.50507	.44230	.38782	.34064	.29925	.26333	.20462	.11433	.11102	.07789
15	.86135	.74301	.64186	.55526	.48102	.41727	.36245	.31524	.27454	.23939	.18270	.12289	.09489	.06491
16	.85282	.72845	.62317	.53391	.45811	.39365	.33873	.29189	.25187	.21763	.16312	.10686	.08110	.05409
17	.84438	.71416	.60502	.51337	.43630	.37136	.31657	.27027	.23107	.19784	.14564	.09293	.06932	.04507
18	.83602	.70016	.58739	.49363	.41552	.35034	.29586	.25025	.21199	.17986	.13004	.08081	.05925	.03756
19	.82774	.68643	.57029	.47464	.39573	.33051	.27651	.23171	.19449	.16351	.11611	.07027	.05064	.03130
20	.81954	.79297	.55368	.45639	.37689	.33180	.25842	.21455	.17843	.14864	.10367	.06110	.04328	.02608

$$FVIF = (1+\gamma)^t - 1\gamma = t \text{기간 반복되는 1원 연금의 미래가치합계}$$

이자율 / 연	1%	2%	3%	4%	5%	6%	7%	8%	9%	10%	12%	15%	17%	20%
1	1.0000	1.0000	1.0000	1.0000	1.0000	1.0000	1.0000	1.0000	1.0000	1.0000	1.0000	1.0000	1.0000	1.0000
2	2.0100	2.0200	2.0300	2.0400	2.0500	2.0600	2.0700	2.0800	2.0900	2.1000	2.1200	2.1500	2.1700	2.2000
3	3.0301	3.0604	3.0909	3.1216	3.1525	3.1836	3.2149	3.2464	3.2781	3.3100	3.3744	3.4725	3.5389	3.6400
4	4.0604	4.1216	4.1836	4.2465	4.3101	4.3746	4.4399	4.5061	4.5731	4.6410	4.7793	4.9934	5.1405	5.3680
5	5.1010	5.2040	5.3091	5.4163	5.5256	5.6371	5.7507	5.8666	5.9847	6.1051	6.3528	6.7424	7.0144	7.4416
6	6.1520	6.3081	6.4684	6.6330	6.8019	6.9753	7.1533	7.3359	7.5233	7.7156	8.1152	8.7537	9.2068	9.9299
7	7.2135	7.4343	7.6625	7.8983	8.1420	7.3938	8.6540	8.9228	9.2004	9.4972	10.089	11.067	11.772	12.916
8	8.2857	8.5830	8.8923	9.2142	9.5491	9.8975	10.260	10.637	11.028	11.436	12.300	13.727	14.773	19.499
9	9,3685	9.7546	10.159	10.583	11.027	11.491	11.978	12.488	13.021	13.579	14.776	17.786	18.285	20.799
10	10.462	10.950	11.464	12.006	12.578	13.181	13.816	14.487	15.193	15.937	17.549	20.304	22.393	25.959
11	11.567	12,169	12.808	13.486	14.207	14.972	15.784	16.645	17.560	18.531	20.655	24.349	27.200	32.150
12	12.682	13.412	14.192	15.026	15.917	16.870	17.888	18.977	20.141	21.384	24.133	29.002	32,824	39.580
13	13.809	14.680	15.618	16.627	17.713	18.882	20.141	21.495	22.953	24.523	28.029	34.352	39.404	48.497
14	14.947	15.974	17.086	18.292	19.599	21.015	22.550	24.215	26.019	27.975	32.393	40.505	47.103	59.196
15	16.097	17.293	19.599	20.024	21.579	23.276	25.129	27.152	29,361	31.772	37.280	47.580	56.110	72.035
16	17.258	18.639	20.157	21.825	23.657	25,673	27.888	30.324	33.003	35.950	42.753	55.717	66.649	87.442
17	18.430	20.012	21.762	23,697	25.840	28.213	30.840	33.750	36.974	40.545	48.884	65.075	78.979	105.93
18	19.615	21.412	23.414	25.654	28.132	30.906	33.999	37.450	41.301	45.599	55.750	75.836	93.406	128.12
19	20.811	22.841	25.117	27.671	30.539	33.760	37.379	41.446	46.018	51.159	63.440	88.212	110.28	154.74
20	22.019	24.297	26.870	29.778	33.066	36.786	40.995	45.762	51.160	57.275	72.052	102.44	130.03	186.69

$$PVIFA = \frac{(1+\gamma)^t - 1}{\gamma(1+\gamma)^t} = t \text{기간 반복되는 1원 연금의 현재가치합계}$$

할인율 연	1%	2%	3%	4%	5%	6%	7%	8%	9%	10%	12%	15%	17%	20%
1	.99010	.98039	.97087	.96154	.95238	.94340	.93458	.92593	.91743	.90909	.89286	.86957	.85470	.83333
2	1.9704	1.9416	1.9135	1.8861	1.8594	1.8334	1.8080	1.7833	1.7591	1.7355	1.6901	1.6257	1.5852	1.5278
3	2.9410	2.8839	2.8286	2.7751	2.7232	2.6730	2.2643	2.5771	2.5313	2.4869	2.4018	2.2832	2.2096	2.1065
4	3.9020	3.8077	3.7171	3.6299	3.5460	3.4651	3.3872	3.3121	3.2397	3.1699	3.0373	6.8550	2.7432	2.5887
5	4.8534	4.7135	4.5797	4.4518	4.3295	4.2124	4.1002	3.9927	3.8897	3.7908	3.6048	3.3522	3.1993	2.9906
6	5.7955	5.6041	5.4172	5.2421	5.0757	4.9173	4.7665	4.6229	4.4859	4.3553	4.1114	3.7845	3.5892	3.3255
7	6.7282	6.4720	6.6303	6.0021	5.7864	5.5824	5.3893	5.2064	5.0330	4.8684	4.5638	4.1604	3.9224	3.6046
8	7.6517	7.3255	7.0197	6.7327	6.4632	6.2098	5.9713	5.7466	5.5348	5.3349	4.9676	4.4873	4.2072	3.8372
9	8.5660	8.1622	7.7861	7.4353	7.1078	6.8017	6.5152	6.2469	5.9952	5.7590	5.3283	4.7716	4.4506	4.0310
10	9.4713	8.9826	8.5302	8.1109	7.7217	7.3601	7.0236	6.7101	7.4177	6.1446	5.6502	5.0188	4.6586	4.1925
11	10.368	9.7868	9.2526	8.7605	8.3064	7.8869	7.4987	7.1390	6.8052	6.4951	5.9377	5.2337	4.8364	4.3271
12	11.255	10.575	9.9540	9.3851	8.8633	8.3838	7.9427	7.5361	7.1607	6.8137	6.1944	5.4206	4.9884	4.4392
13	12.134	11.348	10.635	9.9856	9.3936	8.8527	8.3576	7.9038	7.4869	7.1034	6.4235	5.5831	5.1183	4.5372
14	13.004	12.106	11.296	10.563	9.8986	9.2950	8.7455	8.2442	7.7862	7.3667	6.6282	5.7245	5.2293	4.6106
15	13.865	12.849	11.938	11.119	10.380	9.7122	9.1079	8.5595	8.0607	7.6061	6.8109	5.8474	5.3242	4.6755
16	14.718	13.578	12.561	11.652	10.838	10.106	9.4466	8.8514	8.3126	7.8237	6.9740	5.9542	5.4053	4.7296
17	15.562	14.292	13.166	12.166	11.274	10.477	9.7632	9.1216	8.5436	8.0216	7.1196	6.0472	5.4746	4.7746
18	16.398	14.992	13.754	12.659	11.690	10.828	10.059	9.3719	8.7556	8.2014	7.2497	6.1280	5.5339	4.8122
19	17.226	15.678	14.324	13.134	12.085	11.158	10.336	9.6036	8.9501	8.3649	7.3658	6.1982	5.5845	4.8435
20	18.046	16.351	14.877	13.590	12.462	11.470	10.594	9.8181	9.1285	8.5136	7.4694	6.2593	5.6278	4.8696

저자 약력

- 한양대학교 졸업, 경제학사
- 숙명여자대학교 대학원 졸업, 경영학석사
- 숙명여자대학교 대학원 졸업, 경영학박사

경 력
- 경인여자대학교 경영학과 겸임교수
- 한국석유관리원 감사, 청렴옴부즈만
- 기획재정부, 정부 및 준정부기관 경영평가위원
- 동원대학, 경희대학교, 장안대학, 부천대학교 겸임교수
- 중소기업진흥공단 연수원 전문위원
- 한국직업능력개발원 직업훈련기관 평가위원, 내일배움카드 평가위원, 국가공인자격시험 심사위원
- 산업인력관리공단 직업능력개발훈련과정 심사위원
- 서울지방노동청 직업훈련 심사위원
- 지식경제부, 공무원연수원 전문위원, 한국청소년수련원 지도자과정 연수담당
- 국가공인 중소기업청 경영지도사 자격시험 출제위원
- 국가공인 한국세무사회 전산회계, 전산세무회계, 기업회계, 세무회계 자격시험 출제위원
- 한국경영기술컨설턴트협회, 경영지도사 양성과정과 심화과정 교육담당
- 경영지도사, 원가분석사
- 숙명여대 경영·경제연구소 연구원
- 한양대학교, 숙명여자대학교, 한양사이버대학교, 서울사이버대학교, 한양여자대학, 진주산업대학교, 경기대학교, 남서울대학교, KAIST, GIST 대우교수, 경기과학기술대학교, 광운대학교, 경원대학교, KC대학교, 동덕여자대학교 등

저 서
- 직장인을 위한 회계 & 세무시리즈(나눔출판사, 2010)
- 원가관리회계(예문사, 2018)
- 전산회계1급 실기·필기(나눔출판사, 2011)
- 쉽고 알찬 회계원리(박영사, 2019)

주요논문
- 다국적기업의 투자 및 기술이전을 통한 이전가격 세제에 관한 연구, 2000
- 전산회계시스템의 회계처리와 보고에 관한 연구, 2002
- 내부거래비율과 조세부담정도와의 관계에 대한 실증연구, 2004 외 다수

김경자 박사의 회계놀이터
cafe.naver.com/accounting33

e-mail
kjkimaa@naver.com

쉽고 알찬 재무회계

초판발행   2019년 9월 20일

지은이   김경자
펴낸이   안종만·안상준

편 집   전채린
기획/마케팅   손준호
표지디자인   조아라
제 작   우인도·고철민

펴낸곳   (주) **박영사**
                서울특별시 종로구 새문안로3길 36, 1601
                등록 1959. 3. 11. 제300-1959-1호(倫)

전 화   02)733-6771
f a x   02)736-4818
e-mail   pys@pybook.co.kr
homepage   www.pybook.co.kr
ISBN   979-11-303-0838-8   93320

copyright©김경자, 2019, Printed in Korea

* 잘못된 책은 바꿔드립니다. 본서의 무단복제행위를 금합니다.

정 가   25,000원